目　录

真题试卷

预测试卷

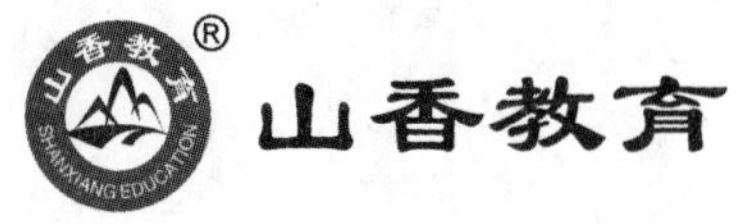

教师招聘考试
历年真题解析及预测试卷

参考答案及解析

中学体育

山香教师招聘考试命题研究中心　主编

教师招聘考试
历年真题解析及预测试卷
中学体育

山香教师招聘考试命题研究中心　主编

图书在版编目(CIP)数据

教师招聘考试历年真题解析及预测试卷. 中学体育 / 山香教师招聘考试命题研究中心主编. --北京：首都师范大学出版社，2022.12

ISBN 978-7-5656-7255-2

Ⅰ. ①教…　Ⅱ. ①山…　Ⅲ. ①体育课-教学法-中学教师-聘用-资格考试-习题集　Ⅳ. ①G451.1-44

中国版本图书馆 CIP 数据核字(2022)第 204818 号

教师招聘考试历年真题解析及预测试卷
ZHONGXUE TIYU
中学体育
山香教师招聘考试命题研究中心　主编

策划编辑　张文强
责任编辑　连景岩　曹亮亮　　　封面设计　山香教育
首都师范大学出版社出版发行
地　　址　北京市海淀区西三环北路 105 号
邮　　编　100048
咨询电话　010-68418523(总编室)　　010-68982468(发行部)
网　　址　http://cnupn.cnu.edu.cn
印　　刷　河南黎阳印务有限公司
经　　销　全国新华书店
版　　次　2022 年 12 月第 1 版
印　　次　2022 年 12 月第 2 次印刷
开　　本　787mm×1092mm　1/16
印　　张　14.5
字　　数　340 千
定　　价　42.00 元

前　言

近年来，国家扩大和补充教师队伍的政策力度不断加大，教育部指出："深化教师队伍补充机制改革，确保教师聘用质量。全面推行新任教师公开招聘制度，形成长效机制。"这意味着教师招聘考试各方面将日益规范和深入。对每一位立志成为人民教师的考生来说，这既是新的契机，也将是巨大的挑战。教师招聘考试（教师入编考试，简称招教考试）是我国公开招聘教师的选拔性考试，其目的是为教育行政部门录用优秀教师提供参考。各地依据考生笔试成绩，结合面试情况，按已确定的招聘计划择优录取。

考生如何在严峻的教师招聘考试中脱颖而出呢？除了要具备扎实的专业知识外，短时间内系统、针对性的复习和训练也是必备的。为了让更多的考生有针对性地备考，使复习有方向、有条理，作为国内研究开发教师招聘考试辅导教材的专业机构，山香教育专门为有志于教育事业、需要通过教师招聘考试实现人生理想的广大考生朋友推出了本试卷。

本试卷具有以下特点：

第一，真题新。本试卷历年真题部分精选了全国各地教师招聘考试具有代表性的最新真题，知识点涵盖全面且题型丰富多样化，预示了教师招聘考试的命题趋势。

第二，内容精。预测试卷部分是在充分研究历年真题的基础上修订的。它注重对思想和方法的考查，注重对能力的考查，同时兼顾试题的基础性、综合性和现实性，重视试题间的层次性，合理调控综合程度，坚持多角度、多层次考查，努力实现综合素养的要求。

衷心希望本试卷能为考生顺利通过招教考试提供帮助。

编　者

目　录

注：标星试卷涵盖有《义务教育体育与健康课程标准》(2022 年版) 的预测考点。

参考答案及解析单独成册

真题试卷

2022年福建省教师招聘考试真题试卷(一)

中学体育

(满分150分　时间120分钟)

本套试卷共50小题,包括单项选择题(15小题),判断题(10小题),填空题(15小题),简答题(8小题),综合应用题(2小题)。

一、单项选择题(本大题共15小题,每小题2分,共30分)

1. 以渐进方式克服神经症焦虑习惯的训练方法是(　　)(易混)

A. 模拟训练法　　B. 渐进放松训练法

C. 系统脱敏训练法　　D. 表象训练法

2. 对次间或组间间歇时间作出严格规定,机体尚未完全恢复就紧接着反复进行练习的训练法是(　　)

A. 重复训练法　　B. 间歇训练法

C. 持续训练法　　D. 变换训练法

第2题

3.《福建省教育厅关于印发福建省义务教育"体育与健康"教学指导意见(试行)的通知》(闽教体〔2018〕14号)在课程实施建议中提出,知识、技能和体能评价方式主要采用(　　)

A. 定量评价　　B. 定量评价为主,定性评价为辅

C. 定性评价　　D. 定性评价为主,定量评价为辅

4.《国家学生体质健康标准(2014年修订)》在初中以上年级设置1000米跑(男)、800米跑(女)测试项目,主要用以评价学生的(　　)

A. 耐力素质　　B. 速度素质　　C. 灵敏素质　　D. 力量素质

第4题

5.《国家学生体质健康标准(2014年修订)》规定,小学一年级至小学四年级体重指数(BMI)为必测项,其计算公式为(　　)(常考)

A. BMI = 体重(千克)/[身高(米)]^2

B. BMI = [体重(千克)]^2/身高(米)

C. BMI = 身高(米)/体重(公斤)

D. BMI = 体重(千克)/身高(米)

6. 缺乏生理性胸曲和腰曲,整个背部过平的脊柱是(　　)

A. 正常背　　B. 驼背　　C. 鞍背　　D. 直背

7. 研究人员根据研究的目的和任务,事先周密设计若干问题,以书面形式向研究对象收集研究资料和经验事实,这种研究方法是(　　)

A. 问卷调查法　　B. 访谈法　　C. 专家调查法　　D. 文献研究法

8. 下列能有效发展髂腰肌力量的练习是(　　)

A. 负重深蹲起　　B. 负重后踢腿

C. 负重高抬腿　　D. 坐姿腿屈伸

第8题

9. 运动技能形成的分化阶段,教师在教学中应注重(　　)(常考)

A. 讲解动作要领　　B. 纠正错误动作

C. 形成动作定型　　D. 巩固动力定型

第9题

10. 对呼吸和心跳骤停的患者进行单人心肺复苏急救时,一般按压胸部30次应吹气(　　)

A. 1次　　B. 2次　　C. 3次　　D. 4次

11.《田径竞赛规则(2018~2019)》规定,4×100米接力比赛接力区的长度为(　　)(易错)

A. 20米　　B. 25米　　C. 30米　　D. 35米

12. 排球正面双手垫球的击球部位为前臂的手腕关节以上(　　)左右处。

A. 5厘米　　B. 10厘米　　C. 15厘米　　D. 20厘米

13. 在队形练习中,下列属于对角线行进路线的是(　　)

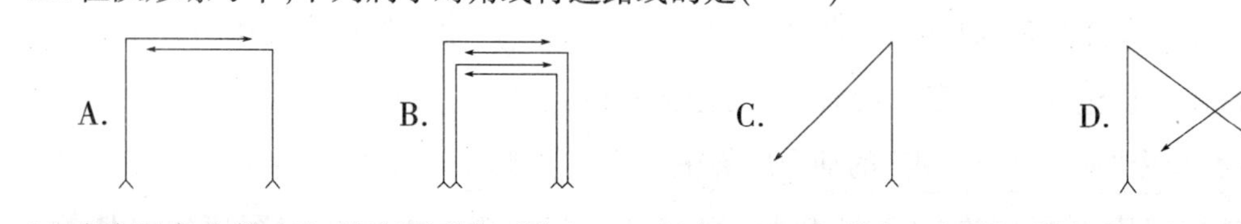

14.《普通高中体育与健康课程标准》(2017年版2020年修订)规定,高中学生准予毕业,体育与健康课程需修满(　　)

A. 10学分　　B. 11学分　　C. 12学分　　D. 13学分

15. 下列不属于以语言传递信息为主的体育教学方法的是(　　)(常考)

A. 讲解法　　B. 发现法　　C. 问答法　　D. 讨论法

二、判断题(判断下列各题的正误,正确的打"√",错误的打"×"。本大题共10小题,每小题2分,共20分)

16. 胸大肌、背阔肌和冈上肌近固定收缩时,产生的拉力均可使上臂在肩关节处内收。(易错)(　　)

17. 磷酸原供能系统和糖酵解供能系统在代谢过程中都不需要氧的参与,所以又称为无氧供能系统。(　　)

18. 按照全程跑的技术特点,短距离跑主要分为起跑、途中跑、终点跑三个部分。(　　)

19. 背越式跳高技术的教学重点是弧线助跑技术、起跳技术、落地技术。 ( )

20. 篮球运动中,正确的持球方法是掌握和合理运用投篮技术的前提和重要条件。 ( )

21. 武术的基本步型主要有弓步、马步、仆步和垫步。(常考) ( )

22. 体操鱼跃前滚翻动作在学法指导时应先求远度后求腾空。 ( )

第20题

23. 体育核心素养中的健康行为是增进身心健康和积极适应外部环境的综合表现。 ( )

24. 运动竞赛法是指通过组织学生比赛进行技能学习和练习的一种教学方法。 ( )

25. 学生的身体发展敏感期与体育教学的策略都是体育教学主体的研究内容。 ( )

三、填空题(本大题共15小题,每小题2分,共30分)

26. 速度力量曲线表明,在一定的范围内,肌肉收缩产生的力量和速度呈________关系。

27. 中小学学校体育工作包括体育教学、________、课余体育训练和体育竞赛。

28. 坐位体前屈测量计"0"点向前为________值。

29. 台阶试验评定指数越________,心血管机能越好。

30. 体育游戏方案简单的书写格式应包括游戏的名称、________和________。

31. 小腿三头肌是足关节蹬伸的主要肌肉,它包括浅层的________和深层的________。

32. 负重深蹲动作的下蹲阶段,臀大肌主要做________收缩。

33. 牵张反射是由快速牵拉肌肉引起的,该反射的感受器是受牵拉肌肉中的________。

34. 背向滑步推铅球技术教学的难点是________和________的结合。

35. 成年男子110米栏比赛,栏架的标准高度是________米。

36. 篮球各种运球技术的动作过程都是由身体姿势、手臂动作、________和手脚配合组成的。

37. 足球个人进攻战术意识包含传球意识、运球及运球过人意识、________、射门意识。

38. 队列队形练习时,口令"向右转——走"的动令应落在________脚上。(易错)

39.《义务教育体育与健康课程标准》(2011年版)要求体育与健康学习评价内容应包含体能、________、态度与参与、情意与合作四个方面。

40.《义务教育体育与健康课程标准》(2011年版)指出,运动技能是学生在体育学习和锻炼中完成运动动作的能力,它反映了体育与健康课程以________为主要手段的基本特征。

四、简答题(本大题共8小题,每小题5分,共40分)

41. 简述肌肉力量训练中的超等长练习方法及该训练方法的优缺点。

42. 简述造成运动性低血糖症的原因及现场处理方法。

43. 简述足球脚背正面运球的动作要领和技术特点。(常考)

第43题

44. 简述体育教学方法中的完整练习法及其优、缺点。

45. 依据《福建省教育厅关于印发福建省义务教育"体育与健康"教学指导意见(试行)的通知》(闽教体〔2018〕14号),写出体育与健康课时计划中新授课的结构及教学目标的四个维度。

46. 简述在体育教学中运用运动游戏法的注意事项。

47. 简述体育教学方法中的限制练习法，并举例说明如何在篮球教学中利用该方法解决交叉步持球突破时身体重心高的问题。

48. 简述体育教学评价的主要要素及具体评价内容。

五、综合应用题（本大题共2小题，每小题15分，共30分）

49. 阅读材料，回答问题。

教学内容：排球“中二三”进攻战术。

教学对象：高二排球选项班女生40人。

课次：第1次课。

问题：

(1)简述“中二三”进攻战术方法及要点。(6分)

(2)请围绕“教会、勤练、常赛”的理念，给出高二排球“中二三”进攻战术的具体教学建议。(9分)

50. 阅读材料，回答问题。

王老师是学校新入职的体育教师。前不久，她上了一节水平四（八年级）《肩肘倒立》课，由于课前准备不充分，在课堂上没能根据学生的具体情况设置有效的辅助练习方法，导致大部分学生动作掌握不理想，出现屈髋、立腰不足等错误动作，整节课未能达成预定的教学目标。

问题：

(1)为了上好这节课，简述教师应该做的课前准备工作。(6分)

(2)设计3个肩肘倒立的辅助练习方法，并简要说明理由。(6分)

(3)针对屈髋、立腰不足等现象，设计3种专项力量练习方法。(3分)

2022年山西省特岗教师招聘考试真题试卷(二)

体　育

(满分100分　时间120分钟)

本套试卷共50小题,包括单项选择题(教综)(5小题),填空题(10小题),判断题(20小题),单项选择题(10小题),连线题(1小题),简答题(4小题)。

一、单项选择题(教综)(本大题共5小题,每小题2分,共10分)

1.习近平总书记说:“广大教师要始终同党和人民站在一起,自觉做中国特色社会主义的坚定信仰者和忠实实践者,忠于党和人民的教育事业,自觉把党的教育方针贯彻到教学管理工作全过程,严肃认真对待自己的职责。”这指出做“好老师”要有(　　)

A.仁爱之心　B.扎实学识　C.道德情操　D.理想信念

2.《义务教育课程方案》(2022年版)指出:“义务教育要在坚定理想信念、厚植爱国主义情怀、加强品德修养、增长知识见识、培养奋斗精神、增强综合素质上下功夫”,使学生(　　)

A.有信念、有本领、有责任　B.有理想、有本领、有担当

C.有信念、有知识、有担当　D.有理想、有知识、有责任

3.下列不属于我国古代蒙学教材的是(　　)

A.《千家诗》　B.《孟子》　C.《算学启蒙》　D.《三字经》

4.一般来说,小学生的思维水平处于(　　)

A.感知运算阶段　B.前运算阶段　C.具体运算阶段　D.形式运算阶段

5.《中华人民共和国家庭教育促进法》指出,国家和社会为家庭教育提供(　　)

A.指导、支持和服务　B.指导、支持和协助

C.指导、支持和帮助　D.指导、支持和配合

二、填空题(本大题共10小题,每空1分,共20分)

6.2022年北京冬奥会和冬残奥会的吉祥物分别是________和________。

7.健康一般包括身体健康、________、道德健康、________四个方面。

8.在体育科学研究中,资料与案例的收集方法有文献法、________、观察法、________。

9.运动技能形成和发展的过程(形成规律)有________阶段、________阶段、巩固阶段和动作自动化阶段。(常考)

10.运动表象是指在过去运动感知觉的基础上,在头脑中重现出来的________。

11.通常把身体素质分为力量、________、耐力、灵敏、________五大素质。

12.运动量是指人体在身体练习中所能完成的________。

13.投掷项目的完整动作技术由握持器械、助跑、________和器械出手后的身体平衡四部分组成。影响投掷远度的因素有________、出手角度、出手高度、器械在空中的姿态和气流的影响。

14.标准篮球场地的长为________米,宽为________米,篮球比赛分________节,每节________分钟。(常考)

15.现代竞技游泳比赛规则界定的规定动作,有四种游泳姿势:自由泳、________、蛙泳、________。

三、判断题(判断下列各题的正误,正确的打“√”,错误的打“×”。本大题共20小题,每小题1分,共20分)

16.科学的身体锻炼可以促进人体形态、机能的发育,运动能力的提高,适应环境、抵抗疾病能力的增强。(　　)

17.在队列练习中,分队走是一路纵队行进间在某点听到“分队——走”的口令后,单数的左转弯走,双数的右转弯走,分成方向相反的两个一路纵队行进。(易错)(　　)

第17题

18.行进间队列练习中,向右转走的预令和动令都落在左脚上。(　　)

19.田径比赛规则规定,对第一次起跑犯规的运动员应予以警告,之后的每次起跑犯规的运动员均应取消该项目的比赛资格。(　　)

20.在跳跃运动中,要使身体腾起得远或高,关键在于起跳时使身体获得最快的速度和适宜的起跳角度。(　　)

21.三级跳远由快速助跑和沿直线向前的单脚跳、跨步跳、跳跃三次跳跃组成。(　　)

22.有氧耐力是指人体长时间进行有氧工作的能力。(　　)

23.在进行耐久跑的练习时,生理上会出现“极点”现象,可以用张大口和快节奏的呼吸方式减轻“极点”的程度。(常考)(　　)

第23题

24.排球比赛中A队队员在接发球时,用脚将球踢到了对方场内,裁判员判其违例。(　　)

25.在足球比赛进行中,当球的整体从地面或空中越过边线时即为球出界。(易错)(　　)

26.篮球运动起源于英国,由奈史密斯在1891年发明。(　　)

第24题

27.在体育运动中要注意多喝水,特别是在炎热的夏天或剧烈活动后更需大量喝水,否则人体将失去水分造成“脱水”。(　　)

28.学生学习方式的改变应重视提高学生的自主学习、探究学习和合作学习的能力,以促进学生学会学习,提高体育学习和增进健康的能力。(　　)

29. 体育课中的“练”就是对所掌握的技术、技能进行反复练习,以达到熟练程度。体育教学有特殊性,每一项技术、技能都必须在练习中掌握。因此,体育教学中的练习方法是单一的、独特的,它必须贯穿于课堂教学的始终。 ( )

30. 体育学习评价应多样化,评价的形式主要包括学生自我评价、组内互相评价和教师评价。 ( )

31. 优化体育教学过程、提高体育效率是体育教学追求的重要目标。优化的方法就是将教材取其精华、去其糟粕,使学生学会一些高、精、尖的技术动作。 ( )

32. 武术动作具有技击性的特点,以套路和搏斗为运动形式来强身健体。 ( )

33. 健康行为是改善个体健康状况,形成健康文明生活方式的关键。 ( )

第 34 题

34. 奥林匹克的格言是更快、更高、更强。 ( )

35. 奥林匹克五环的蓝色、黄色、黑色、绿色和红色分别代表大洋洲、亚洲、非洲、欧洲和美洲。 ( )

第 35 题

四、单项选择题(本大题共 10 小题,每小题 2 分,共 20 分)

36. 新课程评价强调,应建立促进学生( )的评价体系。

A. 全优发展 B. 健康发展 C. 全面发展 D. 自由发展

37. 身体或身体某部分在单位时间内移动的距离称为( )(易混)

A. 练习频率 B. 练习轨迹 C. 练习速度 D. 身体姿势

38. 基本体操的镜面示范是( )(易错)

A. 面对练习者做同方向动作 B. 背对练习者做同方向动作

C. 面对练习者做反方向动作 D. 背对练习者做反方向动作

39. 肺活量体重指数是指( )

A. 肺活量 ÷ 体重 B. 肺活量 × 体重

C. 体重 + 肺活量 D. 体重 ÷ 肺活量

40. 实现体育教学过程目标的载体是( )

A. 教学方法 B. 组织措施 C. 体育教材 D. 场地器材

41. 足球比赛中,无论直接任意球还是间接任意球,在球未踢出之前,防守方队员必须离球( )

A. 11 米 B. 7.55 米 C. 9.36 米 D. 9.15 米

42. 根据动作的技术结构,可把体操中的技巧动作分为平衡动作和( )

A. 用力动作 B. 摆动动作 C. 翻腾动作 D. 抛接动作

43. 行进间单手肩上投篮又称“三步上篮”,是在行进间运球或接球后做近距离投篮时所采用的一种方法,“三步”的动作特点是( )(常考)

A. 一大、二小、三高 B. 一小、二大、三高

C. 一小、二大、三快 D. 一大、二小、三快

44. 运动后,如间隔时间过长,机体工作能力降低到原来水平,称为( )(易混)

A. 超量恢复阶段 B. 工作阶段 C. 相对恢复阶段 D. 复原阶段

45. 马拉松跑全程为( ),属超长距离跑项目。

A. 41.195 千米 B. 42.195 千米 C. 43.195 千米 D. 44.195 千米

五、连线题(本大题共 10 分)

46. 将下面战术与球类对应连线。

球类	战术	球类
	二过一配合	
	掩护配合	
	拉吊突击战术	
足球	左推右攻	羽毛球
	压后场底线战术	
	传切配合	
篮球	定位球战术	乒乓球
	接发球抢攻	
	突分配合	
	长短结合	

六、简答题(本大题共 4 小题,每小题 5 分,共 20 分)

47.《国家学生体质健康标准(2014 年修订)》要求的必测内容和选测内容有哪些?

48. 发展与健康相关的体能,对身体的健康有积极的促进作用。与健康相关的体能包括哪些方面?

49. 什么是体育精神?体育精神包括哪些方面?

50. 运动损伤是在体育运动过程中发生的各种损伤的统称。当突发运动损伤时,现场急救应遵循哪些基本原则?(常考)

2021年广东省广州市花都区教师招聘考试真题试卷(三)

中小学体育

(满分100分　时间120分钟)

本套试卷共83小题,包括公共知识和体育学科专业知识两部分。第一部分公共知识包括单项选择题(35小题),多项选择题(5小题),案例分析题(1小题);第二部分体育学科专业知识包括单项选择题(30小题),判断题(10小题),简答题(1小题),论述题(1小题)。

第一部分　公共知识

一、单项选择题(本大题共35小题,每小题0.92分,共32.2分)

1. 十九大报告指出,实现伟大梦想,必须建设伟大工程。这个伟大工程就是我们党正深入推进的(　　)新的伟大工程。

A. 党的建设　B. 改革开放　C. 脱贫攻坚　D. 生态建设

2. 十九大报告指出,必须坚持国家利益至上,以________为宗旨,以________为根本。选(　　)

A. 国民安全;国土安全　B. 人民安全;政治安全

C. 政治安全;人民安全　D. 人民安全;经济安全

3. 实事求是是党的基本思想方法、工作方法、领导方法,坚持实事求是,关键在于"求是"即(　　)

A. 坚持一切从实际出发　B. 了解实际,掌握实情

C. 探求和掌握事物发展的规律　D. 勇于实践,善于实践

4. 在新发展理念中,坚持(　　)发展是中国特色社会主义的本质要求。

A. 创新　B. 统筹　C. 绿色　D. 共享

5. 坚持社会主义市场经济改革方向,核心问题是处理好(　　)的关系。

A. 公民和市场　B. 政府和企业　C. 政府和市场　D. 公民和政府

6. 2021年政府工作报告指出,要推动(　　)优质均衡发展和城乡一体化,加快补齐农村办学条件短板,健全教师工资保障长效机制,改善乡村教师待遇。

A. 义务教育　B. 职业教育　C. 学前教育　D. 普通高中教育

7. 周老师经常对迟到、旷课等影响班级评优的学生进行殴打、罚站、罚下蹲、扇嘴巴等。学校多次对其劝诫,但周老师拒不改正。根据《中华人民共和国教师法》的规定,学校可以对周老师给予相应的处分,其中不包括(　　)(常考)

A. 解聘　B. 警告　C. 记过　D. 罚款

8. 预防未成年人犯罪,应当结合未成年人不同年龄的生理、心理特点,加强(　　)、心理关爱、心理矫治和预防犯罪对策的研究。

A. 法制教育　B. 青春期教育　C. 道德教育　D. 政治教育

9. 初三学生陈某沉迷网络,无故夜不归宿、离家出走。学校可以根据情况采取相关管理教育措施,其中不包括(　　)

A. 予以训导　B. 要求参加校内服务活动

C. 要求参加特定的专题教育　D. 责令具结悔过

10. 张老师在教学中带头践行社会主义核心价值观,弘扬真善美,传递正能量。张老师遵循了(　　)的教师职业行为准则。

A. 坚定政治方向　B. 传播优秀文化　C. 自觉爱国守法　D. 坚持言行雅正

11. 疫情防控期间,学生不适宜到学校领取成绩单,某地一小学便通知家长去班主任家里领取,班主任邵老师于是在微信群里发了消息:"家长们,别人欠钱给的大米,需要的话帮销一点。"不少家长都顺便买了米。邵老师的做法(　　)

A. 正确,家长买米纯粹是自愿行为

B. 正确,班主任利用业余时间为家长提供了便利

C. 错误,违背了坚守廉洁自律的教师职业行为准则

D. 错误,违背了规范从教行为的教师职业行为准则

12. 某教师在备课时设置的"当讨论有关小煤窑瓦斯爆炸事件时,学生应能积极表达自己关注生命等观点"这一目标属于教学情感目标中的(　　)(易混)

A. 接受和反应　B. 价值体系个性化

C. 形成价值观念　D. 组织价值观念系统

13. 下列哪种类型的板书可根据需要,灵活地突出课文的某一部分或某种思想,增强针对性,以使学生把握学习重点。它也是教师在有丰富经验的基础上,充分发挥聪明才智的主要板书手段(　　)

A. 内容式板书　B. 强调式板书

C. 设问式板书　D. 序列式板书

14. 加涅将学习的过程分为八个阶段,在(　　)中,为了促进学习迁移,教师必须让学生在不同情境中学习,并给学生提供在不同情境中提取信息的机会。

A. 回忆阶段　B. 习得阶段　C. 反馈阶段　D. 概括阶段

15. 小学科学教师在讲解完《地表变化带给我们的信息》一课后,问道:“读了魏格纳的故事,你从他身上学到了什么?”这种课堂提问类型属于(　　)

A. 开放式提问　　B. 封闭式提问

C. 爬梯式提问　　D. 举例式提问

16. 杜威认为,教育目的只存在于“教育过程以内”,不存在“教育过程以外”。该观点体现的教育目的价值取向是(　　)

A. 社会本位论　　B. 个人本位论

C. 宗教本位论　　D. 教育无目的论

17. 赫尔巴特将教学过程分为四个阶段,学生在课堂上学会了测量,课后自己拿工具进行路段测量属于其中的(　　)阶段。

A. 联想　　B. 明了　　C. 系统　　D. 方法

18.《礼记·学记》的“君子如欲化民成俗,其必由学乎”“是故,古之王者,建国君民,教学为先”主要体现了教育的(　　)

A. 经济功能　　B. 文化功能

C. 政治功能　　D. 个体发展功能

19. 教师在组织课程内容时,对于某些重要的、在教材各个部分重复涉及的内容,要不断增加其广度与深度,即后面出现的内容应该是在更高层次上进行的探讨,而不仅仅是停留在同一水平的重复。这体现了课程内容的组织原则是(　　)

A. 顺序性原则　　B. 连续性原则

C. 整合性原则　　D. 点拨性原则

20. 王老师觉得身边的共产党员都很优秀,又能为大家服务,所以很努力地要加入党组织。这属于态度与品德形成过程中的(　　)(易混)

A. 依从　　B. 内化　　C. 认同　　D. 逆反

21. 德育模式中的(　　)认为,与人友好相处是人类的基本需要,帮助学生满足这种需要是教育的职责。

A. 认知模式　　B. 体谅模式

C. 价值澄清模式　　D. 社会模仿模式

22. 数学教师向小明提出,如果这次月考考试成绩有进步,就免去他每天多做三道试题的任务。根据斯金纳的强化理论,这属于(　　)(易错)

A. 正强化　　B. 负强化　　C. 正惩罚　　D. 负惩罚

23. 有些学生学习了分数乘法后,再去进行分数加减法计算时,竟然将分子与分子,分母与分母分别相加减。这属于(　　)(常考)

A. 逆向负迁移　　B. 逆向正迁移

C. 顺向正迁移　　D. 顺向负迁移

24. 某学生在记忆“公元前525年波斯征服埃及,636年阿拉伯与拜占庭会战”这两个历史事件的时间时,进行了灵活的信息处理,即两个事件的年份都是前一个数字的平方等于后两位数。该学生运用的学习策略属于(　　)

A. 计划策略　　B. 组织策略

C. 精细加工策略　　D. 资源管理策略

25. 学生高某在解决问题的过程中,能在较短的时间内考虑可供选择的多个方案、假设,表现出思维不受阻滞的特点。这说明高某的思维具有(　　)

A. 探究性　　B. 变通性　　C. 流畅性　　D. 独创性

26. 有些学生被老师叫起来回答问题时,对平时已掌握的内容都想不起来,坐下后却又突然想起来了。这种现象体现的遗忘理论是(　　)

A. 动机说　　B. 同化说

C. 记忆痕迹衰退说　　D. 提取失败说

27. 某学生根据朱自清在《荷塘月色》中对江南采莲旧俗的描述,想象出一幅采莲的欢乐场景。这类想象属于(　　)

A. 幻想　　B. 空想

C. 创造想象　　D. 再造想象

28. 某学生偏科严重,不喜欢英语这门学科,但为了在高考中取得好成绩,即使不喜欢该门学科也会认真听老师讲课。这类注意属于(　　)

A. 无意注意　　B. 无意后注意

C. 有意注意　　D. 有意后注意

29. 以文字、概念、逻辑关系为主要对象的记忆属于(　　)

A. 形象记忆　　B. 抽象记忆　　C. 情绪记忆　　D. 动作记忆

30. 某班级群体的共同目标无法完成,班干部号召力不强,学生情绪易波动,正确舆论时强时弱,班级规范不能得到普遍遵守。这种班级群体属于(　　)

A. 松散型　　B. 集团型　　C. 浮动型　　D. 集体型

31. 班级管理是一种有目的、有计划、有步骤的社会活动。这一活动的根本目的是(　　)

A. 实现教育目标,使学生得到充分、全面的发展

B. 提升班主任素质和管理水平

C. 组织开展班会活动,放松学生心情

D. 提高学生成绩和学校升学率

32. 以自我为中心的学生会因受到伙伴的批评而改变行为,自我控制能力欠缺的学生能够在集体的监督约束下逐步形成自律意识。这体现了班级组织的(　　)

A. 矫正功能　　B. 诊断功能

C. 导向功能　　D. 促进发展功能

33. 学生个人专长的确定和兴趣的培养、重大转折时期的环境适应和自我心理调节均属于以(　　)为中心的学校心理咨询内容。

A. 教育发展　　B. 校园辅导

C. 心理治疗　　D. 心理卫生

34. 学校心理素质教育的首要功能是(　　)

A. 开发智力,促进能力发展

B. 提高德性修养,培养良好品德

C. 促进和维护学生心理健康

D. 培养主体意识,形成完善人格

35. 心理辅导教师张某在辅导过程中,进入受辅导学生的内心世界,通过他的眼睛看事物,体察他的思想与感受,了解他观察自己与周围世界的方式。张某的行为符合辅导要求中的(　　)

A. 信任　　B. 同感　　C. 真诚　　D. 尊重

二、多项选择题(多选、错选或少选均不得分。本大题共 5 小题,每小题 1.16 分,共 5.8 分)

36. 下列属于孔子的教育思想的有(　　)

A. 有教无类　　B. 学而优则仕

C. 温故而知新　　D. 因材施教

37. 十九大报告指出,坚持(　　)有机统一是社会主义政治发展的必然要求。

A. 依法治国　　B. 党的领导

C. 人民当家作主　　D. 四项基本原则

38. 根据教育部办公厅印发的《中小学教育惩戒规则(试行)》的规定,学生的下列哪些情形中,确有必要的,可以实施教育惩戒(　　)

A. 小李拒绝参加班级公益服务

B. 小张欺凌同学,打骂老师

C. 小周扰乱学校教育教学秩序

D. 小林实施有害他人身心健康的危险行为

39. 下列属于外部学习动机的有(　　)(常考)

A. 为了获得老师的表扬而学习英语

B. 为了与外国人沟通而学习英语

C. 为了满足自己的求知欲而学习英语

D. 为了将来找到理想的工作而学习英语

40. 下列关于班级授课制的表述,正确的有(　　)

A. 大规模地面向全体学生进行教学,有助于提高教学效率

B. 以培养学生的实际操作能力为主,能充分发挥学生的主体性

C. 能保证学习活动循序渐进,并使学生获得系统的科学知识

D. 在实现教学任务上比较全面,有利于学生多方面的发展

三、案例分析题(本大题共 12 分)

41. **案例 1**:在一节新课文的学习结束后,语文老师何某请两位学生在黑板上比赛听写学过的五个生字。学生 A 和学生 B 积极举手“应战”。结果学生 A 全对,获得了同学们的掌声,学生 B 因为只写对了两个,而羞愧地低下了头。见此情景,何老师说道:“B 同学虽然只写对了两个,但他刚才第一个举手,而且他的字写得很漂亮,值得同学们学习。相信 B 同学下次也能全写对。”这时,学生 B 抬起了头,脸上洋溢着灿烂的笑容……

案例 2:学生伍某属于班上的后进生,数学考试经常不及格,但他酷爱打篮球,经常利用课余时间练习投篮,有时甚至因为太投入而忽略了上课铃声,导致上课总是迟到,刘老师多次对其教育均无效。在一次考试中,伍某认真地做完了每道题,而且自我感觉良好。当刘老师分析试卷时,伍某一看自己考了 75 分,分数远比预想中的要高,心里非常高兴,于是和同桌说了几句话。刘老师发现后,走到伍某身边说:“伍某,你不要太兴奋,别看这次考了 75 分,但却是第 40 名,全班倒数第四。”伍某的头立即低了下去,觉得自己考得再好也考不过其他同学,认为自己是个失败者……

问题:

结合新课程改革中教育评价的相关理论,评析、比较案例 1 和案例 2 中两位老师的做法。

第二部分　体育学科专业知识

四、单项选择题(本大题共 30 小题,每小题 0.95 分,共 28.5 分)

42. 经我国国务院批准,自 2009 年起,每年(　　)定为“全民健身日”。

A. 7 月 7 日　　B. 8 月 8 日

C. 9 月 8 日　　D. 10 月 8 日

第 42 题

43. 2015 年 7 月 31 日,国际奥委会主席托马斯·巴赫宣布 2022 年冬季奥林匹克运动会主办城市是(　　),其成为第一个举办过夏季奥林匹克运动会和冬季奥林匹克运动会以及亚洲运动会三项国际赛事的城市,也是继 1952 年挪威的奥斯陆之后,时隔 70 年第二个举办冬奥会的首都城市。

第 43 题

A. 巴黎　　B. 纽约　　C. 北京　　D. 伦敦

44. 在人体的运动系统中,运动的动力器官是(　　)(常考)

A. 骨　　B. 骨连结

C. 骨骼肌　　D. 关节窝

第 44 题

45. (　　)是人体中最复杂的关节,它由股胫关节和股髌关节构成,属于椭圆屈戌关节。

A. 肘关节　　B. 腕关节

C. 指关节　　D. 膝关节

第 45 题

46. 人体各器官、组织和细胞能利用的直接能源是(　　)(常考)

A. ATP　　B. 脂肪

C. 糖类　　D. 蛋白质

第 46 题

47. 动脉血管内血液对单位面积血管壁的侧压力称为动脉血压,一般是指(　　)

A. 主动脉压　　B. 冠状动脉压　　C. 肺动脉压　　D. 桡动脉压

48. 过度运动训练的早期症状以(　　)的表现为主。

A. 心血管系统　　B. 呼吸系统　　C. 神经系统　　D. 生殖系统

49. 为消除运动性疲劳,青少年运动员在训练期间,每天应保证(　　)的睡眠时间。

A. 4 h　　B. 6 h　　C. 8 h　　D. 10 h

50. 区分体育游戏还是智力游戏的关键为是否具有(　　)

A. 锻炼身体的价值　　B. 趣味性

C. 一定的规则　　D. 教化性

51. 儿童认知水平随年龄的发展进入不同的阶段,其中 7～12 岁是儿童认知水平发展的(　　)(易混)

A. 感知运动阶段　　B. 前运算阶段

C. 具体运算阶段　　D. 形式运算阶段

52. 在体育游戏常用的分组形式中,(　　)是指分组后同一小组内的学生在体能和运动技能上大致相同。

A. 同质分组　　B. 异质分组　　C. 随机分组　　D. 固定分组

53. 体育游戏对心理健康的积极作用不包括(　　)

A. 调节改善情绪　　B. 促进身体各系统功能的完善

C. 建立良好的自我概念　　D. 增强社会交往能力

54. 高度的(　　)性是竞技体育赖以存在的基础。(易错)

A. 技能　　B. 技巧　　C. 技艺　　D. 技术

55. 竞技运动项目可分为技能主导类和体能主导类两大项群,下列属于技能主导类项目的是(　　)

A. 羽毛球　　B. 三级跳远　　C. 速滑　　D. 举重

56. 下列增强运动训练负荷的形式中,主要适用于初学者的是(　　)

A. 直线式　　B. 阶梯式　　C. 波浪式　　D. 跳跃式

57. 在运动训练的方法中,(　　)是指多次重复同一练习,两次(组)练习之间安排相对充分休息的练习方法。

A. 分解训练法　　B. 重复训练法　　C. 间歇训练法　　D. 持续训练法

58. 在篮球运动中,最常用的传球方式是(　　)

A. 双手胸前传球　　B. 单手肩上传球

C. 单手胸前传球　　D. 胯下传球

59. 足球踢球技术中的(　　)技术的主要特点是脚与球接触面积大,出球准确平稳,且容易掌握。(易混)

A. 脚内侧踢球　　B. 脚背正面踢球

C. 脚背外侧踢球　　D. 脚背内侧踢球

60. 以下(　　)行为不是进攻性击球。

A. 发球和拦网过网　　B. 扣球过网　　C. 传球过网　　D. 吊球过网

61. 在乒乓球运动中,可以根据对方击球时实际的挥拍发力方向来判断球的旋转性质,如对方由左向右挥拍击球为(　　)

A. 下旋球　　B. 上旋球　　C. 右侧旋球　　D. 右侧下旋球

62. 羽毛球比赛通常采用的赛制是(　　),先得到规定分数的一方为胜方,不受时间限制。

A. 三局两胜制　　B. 五局三胜制　　C. 七局四胜制　　D. 九局五胜制

63. 新中国成立以后,首次在国际比赛中夺得男子 100 米仰泳金牌的运动员是(　　)

A. 庄泳　　B. 吴传玉　　C. 杨文意　　D. 钱红

64. 正常爬泳一般采用 6∶2∶1 的配合技术,即在一个完整动作周期中,________ 6 次,________ 2 次,________ 1 次。选(　　)

A. 呼吸;打腿;划水　　B. 打腿;划水;呼吸

C. 打腿;呼吸;划水　　D. 划水;呼吸;打腿

65. 在蛙泳腿部技术的水中练习方法中,(　　)是指训练者仰卧水中,反臂抓住池边水槽,做反蛙泳的收、翻、蹬夹动作。

A. 站立蹬夹　　B. 扶边蹬夹　　C. 滑行蹬夹　　D. 反蛙泳蹬夹

66. 下列田径比赛的项目中,属于中长跑的是(　　)

A. 100 米跑　　B. 200 米跑　　C. 400 米跑　　D. 800 米跑

67. 确定标准半圆式田径场两端跑道的是(　　)(易错)

A. 中线　　B. 分道线　　C. 圆心　　D. 中心点

68. (　　)是各项跑的主要阶段,它的技术与速度对成绩起主要作用。

A. 起跑　　B. 起跑后的加速跑

C. 途中跑　　D. 终点跑

69. 侧向滑步推实心球准备阶段的动作要点为两脚左右开立,________投掷方向,持球紧靠________,重心________。(　　)

A. 面对;胸骨上窝;前倾　　B. 侧对;胸骨上窝;前倾

C. 侧对;锁骨窝;下沉　　D. 面对;锁骨窝;下沉

70. 在徒手体操的技巧中,后滚翻的动作要领不包括(　　)(常考)

A. 快速后滚　　B. 低头紧团身　　C. 及时推手　　D. 屈臂缓冲

71. 在体操的队列队形术语中,位于纵队最后或横队左翼者,称为(　　)

A. 基准学生　　B. 外翼　　C. 排头　　D. 排尾

五、判断题(判断下列各题的正误,正确的打"√",错误的打"×"。本大题共 10 小题,每小题 0.65 分,共 6.5 分)

72. 剧烈运动时不可大量饮水。(　　)

73. 了解机体肺通气量的简单方法是用肺量计记录进出肺的气量。(　　)

74. 在运动损伤的急救中,冷敷法是目前最常用的一种止血方法。(易错)(　　)

第 72 题　　第 73 题　　第 74 题

75. 准备活动游戏的目的是集中学生的注意力,为上课做好准备。(　　)

76. 在一定范围和条件下,运动训练负荷量越大,对机体的刺激越深,所引起的应激也越激烈,竞技能力的提高也越快。(　　)

77. 在羽毛球运动中,反手发球只能发高远球。(　　)

78. 机体饥饿时不宜进行游泳训练。(　　)

79. 跳远的技术由助跑、起跳、腾空和落地 4 个紧密相连的环节组成。(　　)

80. 在投掷项目中,投掷远度的最主要影响因素是器械出手角度。(　　)

81. 体操练习中的保护包括运用器械保护和利用环境保护。(　　)

六、简答题(本大题共 5 分)

82. 简述少儿耐力训练的注意事项。(常考)

第 82 题

七、论述题(本大题共 10 分)

83. 乒乓球的握拍法分为直握法和横握法,试述这两种握法的优缺点。

第 83 题

2021 年江苏省宿迁市宿豫区教师招聘考试真题试卷(四)

中小学体育

(满分 100 分　时间 120 分钟)

本套试卷共 52 小题,包括教育理论基础知识和体育学科专业知识两部分。第一部分教育理论基础知识包括单项选择题(6 小题),名词解释(2 小题),简答题(2 小题);第二部分体育学科专业知识包括单项选择题(10 小题),判断题(10 小题),填空题(13 小题),名词解释(4 小题),简答题(3 小题),问答题(2 小题)。

第一部分　教育理论基础知识

一、单项选择题(本大题共 6 小题,每小题 1 分,共 6 分)

1. 下列体现了启发性教学原则的一项是(　　)

A. 时教必有正业,退息必有居学　　B. 道而弗牵则和,强而弗抑则易,开而弗达则思

C. 学然后知不足,教然后知困　　D. 杂施而不孙,则坏乱而不修

2. 关于翻转课堂,下列说法正确的是(　　)

①将学习的决定权从教师转移给学生　②促进学生与教师的沟通　③降低了教师在教学中的作用　④起源于德国

A. ①②　　B. ①③　　C. ①②③　　D. ②③④

3. 现代认知心理学的代表人物是(　　)

A. 马斯洛　　B. 弗洛伊德　　C. 杜威　　D. 奈瑟尔

4. 强调知识结构,主张抓住知识的主干部分,削枝强干,构建简明的知识体系的教学策略是(　　)

A. 形式型策略　　B. 条件型策略　　C. 结构化策略　　D. 方法型策略

5. 县级人民政府教育行政部门应当均衡配置本行政区域内学校师资力量,组织校长、教师的(　　),加强对薄弱学校的建设。(常考)

A. 学习和培训　　B. 沟通和合作　　C. 交流和互访　　D. 培训和流动

6. 对未完成义务教育的未成年犯和被采取强制性教育措施的未成年人应当进行义务教育,所需经费由(　　)予以保障。

A. 家庭　　B. 社会　　C. 人民政府　　D. 学校

二、名词解释(本大题共 2 小题,每小题 3 分,共 6 分)

7. 教材

8. 注意

三、简答题(本大题共 2 小题,每小题 4 分,共 8 分)

9. 教学的一般任务有哪些?

10. 简述学生心理发展的一般特征。

第二部分　体育学科专业知识

一、单项选择题(本大题共 10 小题,每小题 1 分,共 10 分)

1. 中国古代教育内容“六艺”(礼、乐、射、御、书、数)中属于体育范畴的是(　　)(常考)

A. 礼、乐　　B. 乐、射　　C. 射、御　　D. 御、数

2. 根据《国家学生体质健康标准(2014 年修订)》,学生得分评定等级分为(　　)四级。

A. 优秀、良好、合格、不合格　　B. 优秀、良好、及格、不及格

C. 优秀、良好、合格、不及格　　D. 优秀、良好、及格、不合格

3. 体育与健康实践课开始上课整队时,老师或体育委员一般按(　　)的顺序发出队列口令。

A. 立正—向右看齐—向前看—报数—稍息　　B. 稍息—立正—报数—向右看齐—向前看

C. 立正—报数—向右看齐—向前看—稍息　　D. 立正—向前看—报数—稍息—立正

4. 对儿童进行人工呼吸应每分钟吹气(　　)次。

A. 14 ~ 16　　B. 16 ~ 18　　C. 18 ~ 20　　D. 20 ~ 22

5. 体重 50 kg 的人,体内含血量约为(　　)毫升。

A. 4000　　B. 4500　　C. 5000　　D. 5500

6. 下列不属于闭合性软组织损伤的是(　　)(易混)

A. 挫伤　　B. 扭伤　　C. 拉伤　　D. 刺伤

7. 跨栏跑时,摆动腿过栏后积极下压,(　　)落地。

A. 全脚掌　　B. 前脚掌　　C. 双脚　　D. 脚后跟

8. 肌肉痉挛俗称抽筋,是肌肉发生不自主的(　　)

A. 一般收缩　　B. 强直收缩　　C. 向心收缩　　D. 离心收缩

9. 速度是指人体快速运动的能力,包括(　　)

A. 反应速度、加速度、位移速度　　B. 反应速度、加速度、速度耐力

C. 反应速度、动作速度、位移速度　　D. 反应速度、动作速度、加速度

10. 足球比赛时,出场比赛人数为每队 11 人,若少于(　　)出场时,裁判员有权暂停或终止比赛。

A. 7 人　　B. 8 人　　C. 9 人　　D. 10 人

二、判断题(判断下列各题的正误,正确的打“√”,错误的打“×”。本大题共 10 小题,每小题 1 分,共 10 分)

11. 学生进行山羊分腿腾越时,保护人站在落地点的前面,扶同伴的背部或握住上臂。(　　)

12. 正步走时要求踢出的腿要绷直,脚尖下压,脚掌与地面平行,离地面约 30 厘米。(　　)

13. 口令是体育教师课堂常用的指令性术语,动令和预令之间不应有任何停顿,以免影响学生的行动。(　　)

14. 支撑摆动时要求以肩为轴,脚向前伸,髋向远送,身体伸直。(　　)

15. 田径全能比赛的各单项之间的比赛间隔至少应有 30 分钟的休息时间。(　　)

16. 耐久跑成绩取决于人体在活动中摄取外界空气中氧的水平和有氧条件下的工作能力。(　　)

17. 在广播体操的教学中,教师多采用背面示范授课。(易混)(　　)

18. 半场人盯人防守的基本原则是以球为主、人球兼顾。(　　)

19. 径赛的距离应从起跑线后沿量至终点线后沿。(　　)

20. 韵律操比赛,可设规定动作和自选动作。规定动作由竞赛组织部门确定,采用统一的动作和音乐。(　　)

三、填空题(本大题共 13 小题,每空 1 分,共 20 分)

21. 体育与健康学科核心素养主要由________、________和体育品德构成。

22. 体育与健康课的准备活动分为________准备活动和________准备活动。

23. 体育与健康实践课根据教学任务又分为________、________、________和考核课四种形式。

24. 队形队列练习时,个人或成队左右并列组成的队形叫________。(常考)

25. 安全地进行体育活动是________目标的内容之一。

26. ________是决定跳跃高度和远度的最重要因素。

27. 体操类运动主要是培养学生正确的________以及时间、空间的感知能力。

28. 体育游戏的创编要坚持锻炼性原则、针对性原则和________原则。

29. 标准的羽毛球场地,双打场地宽为________米,长为________米。

30. 课时计划是根据学期计划、单元计划的安排并结合________的实际情况编写的。

31. 在基本体操类的教学中,教师多采用________示范授课。(易混)

32. 曲线行进包括蛇形行进、________、________和螺旋形行进。

33. 关节的基本结构包括________、________和关节腔,它们构成了关节的三要素。

四、名词解释(本大题共 4 小题,每小题 2 分,共 8 分)

34. 体育教学

35. 运动动力定型

36. 超越器械

37. 体育品德

五、简答题(本大题共 3 小题,每小题 4 分,共 12 分)

38. 田径比赛中的起跑犯规情况主要有哪几种?

39. 体育锻炼对心理健康的积极影响主要表现在哪些方面?

40. 体育与健康课教学中场地器材的布置应注意哪几点?

六、问答题(本大题共 2 小题,每小题 10 分,共 20 分)

41. 某校举行年级篮球比赛,共有 6 个队参加,决定采用单循环比赛办法,请问共赛几轮?共有多少场比赛?并编排出各轮次比赛秩序表。(常考)

42. 请结合当今小学体育的教学实际需要,设计一个教学游戏,并阐述游戏的名称、目的、器材、方法和规则等。

2021年湖南省长沙县教师招聘考试真题试卷(精编)(五)

中小学体育

本套试卷目前已收录34小题,包括单项选择题(19小题),判断题(10小题),综合题(5小题)。

一、单项选择题(本大题共19小题,每小题2分,共38分)

1.(　　)是储藏能量和提供能量的主要物质,能够维持体温,保护关节各组织,促进脂溶性维生素和其他脂溶性物质的吸收,也是构成活性激素的重要成分。

A. 矿物质　B. 蛋白质　C. 脂质　D. 碳水化合物

2. 下列体育锻炼的相关卫生常识说法不正确的是(　　)

A. 饭后不可立即进行剧烈运动　B. 患有皮肤病者不应入公共泳池

C. 月经期应避免疾跑、跳高　D. 剧烈运动后应大量饮水

3. 奥林匹克五环标志的颜色不包括(　　)

A. 蓝　B. 紫　C. 黑　D. 红

4. 下列针对闭合性软组织损伤的早期处理不当的是(　　)(常考)

A. 制动　B. 抬高伤肢　C. 局部热敷　D. 加压包扎

5. 用于非连续性运动技能改进巩固和提高时最适宜的方法是(　　)

A. 完整训练法　B. 间歇训练法

C. 分解训练法　D. 持续训练法

6. 在运动技能的(　　)阶段要抓住动作的主要环节,不应该过度强调动作技术的细节。(易混)

A. 泛化　B. 巩固和自动化　C. 分化　D. 迁移

7. 下列体育游戏中属于掷准游戏的是(　　)

A. 套圈　B. 障碍追逐　C. 拍掌指鼻　D. 贴膏药

8. 队列训练中,听到下列哪一个口令的预令之后应该两手迅速握拳提到腰际(　　)

A. 向右——转　B. 正步——走

C. 跑步——走　D. 原地踏步——走

9. 短跑终点跑时,上体应该________,用________撞终点线。选(　　)

A. 前倾;胸部或肩部　B. 后仰;胸部或肩部

C. 前倾;膝部　D. 后仰;膝部

10. 关于跳远,下列说法错误的是(　　)

A. 空中动作技术主要采用蹲踞式、挺身式、走步式三种

B. 助跑与起跳的结合技术是挺身式跳远技术的关键

C. 立定跳远落地时脚尖先着地,落地后屈膝缓冲,上体前倾

D. 跳远的训练手段包括蹲跳起和蛙跳

11. 乒乓球正手发下旋球的站位,要求身体离台面约(　　)

A. 50 cm　B. 40 cm　C. 35 cm　D. 15 cm

12. 下列不属于乒乓球推攻方法的是(　　)(易错)

A. 左推右攻　B. 攻打两边,猛扣中路

C. 推挡侧身攻　D. 左推结合反手攻

13. 羽毛球正手高远球的技术要点不包括(　　)

A. 击球瞬间手臂伸直,前臂带动手腕手指协调发力

B. 击球点在右肩上方

C. 球拍预摆幅度小,发力要短促、快速

D. 用正面拍面击打球托底部,将球击出

14. 羽毛球双打比赛中,发球后球落在对方对角区的端线上,应该判(　　)

A. 出界　B. 重发球　C. 暂停比赛　D. 得1分

15. 横箱分腿腾越的动作步骤为单跳双落、(　　)、展髋挺身、缓冲落地。

A. 顶肩推手、提臀分腿、紧腰领臂　B. 紧腰领臂、提臀分腿、顶肩推手

C. 紧腰领臂、顶肩推手、提臀分腿　D. 提臀分腿、紧腰领臂、顶肩推手

16. 健身健美操的上肢基本动作中,(　　)动作要领是两臂伸直,沿垂直面画圆,同时立腰展胸。

A. 摆动　B. 屈伸　C. 绕环　D. 拳

17. 武术的三种基本手型(　　)(常考)

A. 掌、爪、指　B. 拳、掌、爪

C. 掌、指、勾　D. 拳、掌、勾

18. 下列不属于形神拳套路动作的是(　　)

A. 震脚砸拳　B. 闪通臂

C. 马步冲拳　D. 仆步抡拍

19. 蛙泳划水动作的路线是(　　)

A. 由前向外再向下　B. 由后向外再向上

C. 由前向下再向外　D. 由前向上再向外

二、判断题（判断下列各题的正误，正确的打“√”，错误的打“×”。本大题共 10 小题，每小题 1 分，共 10 分）

20. 决定有氧耐力训练效果的有效指标是乳酸阈。（常考） （ ）

21. 在体育比赛中，应该不惜一切手段打赢对手。 （ ）

22. 力量练习的强度一般采用最大重复次数进行表述。 （ ）

23. 雾霾天气不适宜进行任何的体育锻炼。 （ ）

24. 足球比赛中采用中路进攻能够充分利用场地的宽度拉开对手的防线。（易错） （ ）

25. 排球运动员在比赛中，身体的任何部位都可触球。 （ ）

26. 羽毛球握拍可以分为正手握拍法和反手握拍法。 （ ）

27. 跆拳道技术方法中占主导地位的是拳法，强调手足并用。 （ ）

28. 跨栏跑、跳高、掷标枪均属于田赛。 （ ）

29. 花样跳绳的基础动作是跳跃。 （ ）

三、综合题（本大题共 5 小题，共 30 分）

30. 运动性中暑有哪些表现？如何预防运动性中暑？（4 分）

31. 简述中长跑的呼吸要领。若出现呼吸节奏与跑的节奏不相等，如何纠正？（5 分）

32. 简述篮球交叉步持球突破的动作方法和动作技术应用。（5 分）

33. 排球比赛中，有 A、B、C、D、E、F 六队参加。（8 分）（常考）

（1）若采用单循环赛制，共需比赛多少场？请制订比赛秩序表。

（2）在 A 与 B 的比赛中，A 队运用了“边一二”战术，该战术属于进攻战术还是防守战术？请简述该战术的优缺点。

34.（材料缺）（8 分）

（1）除伸展运动外，我国中小学广播体操还包含哪些运动？

（2）在广播体操教学中，如何合理应用示范法？

（3）结合广播体操，谈谈体操类运动的锻炼价值。

2021年贵州省特岗教师招聘考试真题试卷(六)

体　育

(满分100分　时间120分钟)

本套试卷共53小题,包括教育综合知识和体育学科专业知识两部分。第一部分教育综合知识包括单项选择题(10小题),简答题(2小题),材料分析题(1小题);第二部分体育学科专业知识包括单项选择题(10小题),名词解释(4小题),填空题(10小题),判断题(10小题),简答题(5小题),论述题(1小题)。

第一部分　教育综合知识

一、单项选择题(本大题共10题,每小题1分,共10分)

1. 为了学生的全面发展,学校开展了一系列以“国家认同,国际理解”为主题的主题活动,该举措属于培养学生核心素养的(　　)

A. 人文底蕴　　B. 健康生活　　C. 责任担当　　D. 实践创新

2.《中华人民共和国未成年人保护法》第七十条规定“学校应当合理使用网络开展教学活动。未经学校允许,未成年学生不得将手机等智能终端产品带入课堂,带入学校的应当统一管理。”这个描述属于对未成年人的(　　)

A. 家庭保护　　B. 学校保护　　C. 社会保护　　D. 网络保护

3. 教师要遵循教育规律,实施素质教育;循循善诱,诲人不倦,因材施教;培养学生良好品质,激发学生创新精神,促进学生全面发展;不以分数作为评价学生的唯一标准,这说明了教师应该具有(　　)的职业道德。(常考)

A. 为人师表　　B. 教书育人　　C. 关爱学生　　D. 爱岗敬业

4. 说课要求教师不仅要说出“教什么”“怎么教”,还要说出“为什么要这样教”,这体现说课的(　　)特点。

A. 理论性　　B. 阐发性　　C. 演讲性　　D. 预见性

5. “授人以鱼,不如授人以渔”反映了教师在教学过程中应遵循(　　)的规律。(易混)

A. 间接经验与直接经验相统一

B. 掌握知识和发展智力相统一

C. 传授知识与思想品德教育相统一

D. 教师主导作用与学生主体作用相统一

6. “笑一笑,十年少”这句话体现了情绪与情感的(　　)功能。

A. 组织　　B. 信号　　C. 感染　　D. 健康

7. 临睡前学习效果一般较好,确切地说,这是因为该阶段学习主要不受(　　)的干扰。

A. 前摄抑制　　B. 倒摄抑制　　C. 单一抑制　　D. 多重抑制

8. 下列不属于迁移的是(　　)(易混)

A. 杯弓蛇影　　B. 见异思迁　　C. 惊弓之鸟　　D. 因噎废食

9. 教师在不同的成长阶段,所关注的问题不同。当教师把关注的焦点,一味地投向讨好学生喜欢时,这说明教师的成长处于(　　)(常考)

A. 关注生存阶段　　B. 关注情境阶段

C. 关注学生阶段　　D. 关注成长阶段

10. 周恩来在南开中学就读时,曾立下了“为中华之崛起而读书”的志向,这种学习动机属于(　　)

A. 内部高尚动机　　B. 内部低级动机

C. 外部高尚动机　　D. 外部低级动机

二、简答题(本大题共2小题,每小题5分,共10分)

11. 简述中小学教师选用教学方法时,需遵循的基本依据。

12. 简述中小学生焦虑症产生的原因。

三、材料分析题(本大题共10分)

13. 材料:

星期三上午,上课铃声响后,某年级(1)班的小敏手里拿着面包匆忙跑进教室。上数学课的李老师看见后,很不高兴地对小敏说:"站住!把手里的面包扔了,学习不咋地,就想着吃。"于是,小敏气冲冲地把没吃完的面包扔进垃圾桶,头也不回地走向座位。整节课,她好像心事重重,没有心思听课。

当天下午第一节课,该班的小凯也迟到了,一边啃着方便面,一边跑进教室。正在上语文课的王老师没有责怪小凯,而是拿出干净的纸巾,微笑地递给他:"拿着,把食物放在纸巾上,先上课,等下课后你再吃吧。下课后到我办公室坐着吃会更好。"于是,小凯安安静静地上完这节课,下课后带着一点羞涩走进王老师的办公室,王老师仍微笑着边给小凯泡泡面,边问:"今天下午你迟到是什么原因呀?能不能告诉老师!"随后在与小凯的交流中,王老师了解到,原来小凯是因家里有急事帮妈妈照顾妹妹才迟到的。于是,王老师跟小凯交流应对特殊事情的解决方法后,小凯带着感激的心情高兴地回到了教室,从此小凯再也没有出现上课迟到的现象。

问题:

(1)从师生关系的角度分析案例中两位老师的行为,你认为哪位老师的做法更好,并说明你的理由。(8分)

(2)结合案例,在下面写出体现王老师"教育机智"的句子。(1分)

(3)从德育的视角看,该案例中王老师主要采用了哪种教育方法?(1分)

第二部分 体育学科专业知识

一、单项选择题(本大题共10小题,每小题1分,共10分)

1. 2021年7月11日结束的"美洲杯"足球比赛中,夺得冠军的球队是(　　)

A. 阿根廷　B. 巴西　C. 秘鲁　D. 哥伦比亚

2. 下列不是关节基本结构的是(　　)(常考)

A. 关节面　B. 关节囊

C. 关节腔　D. 关节内软骨

3. 人体下肢肌肉中最长的肌肉是(　　)

A. 股四头肌　B. 竖脊肌　C. 缝匠肌　D. 股二头肌

4. 粗肌丝主要由(　　)分子组成。

A. 肌动蛋白　B. 肌球蛋白

C. 肌钙蛋白　D. 原肌球蛋白

5. 肺活量是(　　)(易错)

A. 潮气量+补吸气量+补呼气量　B. 余气量+潮气量

C. 肺通气量+补吸气量　D. 肺泡通气量+潮气量

6. 2022年北京冬季奥运会计划于(　　)开幕。

A. 2022年2月10日　B. 2022年2月4日

C. 2022年2月14日　D. 2022年3月4日

7. 《体育之研究》的作者是(　　)

A. 陈独秀　B. 陶行知　C. 毛泽东　D. 蔡元培

8. 体重指数(BMI)的计算公式是(　　)(常考)

A. 体重(kg)/[身高(m)]^2

B. [体重(kg)]^2/身高(m)

C. 体重(kg)/身高(m)

D. 体重(kg)×身高(m)

9. 现代篮球运动的创始人是(　　)

A. 约什·史密斯　B. 詹姆斯·奈史密斯

C. JR·史密斯　D. 大卫·斯特恩

10. 第二次世界大战后建立的社会主义国家,一般都按照(　　)建立了自己的体育体制,各国规定了

统一的学校体育大纲,实现了学校体育的规范化,成立了体育学院,加强了体育师资的培训。

A. 印度模式　　B. 巴西模式

C. 苏联模式　　D. 巴基斯坦模式

二、名词解释(本大题共 4 小题,每小题 3 分,共 12 分)

11. 休闲体育

12. 运动性疲劳(常考)

13. 兴奋性

14. 径赛

三、填空题(本大题共 10 小题,每小题 1 分,共 10 分)

15. 上肢与躯干之间连结的唯一关节是________。

16. 骨骼肌收缩的基本结构单位是________。(易混)

17. 篮球场的中线属于某队的________场。

18. 常见脊柱侧弯的类型有“C”型和“________”型。

19. 蛋白质的基本组成单位是________。

20. 脂溶性维生素包括维生素 A、维生素 D、________和维生素 K。(常考)

21. 肾的结构和功能单位是________。

22. 影响跑速的主要因素是________和步频。

23. 神经系统活动的基本形式是反射,反射活动的结构基础是________。

24. 体育课可分为准备部分、________、结束部分。

四、判断题(判断下列各题的正误,正确的打“√”,错误的打“×”。本大题共 10 小题,每小题 1 分,共 10 分)

25. 2021 年 7 月 12 日凌晨结束的欧洲杯,获得冠军的球队是英格兰。 (　　)

26. 细胞由细胞膜、细胞质和细胞核三部分组成。 (　　)

27. 人体内除去碳、氢、氧、氮以外的元素统称为矿物质。 (　　)

28. 机体各器官、组织和细胞能利用的直接能源是 ADP。 (　　)

29. 体育是以身体练习为基本手段,促进身心发展的文化活动。 (　　)

30. 消化系统由大肠、消化管和消化腺三大部分组成。(易错) (　　)

31. 人体固有的吸气肌为肋间外肌和膈肌。 (　　)

32. 以细胞外液丢失为主,失水量达到体重的 2% ~4% 为中度脱水。 (　　)

33. 在跳跃项目中,决定腾空高度(H)和腾空远度(S)的主要力学因素是腾起初速度(V_0)和腾起角(θ)。 (　　)

34. 体育教学是学校体育的重要目标组成部分,是实现学校体育目标的基本组织形式。 (　　)

五、简答题(本大题共 5 小题,每小题 4 分,共 20 分)

35. 请简答影响骨骼肌力量大小的解剖学因素。

36. 请简答我国课余体育训练的组织形式。

37. 请简答人体的基本组织。

38. 请简答影响投掷远度的因素。(常考)

39. 请简答预防运动性腹痛的措施。

六、论述题(本大题共 8 分)

40. 根据儿童青少年运动系统的解剖生理特点,请论述儿童青少年进行体育锻炼时的注意事项。(常考)

2020年山东省临沂市教师招聘考试真题试卷(七)

中小学体育

(满分100分　时间120分钟)

本套试卷共82小题,包括教育理论基础知识和体育学科专业知识两部分。第一部分教育理论基础知识包括单项选择题(40小题),案例分析题(4小题);第二部分体育学科专业知识包括单项选择题(20小题),多项选择题(15小题),简答题(2小题),简述题(1小题)。

第一部分　教育理论基础知识

一、单项选择题(本大题共40小题,每小题0.9分,共36分)

1. 东汉许慎在《说文解字》中对教育的解释是"教,上所施,下所效也""育,养子使作善也",就影响人身心发展的动因而言,这一说法更认可(　　)

A. 内发论　　B. 外铄论

C. 多因素相互作用论　　D. 遗传决定论

2. 在教育活动的基本构成要素中,对整个教育教学活动的开展发挥主导作用的是(　　)

A. 教育者　　B. 受教育者　　C. 教育场所　　D. 教育内容

3. "风声鹤唳,草木皆兵""一朝被蛇咬,十年怕井绳",这些都属于(　　)现象。

A. 分化　　B. 消退　　C. 泛化　　D. 维持

4. 孔子在《论语》中说"不愤不启,不悱不发。举一隅不以三隅反,则不复也。"这一表述体现了孔子(　　)的教育教学思想。

A. 因材施教　　B. 启发诱导　　C. 教学相长　　D. 长善救失

5. 就儿童发展而言,口语学习的最佳时期是2~3岁,在这一时期,如果得到合适的教育,就能获得事半功倍的效果,这一现象体现了儿童身心发展的(　　)

A. 顺序性　　B. 个别差异性　　C. 互补性　　D. 不平衡性

6. "花儿开了,因为它想看见我",这种思维方面的特点,主要存在于儿童认知发展的(　　)

A. 感知运动阶段　　B. 前运算阶段　　C. 具体运算阶段　　D. 形式运算阶段

7. 科学家、会计师、工程师及电脑程序员这一群体在(　　)上更突出。

A. 逻辑-数学智能　　B. 空间智能　　C. 语言智能　　D. 内省智能

8. 车胤囊萤、孙康映雪、孙敬头悬梁、苏秦锥刺股的历史故事充分体现了(　　)因素在人身心发展中的作用。

A. 遗传　　B. 环境　　C. 学校教育　　D. 个体主观能动性

9. 卢梭强调人性本善,认为教育的任务就是使儿童"归于自然",就教育目的的价值取向而言,卢梭的观点更倾向于(　　)

A. 个人本位论　　B. 社会本位论　　C. 教育无目的论　　D. 生活本位论

10. 好的教师不仅要教授知识,而且要不断反思,认真分析学生的心理年龄特点,创造性地开展教育教学工作。这一表述主要体现了教师的(　　)角色。

A. 授业者　　B. 管理者　　C. 示范者　　D. 研究者

11. 刚开始洗澡的时候,感觉水有点凉,过了一会,就感觉不那么凉了,这种现象是(　　)

A. 感觉对比　　B. 联觉　　C. 感觉后像　　D. 感觉适应

12. 在课堂上,教师讲解重点内容时,声音提高,语速放缓,使之更为突出,这是利用了知觉的(　　)

A. 整体性　　B. 选择性　　C. 恒常性　　D. 理解性

13. 遇到复杂的、意外的或难以处理的教育教学问题时,优秀的、有经验的教师往往能够基于问题、因势利导、随机应变、恰当而有效地化解问题并带给学生知识的提升和思想的升华。这突出体现了教师职业劳动的(　　)

A. 创造性　　B. 间接性　　C. 主体性　　D. 示范性

14. 在韦纳的归因理论中,下列哪个因素不属于内部因素(　　)

A. 能力　　B. 运气　　C. 努力程度　　D. 自身状况

15. 根据耶克斯-多德森定律,当学生学习较困难的知识时,教师应使其动机水平保持在(　　)水平,学生的学习效率会提高得更明显。

A. 较高　　B. 中等　　C. 较低　　D. 非常低

16. 教师个体的专业发展过程是从一名新教师成长为专家型教师的过程,在这一过程中对其专业发展最直接最普遍、起决定作用的途径是(　　)

A. 入职培训　　B. 在职培训　　C. 自我教育　　D. 师范教育

17. 在本学期的听课活动中,张老师严格按照学校发放的听课记录表进行观察记录,这种观察是(　　)

A. 叙述观察　　B. 间接观察　　C. 结构观察　　D. 参与观察

18. 某省不同县市在艺术教育方面差距较大,如果要初步了解该省艺术教育的开展情况,在时间紧急、抽取样本数量比较小的情况下,比较合适的抽样方法是(　　)

A. 等距随机抽样　　B. 分阶段随机抽样

C. 整群随机抽样　　D. 分层随机抽样

19. 北京大学的校徽中"北大"二字上下排列,其中"北"像两个侧立的人像,"大"像正面站立的人像,

这突出了北大“以人为本”的办学理念。也有人说“北大”二字上面是学生，下面是教师，教师就要甘为人梯，学生就要青出于蓝。就学校文化和课程类型而言，这分别属于(　　)

A. 学校观念文化，隐性课程　　B. 学校规范文化，显性课程

C. 学校制度文化，学科课程　　D. 学校物质文化，活动课程

20. 小红一边听音乐，一边打毛衣，这属于(　　)

A. 注意的选择　　B. 注意的保持

C. 注意的分配　　D. 注意的稳定

21. 学生背完单词再回忆时发现，最先背诵的单词比较容易回忆，较少遗忘，这种现象是(　　)

A. 前摄抑制　　B. 首因效应　　C. 近因效应　　D. 倒摄抑制

22. 人们一般认为公安局局长都是男性，这属于(　　)

A. 原型启发　　B. 正迁移　　C. 功能固着　　D. 定势

23. 在课程目标编写时，如果某一课程目标侧重于学生需要掌握的基础知识和基本技能，其课程目标取向是(　　)

A. 普遍性目标取向　　B. 行为性目标取向

C. 生成性目标取向　　D. 表现性目标取向

24. 在校本课程开发过程中，我们经常用的思路是：首先考虑开设这一课程的意义和达成的目标；然后根据目标去搜集和组织材料；最后评价学生学习后达成目标的程度。这一思路突出体现了课程开发的(　　)

A. 目标模式　　B. 过程模式　　C. 情境模式　　D. 体谅模式

25. 教师在讲授新知识时，一定要考虑学生已有的认知水平，关注大部分学生的“最近发展区”。这突出体现了下列哪一教学原则(　　)

A. 理论联系实际原则　　B. 直观性原则

C. 巩固性原则　　D. 量力性原则

26. 在进行分组教学时，为了形成既有合作又有竞争的良好学习氛围，我们应尽量做到(　　)

A. 组间同质，组内异质　　B. 组间同质，组内同质

C. 组间异质，组内异质　　D. 组间异质，组内同质

27. 学生在完成暑假作业时，对作业的浏览、进度的安排以及完成情况的监控主要采用的学习策略是(　　)

A. 复述策略　　B. 元认知策略　　C. 组织策略　　D. 精细加工策略

28. 学生在解决困难的任务时，倾向于多方面搜集信息、考虑周全且出错较少，这种认知风格是(　　)

A. 场独立型　　B. 沉思型　　C. 冲动型　　D. 场依存型

29. 老师在下课之前，会告知学生下一节课将学习的新内容，这运用的学习原理是(　　)

A. 练习律　　B. 效果律　　C. 反应律　　D. 准备律

30.《学记》中谈到“良冶之子，必学为裘；良弓之子，必学为箕。”这一表述体现了对(　　)教学原则的追求。

A. 理论联系实际　　B. 直观性　　C. 启发性　　D. 循序渐进

31. 在动作技能的教学(比如广播体操的教学，武术动作的教学)中，比较合适的教学模式是(　　)

A. 传递－接受式　　B. 问题－探究式

C. 示范－模仿式　　D. 情感－陶冶式

32. 在课堂教学评价时，如果我们关注的重点是学生对学习内容的掌握程度，学生是否达到了教学目标的要求，应尽量采用(　　)

A. 绝对性评价　　B. 相对性评价

C. 常模参照评价　　D. 个体内差异评价

33. 陈老师走进教室，面对学生的交头接耳、吵吵闹闹，他把食指竖起来放在嘴上，表示“不要讲话”，这种手势语属于(　　)

A. 象征性手势　　B. 指示性手势　　C. 会意性手势　　D. 隐蔽性手势

34. 物理老师在讲解牛顿力学定律后，提出这样一个问题：“我们踢出去的球在空中运动过程中是否还受到脚对它的作用力？”这是一种(　　)

A. 回忆性提问　　B. 理解性提问　　C. 评价性提问　　D. 批判性提问

35. 在德育的以下四条规律中，特别强调教师对学生的塑造以及学生主观能动性的是(　　)

A. 德育过程是培养和提高学生知、情、意、行的过程

B. 德育过程是一个长期、反复、逐步提高的过程

C. 德育过程是组织学生活动和交往，统一多方面教育影响的过程

D. 德育过程是促进学生思想内部矛盾斗争的过程，是教育与自我教育相结合的过程

36. 马卡连柯提出“平行影响”的教育思想，强调班级的平行管理，这一做法体现了(　　)的德育原则。

A. 集体教育与个别教育相结　　B. 尊重信任与严格要求相结

C. 正面教育与纪律约束相结合　　D. 依靠积极因素克服消极因素

37. 良好的教育环境会对学生产生潜移默化的熏陶，德高望重的教师会让学生在耳濡目染中受到感化，优秀的艺术作品会让学生自然而然地产生美的体验。这体现了(　　)

A. 榜样示范法　　B. 情感陶冶法　　C. 自我修养法　　D. 品德评价法

38.《国家中长期教育改革和发展规划纲要(2010—2020 年)》指出，把育人为本作为教育工作的根本要求，把(　　)作为国家基本教育政策。

A. 改革创新　　B. 德育为先　　C. 促进公平　　D. 提高质量

39. 根据《中华人民共和国未成年人保护法》规定，未成年人指的是未满(　　)的公民。

A. 12 周岁　　B. 14 周岁　　C. 16 周岁　　D. 18 周岁

40. 教师有下列哪些情形之一，且情节严重的，将依法追究刑事责任(　　)

①故意不完成教育教学任务给教育教学工作造成损失的

②体罚学生，经教育不改且构成犯罪的

③品行不良、侮辱学生，影响恶劣且构成犯罪的

④教育教学业务水平低，不积极上进的

A. ①②③④　　B. ①②③　　C. ②③　　D. ①②

二、案例分析题(本大题共4小题，每小题1分，共4分)

案例：

李老师是初二(3)班的历史老师，为了讲好“隋朝的灭亡”这一教学内容，李老师做了如下教学设计：首先，从电视剧《隋唐演义》中精选了一个与教学内容密切相关且学生熟悉的短视频引入课堂教学；然后带领学生简略地回顾了隋朝的历史，并提出思考问题“隋朝快速灭亡的原因是什么？”在回答这个问题之前，李老师先给学生讲解了我国古代历史上朝代灭亡的一般规律，然后再引导学生分析隋朝快速灭亡的原因……

问题：

41. 李老师采用学生熟悉的短视频进行导课，主要体现了(　　)教学原则。

A. 直观性　　B. 循序渐进

C. 巩固性　　D. 科学性与思想性相统一

42. 李老师的这一教学片段运用的教学方法是(　　)

A. 讲授法、练习法　　B. 演示法、参观法

C. 演示法、讲授法　　D. 发现法、陶冶法

43. 这一教学片段主要体现了下列哪一学习理论(　　)

A. 班杜拉的社会学习理论　　B. 布鲁纳的发现学习理论

C. 托尔曼的符号学习理论　　D. 奥苏贝尔的有意义接受学习理论

44. 李老师在引导学生分析隋朝的灭亡原因时，先介绍我国古代历史上朝代灭亡的一般规律，这一做法运用的学习策略是(　　)

A. 发现学习策略　　B. 先行组织者策略

C. 掌握学习策略　　D. 自我效能感策略

第二部分　体育学科专业知识

三、单项选择题(本大题共20小题，每小题0.8分，共16分)

45. 挺身式跳远的技术特点是身体腾空后，(　　)

A. 起跳腿大腿积极前摆，向摆动腿靠近

B. 摆动腿大腿积极下放后，摆向起跳腿靠近

C. 摆动腿大腿下放前摆，同时起跳腿前摆，两腿空中交替前摆

D. 起跳腿和摆动腿腾空后收腹举腿

46. 在4×100米接力比赛中，队员必须在接力区内完成交接棒，接力区的距离是(　　)米。(常考)

A. 15　　B. 30　　C. 20　　D. 10

47. 篮球高手运球时以(　　)为轴。

A. 指关节　　B. 腕关节　　C. 肘关节　　D. 肩关节

48. 排球比赛运用“边一二”进攻战术时，两名进攻手应是(　　)(常考)

A. 三号位和六号位队员　　B. 三号位和四号位队员

C. 四号位和五号位队员　　D. 一号位和二号位队员

49. 在日常生活中，我们通常采用身体质量指数(BMI)来评估身体分，BMI指数计算方法为(　　)

A. 腰围/臀围　　B. 身高/体重

C. 体重/身高　　D. 体重/身高的平方

50. 在正规的田径比赛中，田赛中的跳跃项目有(　　)个。

A. 2　　B. 3　　C. 4　　D. 5

51. 马拉松跑属于超长距离的项目，马拉松的全程距离是(　　)千米。

A. 41.195　　B. 42.195　　C. 43.195　　D. 44.195

52. 侧向滑步推铅球最后用力完整动作正确要点是(　　)(易错)

A. 蹬腿、转体、送髋、挺胸、撑腿、推臂、拨球

B. 蹬腿、送髋、挺胸、抬头、拨球

C. 蹬腿、转体、送髋、挺胸、低头、拨球

D. 转体、挺胸、抬头、推臂、拨球

53. 自2017年实行新课标以来，下面哪些项目是高中学生每年体质健康标准测试的项目(　　)

A. 50 m、立定跳远、1分钟仰卧起坐(女)、1000 m(男)

B. 50 m、立定跳远、坐位体前屈、1分钟仰卧起坐(女)、引体向上(男)、800 m(女)、1000 m(男)

C. 100 m、立定跳远、坐位体前屈、800 m(女)、1000 m(男)

D. 100 m、三级蛙跳、1分钟仰卧起坐(女)、1000 m(男)

54. 支撑跳跃是一项借助支撑的跳跃运动，整个动作包括(　　)技术环节。

A. 助跑、起跳、腾空、落地　　B. 助跑、起跳、支撑腾空、落地

C. 助跑、起跳、推手、落地　　D. 助跑、腾空、推手、落地

55. 田径比赛中必须具备“各就位”“预备”“枪声”三个环节的竞赛项目是(　　)(易错)

A. 100米、200米、400米、800米

B. 200米、400米、800米、3000米障碍跑

C. 100 米栏、110 米栏、400 米栏、3000 米障碍跑

D. 100 米、110 米栏、400 米、400 米栏

56. 在出汗较多的情况下，特别是在夏季从事剧烈运动时，为保持体温相对稳定，应当适当地喝一些（　　）

A. 白开水　　B. 淡盐水　　C. 糖水　　D. 冰块

57. 在中长跑比赛中，当跑过一段距离后，机体就会产生一定的反应，也就是常说的"极点"，"极点"出现后，机体会表现出哪些症状（　　）（常考）

A. 运动能力提高　　B. 越跑越轻松

C. 机体的氧供给加强　　D. 两腿发软，全身乏力，呼吸困难

58. 进攻队员背对球篮或侧对球篮接球，由他做枢纽与同伴相配合而形成一种里应外合的配合方法是（　　）

A. 传切配合　　B. 策应配合

C. 突分配合　　D. 掩护配合

59. 王浩近期经常失眠，食欲不振，不愿与同学老师交往，对什么事都不感兴趣，常感到消极悲观，认为自己一无是处，未来没有希望，他存在的心理问题是（　　）

A. 强迫症　　B. 焦虑症

C. 抑郁症　　D. 恐惧症

60. 刚进入高一，赵明就总想"我考不上大学，该怎么办"。他明知高考还远着呢，这么早想这个，根本没必要，但就是控制不住自己，以至于影响了正常学习。他的主要心理问题是（　　）

A. 强迫观念　　B. 强迫行为

C. 恐惧观念　　D. 恐惧行为

61. 队列队形中，下列术语描述正确的是（　　）

A. 按"路"排成的队形称为横队，其纵深小于宽度

B. 按"列"排列成队形称为纵队，其纵深小于宽度

C. 按"列"排成的队形称为横队，其宽度大于纵深

D. 按"路"排成的队形称为纵队，其纵深小于宽度

62. 香烟中危害人体健康的三大元凶是（　　）

①一氧化碳　②尼古丁　③二氧化碳　④烟焦油

A. ①②③　　B. ①②④

C. ②③④　　D. ①③④

63. 武术与民族民间传统体育类运动是我国传统文化的重要组成部分，其特点是（　　）

A. 观赏性、竞技性、传统性　　B. 表演性、民族性、传统性

C. 表演性、商业性、传统性　　D. 娱乐性、国际性、传统性

64. 遇到有人落水，需要救助，在施救时，首先要选择（　　）

A. 大声呼救寻求更多人的帮助　　B. 脱掉鞋子下水救人

C. 脱掉衣服下水救人　　D. 以物救人

四、多项选择题（多选、错选或少选均不得分。本大题共 15 小题，每小题 1.4 分，共 21 分）

65. 排球正面垫球的正确姿势应该包括（　　）

A. 直臂　　B. 压腕　　C. 挺胸　　D. 夹肩

66. 神经衰弱的患者在治疗期间应注意做到（　　）

A. 积极参与各种剧烈的球类活动　　B. 遵循合理的生活制度

C. 保持乐观情绪　　D. 选择适宜的运动项目进行锻炼

67. 关节脱位最明显的现象是（　　）

A. 出现皮下淤血　　B. 损伤出现畸形

C. 与健康肢体对比不对称　　D. 关节部位肿胀疼痛

68. 急性闭合性软组织损伤的处理步骤有（　　）（常考）

A. 休息　　B. 冰敷　　C. 加压包扎　　D. 抬高伤部

69. 体育与健康的核心素养主要包括（　　）

A. 运动能力　　B. 健康行为

C. 认识情感　　D. 体育品德

70. 体能指人体各器官系统的机能在身体活动中表现出来的基本能力，下列与健康有关的体能有（　　）（易混）

A. 心肺耐力　　B. 速度及爆发力

C. 柔韧性　　D. 身体成分

71. 下列哪些是跳高姿势（　　）

A. 俯卧式　　B. 背越式　　C. 跨越式　　D. 挺身式

72. 文明的参赛行为不仅能够赢得对手的尊重，而且还可以提升自身的运动水平，文明的观赛行为不仅可以鼓舞运动员的士气，还可以结交志同道合的朋友，提高社会适应能力，文明参赛与观赛的行为有（　　）

A. 理解体育运动的价值，树立正确的胜负观

B. 做好参与观赛前的准备事宜

C. 遵守参赛与观赛的基本礼仪

D. 规范参赛与观赛的退场行为

73. 艾滋病翻译成中文是"获得性免疫缺陷综合征"，具有很强的危害性，艾滋病的传染途径有以下几种（　　）（易错）

A. 血液传播　　B. 性传播　　C. 接触传播　　D. 母婴传播

74. 在体育活动过程中,运动前人们往往先进行准备活动的练习,对于准备活动说法正确的是(　　)

A. 准备活动可以提高肌肉温度　　B. 准备活动能调节心理状态

C. 准备活动可以减少伤害事故　　D. 准备活动的量越大、时间越长越好

75. 心肺耐力是指人体从事持续性身体活动时循环系统和呼吸系统的供氧能力,发展心肺耐力有氧锻炼的方法(　　)

A. 瑜伽、仰卧起坐、俯卧撑　　B. 长时间的球类运动

C. 中长跑或越野跑　　D. 游泳、骑自行车

76. 人体在运动时往往处于一种超越自己的水平可控范围的状态时,就大大增加了产生运动损伤的概率,产生运动损伤有主观因素和客观因素,运动损伤的主观因素有(　　)

A. 注意力不集中,运动量过大　　B. 准备活动不充分,技术动作不熟练

C. 情绪低落、恐惧心理　　D. 保护与帮助不力

77. 足球运动是群众普遍喜爱的运动,下列哪些是足球运动的特点(　　)

A. 群众性活动且易于开展　　B. 竞技足球观赏性强

C. 增进友谊振奋人心　　D. 丰富的文化内涵和经济功能

78. 田径运动技能学习要遵循哪些基本原则(　　)

A. 循序渐进原则　　B. 不间断原则

C. 周期性原则　　D. 巩固提高原则

79. 网上曾有一段高中女生被其他同学欺凌的视频,引起大家的关注,校园欺凌屡屡发生,当遇到突发的欺凌情况时,应当采取哪些措施保护自己(　　)

A. 是非之地,不可久留,应尽快离开

B. 若不能离开,勇敢面对,不能表现出软弱

C. 抱着息事宁人的心态,忍气吞声

D. 勇敢地向老师、学校或权威部门及时汇报

五、简答题(本大题共 2 小题,共 11 分)

80. 2017 年版体育与健康课程标准的基本理念是什么?(5 分)

81. 世界卫生组织认为:人体的健康 60% 取决于个人,请你结合学到的健康知识,给某一社区居民简写一份体育与健康生活方式有关的宣传内容。(6 分)

六、简述题(本大题共 12 分)

82. 请你根据最新体育与健康课程标准的要求,简写一节技术课的上课流程。(要求:语言简练,教学环节清晰,教学理念新颖,教学方法得当)

2020年江西省教师招聘考试真题试卷(八)

初中体育

(满分100分　时间120分钟)

本套试卷共55小题,包括单项选择题(50小题),简答题(2小题),论述题(1小题),案例分析题(1小题),教学设计题(1小题)。

一、单项选择题(本大题共50小题,每小题1分,共50分)

1. 心脏的心肌细胞有两类,包括(　　)

A. 普通的心肌细胞和自动节律性心肌细胞

B. 普通的心肌细胞和白色心肌细胞

C. 普通的心肌细胞和红色心肌细胞

D. 白色心肌细胞和红色心肌细胞

2. 骨连结根据连结组织和活动情况,可分为(　　)

A. 有腔隙骨连结和有纤维骨连结　　B. 无腔隙骨连结和无纤维骨连结

C. 有纤维骨连结和无纤维骨连结　　D. 有腔隙骨连结和无腔隙骨连结

3. 画分道线,应以跑道内突沿外沿为基准,各分道线都是用5厘米的白灰色线画成。标准场地或正规比赛,分道宽应为(　　)(常考)

A. 1.22米或1.25米　　B. 1.22米或1.27米

C. 1.25米或1.27米　　D. 1.25米或1.30米

4. 搏斗运动是两人在一定条件下,按照一定的规则进行斗智较力的对抗练习形式。以下不属于目前武术竞赛中正在开展的搏斗运动的是(　　)

A. 散打　　B. 对练　　C. 推手　　D. 短兵

5. 人体的躯干肌按分布部位可分为(　　)和会阴肌。

A. 背肌、胸肌、膈肌、腹肌　　B. 背肌、胸肌、膈肌、肱肌

C. 背肌、肱肌、膈肌、腹肌　　D. 背肌、胸肌、缝匠肌、肱肌

6. 人呼吸系统中的呼吸道为中空性器官,是传送气体的通道,它由(　　)构成。

A. 口、咽、喉、气管和支气管及其分支　　B. 口、鼻、咽、气管和支气管及其分支

C. 鼻、咽、喉、气管和支气管及其分支　　D. 口、鼻、喉、气管和支气管及其分支

7. 田径男子十项全能比赛有100米、跳远、掷铅球、跳高、400米、110米栏、掷铁饼和(　　)(易错)

A. 三级跳远、掷标枪、1500米　　B. 三级跳远、掷标枪、3000米

C. 撑竿跳高、掷标枪、1500米　　D. 撑竿跳高、掷标枪、3000米

8. 在运动生理学中,(　　)又称合成代谢,是指生物不断地把从体外环境中摄取的营养物质转变成自身的组成物质,并储存能量的变化过程。

A. 代谢作用　　B. 分解作用　　C. 异化作用　　D. 同化作用

9. 生物体的生命现象主要表现为(　　)和生殖五个方面的基本特征。

A. 新陈代谢、兴奋性、应激性、适应性

B. 新陈代谢、兴奋性、刺激性、适应性

C. 新陈代谢、兴奋性、反应性、适应性

D. 新陈代谢、兴奋性、机体性、适应性

10. 一个完整的侧向滑步推铅球技术包括握球和持球、预备姿势、预摆、(　　)和维持身体平衡等几个部分。(易错)

A. 单腿支撑、滑步　　B. 滑步、最后用力

C. 腾空阶段、最后用力　　D. 滑步、腾空阶段

11. 骨骼肌纤维的肌膜是由(　　)组成的,两者之间有间隙。

A. 红细胞膜和基膜　　B. 白细胞膜和基膜

C. 细胞膜和基膜　　D. 细胞膜和底膜

12. 物理学中把单位时间所做的功称为功率,通常把力和速度的乘积称为爆发力,因此功率又称为(　　)

A. 骨骼肌的爆发力　　B. 骨骼肌收缩的爆发能力

C. 骨骼肌的收缩力　　D. 骨骼肌的牵引力

13. 血细胞又称"血球",占全血量的(　　),包括红细胞、白细胞和血小板。

A. 30% ~35%　　B. 35% ~40%　　C. 40% ~45%　　D. 45% ~50%

14. 1992年8月,中国男子体操队在巴塞罗那奥运会获得(　　)

A. 女团冠军　　B. 女团亚军

C. 男团冠军　　D. 男团亚军

15. 正常人血浆的pH值为(　　)(易错)

A. 7.35 ~7.45　　B. 7.25 ~7.35

C. 7.15 ~7.25　　D. 7.05 ~7.15

16. 排球比赛中,"心跟进"防守又称为(　　)防守。

A. "3号位跟进"　　B. "4号位跟进"

C. "5号位跟进"　　D. "6号位跟进"

17. 血液在心脏和全部血管所组成的管道系统中的循环叫作(　　)(易混)

A. 双循环　B. 血液循环　C. 体循环　D. 肺循环

18. 人的动脉血压是心脏在开始收缩后所受到的负荷,相当于心室肌的(　　)

A. 小负荷　B. 大负荷　C. 后负荷　D. 前负荷

19. O_2和CO_2在血液中的运输形式有两种,即(　　)

A. 物理溶解和化学结合　B. 物理溶解和化学溶解

C. 物理结合和化学溶解　D. 物理结合和化学结合

20. (　　)是研究体育运动这一特定情境中的心理和行为的科学。

A. 认知心理学　B. 体育心理学

C. 学校心理学　D. 社会心理学

21. 课余篮球队运动训练计划应包括周训练计划、年训练计划、周期训练计划、课训练计划和(　　)

A. 学期训练计划　B. 月训练计划

C. 多年训练计划　D. 季度训练计划

22. 根据学生参与体育学习和锻炼活动的心理动因是以生物性需要,还是以社会性需要为基础,可将运动动机分为(　　)

A. 生物性动机和内部动机　B. 生物性动机和外部动机

C. 生物性动机和社会性动机　D. 生物性动机和直接动机

23. 中小学生体育态度的转变包括(　　)两个方面。

A. 方向和强度　B. 方向和目标

C. 强度和目标　D. 认知和目标

24. 下列属于国际男子羽毛球团体锦标赛的是(　　)(常考)

A. 尤伯杯赛　B. 苏迪曼杯赛

C. 汤姆斯杯赛　D. 世界杯锦标赛

25. 在体育教学中使用言语指导时,要想实现更有效的指导,就必须重视(　　)和指导线索两个问题。

A. 关心　B. 诱导

C. 注意　D. 示范

26. 体育课堂学习过程中的心理评价内容有(　　)

A. 体育学习态度、情意表现、交往能力与合作精神

B. 体育学习态度、情意表现、分析能力与合作精神

C. 体育学习态度、情意表现、交往能力与观察能力

D. 体育学习态度、情意表现、观察能力与合作精神

27. 体操动作以质量为前提,动作评定讲究(　　)

A. 稳定、大方、优美　B. 稳定、大方、幅度

C. 稳定、优美、幅度　D. 优美、大方、幅度

28. 体育动作技能是个体以一定的(　　)为前提条件,通过运动学习而形成的,是一种潜在的能力倾向。

A. 肌肉与神经机能　B. 生理与心理机能

C. 技术与技能水平　D. 素质与运动机能

29. 资本主义初期,从________年到________世纪初,进步资产阶级教育家充分肯定了体育在教育中的价值,为近代学校体育的发展和繁荣做了重要的舆论准备。选(　　)

A. 1643;19　B. 1642;19　C. 1641;18　D. 1640;18

30. 篮板下沿离地高度应为(　　)(易错)

A. 2.85 米　B. 2.90 米　C. 2.95 米　D. 3.05 米

31. 人民教育出版社于(　　)年出版了中小学体育教材,第一次明确提出“学校体育应从增强学生体质出发”的指导思想。

A. 1959　B. 1960　C. 1961　D. 1962

32. 大众传媒中的体育信息有助于学生(　　)的形成。

A. 体育态度和价值观　B. 体育兴趣和价值观

C. 体育知识和价值观　D. 体育认知和价值观

33. 学校体育的功能是学校体育本质的反映,是学校教育功能的构成部分,又与(　　)的功能有密切联系。

A. 娱乐体育　B. 竞技体育　C. 大众体育　D. 国民体育

34. 学校体育的本质功能是育人,学校体育的其他功能包括(　　)(易混)

A. 文化功能、辐射功能、健身功能　B. 文化功能、辐射功能、经济功能

C. 文化功能、健身功能、经济功能　D. 文化功能、娱乐功能、经济功能

35. 学校体育目标是一个(　　)的系统,按照不同的标准可以做出不同的划分。

A. 多层次、完整　B. 多层次、定向

C. 多层次、详细　D. 多层次、标准

36. 110 米跨栏的全程跑技术包括(　　)、途中跑技术、终点冲刺跑技术。

A. 起跑技术　B. 起跑至第一栏技术

C. 起跑后的加速跑技术　D. 跑进中攻栏技术

37. 体育课程设计是指课程结构的编制,应是(　　)地产生课程计划、课程标准及教材的系统化活动。

A. 有目的、有要求　B. 有目的、有标准

C. 有计划、有目的　D. 有计划、有要求

38. 良好的身体素质是体育教师终身锻炼的需要,也是进行(　　)的必要条件。

A. 体育教学、提高运动教学水平、适应社会体育工作

B. 体育教学、提高运动技术水平、适应社会体育工作

C. 体育教学、提高运动技术水平、适应体育训练工作

D. 体育教学、提高运动教学水平、适应学校体育工作

39. 足球比赛中,运动员违反下列犯规行为,不是红牌警告的是(　　)(易混)

A. 犯有暴力行为

B. 用污言秽语或进行辱骂

C. 未得到裁判许可故意离开比赛场地

D. 经黄牌警告后,因犯规又被给予第二次黄牌警告

40. (　　)是细胞进行代谢的内部环境,其主要成分是水和各种无机盐。

A. 糖类　　B. 脂肪　　C. 蛋白质　　D. 体液

41. 运动系统中骨的分类,按形态分为(　　)四类。(易错)

A. 长骨、短骨、肱骨和不规则骨　　B. 长骨、肱骨、扁骨和不规则骨

C. 长骨、短骨、扁骨和不规则骨　　D. 长骨、短骨、扁骨和股骨

42. 学生在进行骑撑前回环练习时,保护帮助者应站在(　　)

A. 杠前练习学生前腿的同侧　　B. 杠后练习学生前腿的同侧

C. 杠前练习学生前腿的异侧　　D. 杠后练习学生前腿的异侧

43. 人体的自由上肢骨由(　　)组成。

A. 肱骨、桡骨、尺骨和手骨　　B. 肱骨、扁骨、尺骨和手骨

C. 肱骨、桡骨、扁骨和手骨　　D. 肱骨、桡骨、尺骨和扁骨

44. 以下不属于武术运动特点的是(　　)

A. 广泛的适应性　　B. 内外合一,形神兼备的民族风格

C. 广泛的群众基础　　D. 寓技击于体育之中

45. 成年人全身共 206 块骨,按其所在部位可分为(　　)两部分。

A. 中轴骨和长骨　　B. 中轴骨和颅骨

C. 中轴骨和附肢骨　　D. 中轴骨和躯干骨

46. 体育运动对呼吸系统的影响是多方面的,随着运动强度的增加,呼吸膜厚度有从正常到增厚,再到________,最后直到________的可能。选(　　)

A. 变厚;变薄　　B. 变薄;破裂

C. 变厚;破裂　　D. 变薄;变厚

47. 乒乓球基本战术包括接发球战术、发球抢攻战术、对攻战术、拉攻战术和(　　)

A. 搓攻战术　　B. 接球抢攻战术

C. 对拉进攻战术　　D. 攻防反搓战术

48. 在体育课堂教学活动中,合作是增加课堂中人际互动,促进(　　)活动的有效手段之一。

A. 合作学习　　B. 小组学习　　C. 探究学习　　D. 集体学习

49. 在体育学习过程中,学生通过练习而巩固下来的,自动化的、完善的动作活动方式是(　　)

A. 动作技能　　B. 动作方法　　C. 动作练习　　D. 动作示范

50. 在运动解剖学中,(　　)是指人体关节以及跨过关节的韧带、肌肉等组织的伸展能力。

A. 耐力素质　　B. 柔韧素质　　C. 灵敏素质　　D. 力量素质

二、简答题(本大题共 2 小题,每小题 5 分,共 10 分)

1. 简述体育教学过程中交往的功能。

2. 简述足球个人进攻战术包括哪些。(常考)

三、论述题(本大题共 10 分)

试述体育设施器材资源的开发与利用。

四、案例分析题（本大题共 10 分）

案例：

李老师在一节高一篮球课中，准备活动的时候安排学生进行抛接球的篮球游戏。学生手拉手围成一个大圆圈，在大圆中画一个半径为 2 米的同心小圆圈。任意挑选一名学生出列站在小圆圈里面。他上抛篮球的同时任意喊出一个“号码”，那么归属于这个“号码”的同学必须立刻进入大圆中将球接住，然后依次类推。教师原本认为这是一个很简单的游戏，只要学生能够不间断地接住球就算成功。然而，事与愿违，学生们顶多连续做 3 次就会出现失误。

此时，教师及时终止了游戏，并询问同学们的看法，总之，各自为各自辩护。李老师听完同学们的发言，并没有马上告诉大家失败的原因，而是挑选几位学生抛球，请同学们来接球。李老师使刚才同学们抛接球的过程再次演绎了一次，转而问学生们游戏失败的原因。同学甲说：“在抛球的过程中，太随意了，抛球的难度变化太大，同学们不好接球，只想自己把球抛出，而没有为对方着想。”同学乙说：“抛球的同学只想着自己的任务是抛球，至于抛得怎样，容不容易让接球者接到，他从来没有想过，配合接球的同学并不清楚他要向哪里抛，配合的同学彼此缺少责任感，这就是游戏失败的原因。”

听到同学们总结的失败的原因，李老师对同学们进行了表扬，同学们再次进行抛接球练习，失误率大大降低了。李老师抓住这一变化，通过与同学们的配合教大家如何改进取得更好的效果。在李老师的引导下，学生在练习中，更多地体验了成功带来的喜悦。

问题：

（1）请结合新课程标准倡导的理念，对本案例进行评析。（5 分）

（2）本案例对你今后从事体育教学工作有何启发？（5 分）

五、教学设计题（本大题共 20 分）

教材：篮球——原地单手肩上投篮。

教学对象：水平五（高二年级）。

学生人数：男生 40 人。

根据《高中体育与健康课程标准》，按照水平五学习方面目标的相关要求，完成“原地单手肩上投篮”第二课时的教学设计。（仅需对基本部分做出设计）

2020年天津市南开区教师招聘考试真题试卷(九)

中小学体育

(满分100分　时间120分钟)

本套试卷共66小题,包括教育理论知识和体育学科专业知识两部分。第一部分教育理论知识包括单项选择题(15小题),简答题(2小题),论述题(1小题);第二部分体育学科专业知识包括单项选择题(20小题),多项选择题(5小题),判断题(10小题),填空题(5小题),名词解释(3小题),简答题(4小题),分析题(1小题)。

第一部分　教育理论知识

一、单项选择题(本大题共15小题,每小题0.6分,共9分)

1. 在学习与教学的过程中,课堂纪律、校风等属于(　　)

A. 教学媒介　B. 教学环境　C. 教学媒体　D. 教学内容

2. 新冠病毒疫情当前,学生停课不停学,各个学校的老师开始学习使用各类直播软件,当起了网红,做起了直播,对学生进行在线教学。这说明教师劳动具有(　　)(易混)

A. 创造性　B. 复杂性　C. 示范性　D. 隐蔽性

3. 小萌上课总是睡觉,得知此事后,班主任取消了一次小萌观看学校文艺汇演的资格,之后她很少在课堂上睡觉了,这是运用了(　　)的行为塑造原理。

A. 正强化　B. 负强化　C. 正惩罚　D. 负惩罚

4. 要求学生尽可能多地列举由"大海"一词所想到的事物,是为了训练学生的(　　)

A. 发散思维　B. 推测与假设　C. 好奇心　D. 独立性

5. 子曰:"温故而知新,可以为师矣。"其中的"温故而知新"属于(　　)

A. 顺向负迁移　B. 逆向负迁移　C. 逆向正迁移　D. 顺向正迁移

6. 读者在读《红楼梦》时,头脑中会浮现王熙凤的鲜明形象,这属于(　　)

A. 创造想象　B. 再造想象　C. 幻想　D. 空想

7. 埃里克森认为,人的(　　)发展持续一生,其形成和发展过程可划分为八个阶段。

A. 自我意识　B. 人格

C. 能力　D. 心理品质

8. 利用观看图片、图表、模型、幻灯片、电影等进行的直观教学是(　　)

A. 实物直观　B. 言语直观　C. 模像直观　D. 形象直观

9. 王老师在给学生讲述中国科技发展进步的同时,还鼓励学生通过参加科技展,直观地了解科技发展的文化,王老师运用的德育原则是(　　)(常考)

A. 知行统一　B. 因材施教

C. 长善救失　D. 正面疏导

10. 小强入学前是个很顽皮的男孩子,看到班上同学都很听老师的话,他逐渐改正了自己的缺点,变成了听话的好孩子。这体现了班级的(　　)

A. 社会化功能　B. 矫正功能

C. 满足需求的功能　D. 诊断功能

11. 下列哪项不属于素质教育的基本任务(　　)

A. 培养学生的身体素质　B. 培养学生的心理素质

C. 培养学生的创新能力　D. 培养学生的社会素质

12. 王莉在学习拼音时利用了事物的形象记忆,例如一个门是n,两个门是m,这种学习策略属于(　　)

A. 组织策略　B. 资源管理策略

C. 复述策略　D. 精细加工策略

13. "庶—富—教"的思想是由________在论述教育的________时提出的。选(　　)

A. 孔子;社会功能　B. 孟子;经济功能

C. 荀子;经济功能　D. 老子;社会功能

14. 青少年缺乏足够的知识经验,有时不善于辨别是非善恶,甚至会染上一些坏思想、坏习气。教师需要给他们讲清道理,帮助他们提高认识,并发扬他们身上的积极因素。这体现的德育原则是(　　)

A. 知行统一原则　B. 因材施教原则

C. 集体教育和个别教育相结合原则　D. 疏导原则

15. 下列哪一项不属于教育部印发的《关于加强中小学教师职业道德建设的若干意见》的内容(　　)

A. 充分认识加强中小学教师职业道德建设的必要性

B. 充分调动广大教师实施素质教育的积极性和主动性

C. 积极开展多种形式的职业道德教育

D. 加强领导,建立健全中小学教师职业道德建设的保障机制

二、简答题(本大题共2小题,第1小题2分,第2小题3分,共5分)

1. 什么是合作学习?

2. 桑代克提出的三条学习定律是什么?并作简要说明。

三、论述题(本大题共6分)

“学生渴望学什么,希望怎样学”“什么样的课堂受学生欢迎”“学生的课堂学习体验是否愉快”……什么课算是一节好课?都说“教无定法”,那一节好课是不是就没有了标准呢?好课是有爱心、有责任、有智慧的课,是教师以实践者和研究者的双重身份,在每一天、每一年的教学实践探索中,在体验、感悟、改进中创造出来的。如今的教师真正应该反思如何才能上出一堂让学生感兴趣的好课。

请结合实际,谈谈你所认为的一堂好课的标准?(3分)你会如何保证自己的课是一堂好课?(3分)

第二部分 体育学科专业知识

一、单项选择题(本大题共20小题,每小题1分,共20分)

1. 行进间单手肩上投篮又称“三步上篮”,是在行进间接球或运球后做近距离投篮时所采用的一种方法。“三步”的动作特点是(　　)

A. 一大、二小、三高　　B. 一大、二大、三高

C. 一小、二大、三快　　D. 一小、二小、三快

2. 人体速度素质发展最快的敏感期是(　　)(易错)

A. 8~9岁　　B. 10~13岁　　C. 14~15岁　　D. 16~17岁

3. 决定跳远成绩的主要因素是(　　)(常考)

A. 助跑速度　　B. 空中走步式

C. 腾起初速度和角度　　D. 踏板的准确性

4. 体育教学的三个基本要素是(　　)

A. 体育教师、学生、体育教材　　B. 体育教师、学生、体育教学方法

C. 体育教学内容、体育教学方法、学生　　D. 体育教学物质条件、体育教学手段、学生

5. 个人混合泳比赛中,四种泳姿的顺序为(　　)

A. 蝶泳、仰泳、蛙泳、自由泳　　B. 蛙泳、仰泳、蝶泳、自由泳

C. 仰泳、蛙泳、蝶泳、自由泳　　D. 蛙泳、蝶泳、仰泳、自由泳

6. 在队列练习中,学生左右并列成一条直线,叫(　　)

A. 行　　B. 列　　C. 路　　D. 排

7. 在双杠的支撑摆动动作中,应以(　　)为轴摆动。

A. 手　　B. 肩　　C. 腹　　D. 腰

8. “拦、拿、扎”是(　　)的主要技术。(易混)

A. 剑术　　B. 太极刀　　C. 枪术　　D. 棍术

9. 下列哪一项运动可出现“第二次呼吸”(　　)

A. 三级跳远　　B. 短跑　　C. 跳高　　D. 中长跑

10. 终点冲刺跑是指临近终点的一段(　　)

A. 加速跑　　B. 耐久跑　　C. 竞速跑　　D. 中途跑

11. 提高田径运动员的反应速度主要利用(　　)来刺激运动员。

A. 枪声　　B. 口令　　C. 掌声　　D. 信号

12. 羽毛球、排球、乒乓球在没局限的每局比赛中至少领先对手(　　)分才算胜出。

A. 2　　B. 5　　C. 1　　D. 3

13. 在跳远运动中有水平向前的力、支撑反作用力,在跳远的起跳瞬间,踏跳板对脚的支撑反作用力的方向是向(　　)

A. 前上方　　B. 前下方　　C. 后上方　　D. 后下方

14. 在足球运动中,关于球出界问题,下列描述正确的是(　　)

A. 球的整体全部越过边线　　B. 球的 1/3 越过边线

C. 球接触边线　　D. 球的 2/3 越过边线

15. 安全地进行体育活动是(　　)领域目标的内容之一。(易混)

A. 运动参与　　B. 运动技能

C. 心理健康　　D. 社会适应

16. 现代篮球运动中,发动快攻机会最多的是(　　)(常考)

A. 抛界外球　　B. 抢断球后

C. 抢获后场篮板球　　D. 跳球获得球权后

17. 身体或身体某部分在单位时间内位移的表现称为(　　)

A. 练习频率　　B. 练习轨迹　　C. 练习速度　　D. 身体姿势

18.《国家学生体质健康标准》的评价指标是(　　)

A. 心理、生理、身体素质　　B. 身体形态、身体机能、身体素质

C. 身高、体重、肺活量　　D. 心理、生理、身体形态

19. 在排球比赛中,后排队员在哪一位置起跳扣球才符合规则要求(　　)

A. 在三米线内起跳　　B. 在三米线外起跳,起跳时可以踩线

C. 在比赛场上任何地方起跳　　D. 在三米线外起跳,起跳时不能踩线

20. 在中长跑比赛中,跑到一定距离时,会出现胸部发闷,呼吸节奏被破坏,呼吸困难,四肢无力和难以再跑下去的感受。这种现象被称为"极点",下面对极点理解错误的是(　　)

A. 这个过程必须在身体达到一个运动强度的同时才能反映出来

B. 极点并不是体力的终点,而是一个身体适应的过程而已

C. 出现极点时可用手按住痛的部位,减速慢跑,多做几次深呼吸

D. 极点的出现与准备活动的多少没有关系,主要与运动员的训练水平有关

二、多项选择题(多选、错选或少选均不得分。本大题共 5 小题,每小题 1 分,共 5 分)

21. 体育教学中学练方法包括(　　)

A. 自学法　　B. 自练法　　C. 自评法　　D. 自助法

22. 下面属于屈伸性腿法的是(　　)(易混)

A. 弹腿　　B. 侧踢腿　　C. 蹬腿　　D. 踹腿

23. 运动量也称运动负荷,构成运动量的因素有(　　)

A. 强度　　B. 时间　　C. 锻炼方法　　D. 环境因素

24. 跨栏跑的成绩取决于(　　)

A. 过栏技术　　B. 平跑速度

C. 栏间跑技术　　D. 跑与跨的协调配合能力

25. 体育锻炼能够促进新陈代谢,使(　　)(易错)

A. 同化作用加强　　B. 同化作用减弱

C. 异化作用加强　　D. 异化作用减弱

三、判断题(判断下列各题的正误,正确的打"√",错误的打"×"。本大题共 10 小题,每小题 0.8 分,共 8 分)

26. 排球的技术动作中,双手上手传球用拇指、食指触球并承担主要力量,其余手指帮助控制传球方向。(　　)

27. 体育教学中,保护和帮助者的位置,以不妨碍学生做动作,而且有利于学生完成动作为原则。(　　)

28. 行进间队列练习中向右转走的预令和动令都落在左脚上。(　　)

29. 长拳的手法主要有拳、掌、勾,步法主要有马步、弓步、仆步、虚步、歇步。(　　)

30. 侧向滑步推铅球最后用力动作是通过蹬腿、送髋、转体、挺胸、低头、推臂、拨球的连贯动作将球推出。(　　)

31. 篮球比赛中持球队员身体某部位接触端线或边线均判出界。(易错)(　　)

32. 田径项目比赛中,径赛项目的距离应从某起点线后沿至终点线的前沿。(　　)

33. 乒乓球运动中搓球是近台还击下旋球的一种常用技术,大致可以分为快搓、慢搓、摆短、搓侧旋球四种。(　　)

34. 体育教学方法的改革是从"教"到"学"的转变。(　　)

35. 在接力跑中,每个接棒人都应沿跑道的内侧跑进。(常考)(　　)

四、填空题(本大题共 5 小题,每空 1 分,共 10 分)

36. 运动参与是指学生主动参与体育活动的________与________。

37. 人们通常把身体素质分为力量、速度、________、________、柔韧五大素质。

38. 学生学习队形的基本站位应做到的"三背"是指背阳光、________和________。

39. 一个标准的田径场,应由两个平行的直道和两个半径相等的弯道组成,跑道全长应为 400 米,半径

为________米;分道最小为 1.22 米,最大为________米。

40. 人体的运动,离不开骨骼、关节和肌肉的相互作用,骨骼起着杠杆的作用,关节是运动的________,肌肉收缩是运动的________。

五、名词解释(本大题共 3 小题,每小题 2 分,共 6 分)

41. 体育教学

42. 需氧量

43. 三分投篮区

六、简答题(本大题共 4 小题,每小题 5 分,共 20 分)

44. 组织小型体育比赛前应做好哪些准备工作?

45. 体育课程改革的基本思路是什么?

46. 什么是运动外伤?请列出其中三种。(易混)

47. 简述前滚翻的动作要领。

七、分析题(本大题共 11 分)

48. 推铅球技术教学中常见的错误动作有哪些?试举两例说明其产生原因和纠正方法。

2020年浙江省杭州市教育系统公开招聘考试真题试卷(十)

中学体育

(满分100分　时间120分钟)

本套试卷共29小题,包括名词解释(5小题),单项选择题(15小题),简答题(4小题),能力题(5小题)。

一、名词解释(本大题共5小题,每小题4分,共20分)

1. 学科核心素养

2. 身体素质

3. 分组轮换

4. 超量恢复(常考)

5. 第二次呼吸

二、单项选择题(本大题共15小题,每小题2分,共30分)

1. 田径场地计算100米跑的距离是从(　　)

A. 起跑线的前沿至终点线的前沿　　B. 起跑线的后沿至终点线的后沿

C. 起跑线的前沿至终点线的后沿　　D. 起跑线的后沿至终点线的前沿

2. 掷标枪的扇形区夹角的角度约为(　　)

A. 35度　　B. 45度　　C. 29度　　D. 40度

3. 国际田联规定标准的全程马拉松跑距离为(　　)千米,属于超长距离跑项目。

A. 41.195　　B. 42.195

C. 43.195　　D. 44.195

4. 中学生疾跑后不能立即站立不动,需继续慢跑,主要是为了(　　)(常考)

A. 防止低血糖的发生　　B. 有利于心功能的恢复

C. 有利于氧债的偿还　　D. 防止重力性休克的发生

5. 安全地进行体育活动是(　　)领域目标的内容之一。

A. 运动参与　　B. 运动技能

C. 心理健康　　D. 社会适应

6. 下列说法错误的是(　　)

A. 每队排头称为基准学生　　B. 学生左右并列成一排叫列

C. 队伍的两端称为翼　　D. 学生前后重叠成一行叫路

7. 任何动作的完成都要有相应的力量,而起决定作用的是(　　)

A. 人体的外力　　B. 支撑反作用力

C. 人体的内力　　D. 摩擦力

8. 13个队参加篮球比赛,采用单淘汰制,要完成这一比赛共需(　　)场。

A. 12　　B. 24　　C. 48　　D. 66

9. 测定体育课的练习密度时,应自始至终跟随(　　)学生进行测定。(易错)

A. 全班　　B. 一组　　C. 一个　　D. 部分

10. 进行三级跳远技术动作练习时,对三跳的要求是(　　)

A. 一跳平、二跳远、三跳高　　B. 一跳远、二跳平、三跳高

C. 一跳远、二跳高、三跳平　　D. 一跳平、二跳高、三跳远

11. 组织体育教学过程的基本要素有(　　)

A. 体育教师和学生　　B. 体育教师、学生和体育教材

C. 体育教师、学生、体育教材和传播媒体　　D. 体育教师、学生、体育教材和气候

12. 学校体育最本质的特点决定了体育教学的本质是(　　)

A. 教养　　B. 育人　　C. 美育　　D. 学动作

13. 奥运会的会旗为白色的底色，中央有五个套联的环，自左至右的颜色依次为(　　)

A. 蓝、黄、黑、绿、红　　B. 蓝、黑、黄、绿、红

C. 蓝、黑、黄、绿、白　　D. 红、绿、黑、黄、蓝

14. 体育锻炼中常见的开放性软组织损伤包括(　　)(常考)

A. 擦伤、挫伤、撕裂伤　　B. 拉伤、刺伤、挫伤

C. 擦伤、刺伤、撕裂伤　　D. 刺伤、挫伤、擦伤

15. 体育实践课要有一定的生理负荷，那么体育课的心率指数应与(　　)有关。

A. 课中平均心率和课中最高心率　　B. 课中最高心率和课前安静心率

C. 课中平均心率和课后安静心率　　D. 课中平均心率和课前安静心率

三、简答题(本大题共 4 小题，每小题 5 分，共 20 分)

1. 什么是体育教学中的动作示范法？在运用动作示范法时应注意哪几点？请予简述。(常考)

2. 什么是体育教学中的讲解法？在运用讲解法时应注意哪几点？请予简述。

3. 义务教育体育与健康课程的基本理念是什么？请予简述。

4. 作为一名体育教师，合理调控课的生理负荷可采用哪些方法？请予简述。

四、能力题(本大题共 5 小题，每小题 6 分，共 30 分)

1. 体育教学中，科学合理地设计和布置场地与器材，也是体育教师有别于其他文化课教师应具备的重要教学能力之一，简述中学体育教学中对场地器材布置应注意哪些要求。

2. 体育课的结构，是指组成一堂课的教学过程。一般由哪几个部分组成？各部分的主要任务是什么？请予简述。

3. 中暑是夏季常见的现象，尤其是上体育课、在高温环境或烈日下进行长时间、强度大的运动训练和比赛时，由于生理机能发生紊乱或在高温环境下大量排汗，引起盐分丧失过多、体内水盐代谢失调而导致的。请简述中暑的症状及处理的方法。

4. 当学生上体育课在运动中发生一时不明的脚腕扭伤时一般应用哪些处理方法？学生受伤后需注意哪些事项？请予简述。（常考）

5. 中学生因身心发展尚未完全成熟，在 40～45 分钟的一堂课中，作为体育教师，在组织学生的教学活动时，必须遵循哪几条教学的基本原则？请予简述。

教师招聘考试预测试卷(一)

中学体育

(满分 120 分　时间 150 分钟)

本套试卷共 62 小题,包括单项选择题(30 小题),填空题(10 小题),判断题(15 小题),简答题(4 小题),案例分析题(1 小题),论述题(1 小题),教学设计题(1 小题)。

一、单项选择题(本大题共 30 小题,每小题 1 分,共 30 分)

1.《义务教育体育与健康课程标准》(2022 年版)中的核心素养,不包括(　　)

A. 运动能力　B. 体育行为　C. 健康行为　D. 体育品德

2. 正常成年人全身骨有 206 块,根据其形态可分为不同的类型,指骨属于(　　)

A. 长骨　B. 扁骨　C. 短骨　D. 不规则骨

3. 人体最复杂的关节是(　　)

A. 肩关节　B. 肘关节　C. 髋关节　D. 膝关节

4. 通过变换负荷强度、练习内容、练习形式等提高运动员训练的趣味性和积极性的训练方法是(　　)

A. 重复训练法　B. 变换训练法

C. 循环训练法　D. 竞赛训练法

5. 不规则骨分布在(　　)

A. 四肢　B. 手腕和脚踝

C. 肩胛　D. 躯干、颅部和髋部

6. 根据肌肉组织的形态和功能特点,可将肌肉分为(　　)三种。

A. 骨骼肌、心肌和肌细胞　B. 骨骼肌、心肌和平滑肌

C. 骨骼肌、肌细胞和平滑肌　D. 肌细胞、心肌和平滑肌

7. 细胞器是位于细胞质内的微小器官,哪一细胞器是生物氧化的场所(　　)

A. 核糖体　B. 中心体

C. 高尔基复合体　D. 线粒体

8. 利用红色材料布置场地,可以提高情绪唤醒水平,这是利用(　　)

A. 自我暗示　B. 他人暗示　C. 环境暗示　D. 标志暗示

9. 项群训练理论依运动员竞技能力的主导因素分类,800 米跑属于(　　)项目。

A. 体能主导类　B. 技能主导类

C. 技心能主导类　D. 技战能主导类

10. 心率是调控运动负荷的重要依据,最高心率的计算通常采用(　　)来进行估算。

A. 220 - 年龄　B. 200 - 年龄

C. 190 - 年龄　D. 170 - 年龄

11. 标准排球场地的长和宽分别是(　　)米。

A. 28、15　B. 18、14　C. 18、8　D. 18、9

12. 在一局乒乓球比赛中,双方比分出现 10 平后,则(　　)

A. 先得 12 分的一方为胜方　B. 该局比赛判为平局

C. 先多得 2 分的一方为胜方　D. 先得 21 分的一方为胜方

13. 下列选项中不属于奥林匹克格言的是(　　)

A. 更快　B. 更高　C. 更强　D. 更壮

14. 在足球比赛中,松动盯人一般适用于盯(　　)

A. 接近球的进攻队员　B. 离球远的进攻队员

C. 禁区地带的进攻队员　D. 前来接应的进攻队员

15. 背越式跳高身体过杆后,以(　　)先接触海绵包。

A. 头部　B. 肩部　C. 背部　D. 臀部

16. 运动员的肌纤维组成具有项目特点,下列选项中以快肌纤维占优势的运动员是(　　)

A. 铅球运动员　B. 速度滑雪运动员

C. 越野跑运动员　D. 长跑运动员

17. 现代奥林匹克运动的创始人是(　　)

A. 罗格　B. 萨马兰奇　C. 顾拜旦　D. 巴赫

18. 足球运动中的"第三只脚"是指(　　),不亚于脚踢球。

A. 传球　B. 手球　C. 头顶球　D. 运球

19. 网球肘患者的压痛点主要在(　　)

A. 肱骨内上髁　B. 肱骨外上髁

C. 鹰嘴突　D. 肘窝

20. 某人进行 100 米比赛时,假设平均步长为 2 米,平均步频为 4 步/秒,最后成绩应为(　　)

A. 12″40　　B. 12″45

C. 12″50　　D. 12″60

21. 动作技能形成阶段,出现错误动作较多的是(　　)

A. 粗略掌握动作阶段　　B. 改进与提高动作阶段

C. 提高与巩固动作阶段　　D. 巩固与运用自如阶段

22. 下列选项中,属于减负荷练习的是(　　)

A. 上坡跑　　B. 迎风跑

C. 下坡跑　　D. 负重跑

23. 人体各大系统中发育最早的是(　　)系统。

A. 呼吸　　B. 神经　　C. 生殖　　D. 内分泌

24. 下列哪一症状不宜采用拔罐疗法(　　)

A. 骨质疏松症　　B. 坐骨神经痛

C. 慢性关节炎　　D. 出血性损伤

25. 为方便学生观察仰卧推起成桥的“桥”形和“桥”高,教师采用的最佳示范面是(　　)

A. 正面示范　　B. 侧面示范

C. 背面示范　　D. 镜面示范

26. 心脏受交感神经和迷走神经的双重支配,交感神经兴奋可使(　　)

A. 心率增加、血压降低　　B. 心率增加、血压升高

C. 心率降低、血压升高　　D. 心率降低、血压降低

27. 半月板是垫在胫骨内、外侧髁关节面上的 2 个纤维软骨板。内侧半月板和外侧半月板分别呈(　　)形。

A. “A”和“O”　　B. “C”和“O”

C. “C”和“D”　　D. “A”和“D”

28. 体育教师应优先做好的工作是(　　)

A. 体育教学　　B. 课余锻炼

C. 课余竞赛　　D. 课余训练

29. 武术教学指导中,“前腿弓、后腿绷、挺胸立腰莫晃动”运用的讲解方法是(　　)

A. 术语化讲解　　B. 形象化讲解

C. 口诀化讲解　　D. 单词化讲解

30. 李同学在篮球比赛中不小心与对手发生了碰撞,摔倒在水泥地上,手臂上渗出了血。李同学的手臂属于哪种运动损伤(　　)

A. 割伤　　B. 挫伤　　C. 擦伤　　D. 撕裂伤

二、填空题(本大题共 10 小题,每空 1 分,共 15 分)

1. 队列队形练习时,队列的左右两端叫________。

2. 古人通过身体锻炼的实践,创编了不少体育健身、医疗、养生体操,如春秋时期的________,宋代的________。

3. 根据两类肌纤维的特征,从事长跑等主要运动项目的运动员,________的百分比占优势。

4. ________具有维持细胞组织的生长、更新和修补的生理功能。

5. 健康分组一般可分为基本组、准备组和________。

6. 腹部肌肉由三层构成,从外到内依次是腹直肌、________、________。

7. 体育课运动负荷的评定方法有观察法、________和________。

8. 在排球运动中,垫球用力的大小与来球的力量________,与垫球的目标距离________。

9. 按摩是一种良性刺激,对神经系统可起到兴奋和________作用。

10.《普通高中体育与健康课程标准》(2017 年版 2020 年修订)提出的指导思想是落实“________”根本任务和“________”指导思想,促进学生健康和全面发展。

三、判断题(判断下列各题的正误,正确的打“√”,错误的打“×”。本大题共 15 小题,每小题 1 分,共 15 分)

1. 体操运动员进行后手翻动作时发挥重要作用的是人体的翻正反射。(　　)

2. 篮球比赛中,如果队员故意将球投入本方的球篮,应判违例,得分无效。(　　)

3. 儿童时期,神经细胞工作能力差,易疲劳且疲劳消除缓慢。(　　)

4. 血液的主要成分是红细胞和白细胞。(　　)

5. 在田径赛场中,所有的线宽都是 5 厘米。(　　)

6. 排球比赛中,所有队员均有权请求暂停和换人。(　　)

7. 重复训练法与变换训练法的区别之一是练习条件有无变化。(　　)

8. 完整法教学中没有分解练习,分解法教学中也没有完整练习。(　　)

9. 对少年儿童进行力量训练时,应以动力性练习为主,不用静力性练习,但可做憋气练习。(　　)

10. 学生运动时手腕扭伤、擦伤并流血,应立即对伤口进行冷敷。(　　)

11. 中长距离跑采用站立式起跑,超长距离跑采用半蹲式起跑。(　　)

12. 制订体育锻炼计划时,需要充分考虑运动的频率、强度和时间三个因素。(　　)

13. 体操教学中进行保护与帮助时,晚一些脱保有利于练习者提高运动质量,保证安全。 (　　)

14. 生长激素能刺激骨关节软骨和骨骺软骨生长,因此生长激素分泌得越多越好。 (　　)

15. 运动中出现腹痛时,应发挥顽强拼搏的精神,克服疼痛,保持运动负荷。 (　　)

四、简答题(本大题共 4 小题,每小题 5 分,共 20 分)

1. 简述体育运动对骨骼肌的影响。

2. 简述传接球、原地跳起投篮、单手肩上投篮的易犯错误与纠正方法。

3. 请简述准备活动的生理作用。

4. 什么是重力性休克?解释造成重力性休克的原因,并提出预防措施。

五、案例分析题(本大题共 10 分)

案例:

伍老师为八年级上了一节教学内容是立定跳远的体育课。刚开始上课时,伍老师采用了传统的集体练习模式,可刚练不到 3 组,就有学生反映:“伍老师,太累了……很没劲的……”还有的说:“太单调了!”听到这些话,伍老师立刻想到:“对呀!这又不是运动队训练,应该改变一下方法。”然后就对学生们说:“那么,我们改变一下方法好吗?”听到伍老师的话,大多数学生表示赞同。之后,伍老师就把学生分成了 5 组(异质分组),每组安排一名水平较高的学生担任组长,要求各小组在组长的带领下通过尝试性练习—讨论—练习,发挥小组团结协作的精神。通过练习,效果确实不同了,课堂气氛很热烈,许多原来立定跳远成绩较差的学生最后都能有 8 ~ 15 厘米不同层次的提高。课后,还有学生问:“伍老师,下次课我们还可以这样上吗?”

问题:

(1)伍老师一开始采用的教学方法为什么不受学生欢迎?(4 分)

(2)改变教学方法后,教学效果显著提高,这是为什么?(6 分)

六、论述题(本大题共 10 分)

以立定跳远动作教学为例,论述分解法的几种形式;选择最恰当的一种形式并说明理由;写出该教学环节中的易错点及纠正方法。

七、教学设计题(本大题共 20 分)

请根据提供的条件设计一节奔跑类(接力)练习课。

游戏主题:奔跑类(接力);

教学对象:七年级学生四十人(男女各半);

场地器材:篮球场一个,器材自定。

提示:

(1)设计须有名称、目的、内容、方法、规则;(2)体现健身性、娱乐性、竞争性和教育性。

教师招聘考试预测试卷(二)

中学体育

(满分 120 分　时间 150 分钟)

本套试卷共 61 小题,包括单项选择题(30 小题),多项选择题(10 小题),填空题(15 小题),简答题(5 小题),教学设计题(1 小题)。

一、单项选择题(本大题共 30 小题,每小题 1 分,共 30 分)

1. 视网膜上有视杆和视锥两类感光细胞,其中视杆细胞的主要功能是(　　)

A. 分辨颜色　　B. 感受强光刺激

C. 分辨细微结构　　D. 感受弱光刺激

2. 运动动机是指由运动目标引发的,推动学生参与体育学习与身体锻炼活动的(　　)

A. 内部心理动因　　B. 积极性动因

C. 趣味性动因　　D. 快乐性动因

3. 在篮球比赛中,学生发生碰撞导致面部出血。如采用间接指压止血法,按压的部位应该是(　　)

A. 颌外动脉止血点　　B. 颞浅动脉止血点

C. 锁骨下动脉止血点　　D. 肱动脉止血点

4. 被称为“奥林匹克之都”的城市是(　　)

A. 希腊雅典　　B. 法国巴黎　　C. 瑞士洛桑　　D. 英国伦敦

5. 循环训练法的三种类型不包括(　　)

A. 递进式　　B. 流水式　　C. 轮换式　　D. 分配式

6. 磷酸原系统的能源物质来源于(　　)

A. ATP　　B. 糖类　　C. 脂肪　　D. 蛋白质

7. (　　)指由所要完成动作练习本身所提供的信息的反馈,如篮圈、箭靶等给练习者提供瞄准信息。

A. 固有反馈　　B. 负反馈

C. 非固有反馈　　D. 正反馈

8. 在乒乓球比赛中运动员发球时,握拍的右手由右侧身体上方向左斜下方挥拍,击球的中下部,往左下部摩擦。他发出的球为(　　)

A. 上旋球　　B. 左侧旋球

C. 左侧下旋球　　D. 右侧下旋球

9. 在足球踢球动作中,缺乏变化和旋转、方向单一,主要用于踢定位球、反弹球和倒钩球的是(　　)

A. 脚背外侧踢球　　B. 脚背内侧踢球

C. 脚背正面踢球　　D. 脚内侧踢球

10. 下列篮球技术中,不属于进攻战术的是(　　)

A. 掩护配合　　B. 传切配合　　C. 突分配合　　D. 夹击配合

11. 下列关于跳远的叙述,错误的是(　　)

A. 在跳远比赛中,当运动员人数只有 8 人或少于 8 人时,每人均有 6 次试跳机会

B. 跳远起跳时,两臂应与摆动腿配合积极摆动

C. 跳远落地缓冲时,脚尖先着地并迅速过渡到全脚掌,同时手臂前摆,屈膝使膝盖前伸

D. 蹲踞式跳远中若摆动腿不积极、摆动幅度小可导致身体前倾

12. 足球踢球技术中,决定踢球力量及准确性的三个重要环节是(　　)

A. 支撑脚站位—踢球腿摆动—脚击球　　B. 助跑—支撑脚站位—踢球腿摆动

C. 助跑—踢球腿摆动—脚击球　　D. 支撑脚站位—踢球腿摆动—随前动作

13. 下列属于单轴关节的是(　　)

A. 髋关节　　B. 肩关节　　C. 桡腕关节　　D. 指间关节

14. 下列不属于影响动作技能学习的内部因素的是(　　)

A. 指导与示范　　B. 智力

C. 个性　　D. 经验与成熟度

15. 排球扣球时,击球点应保持在扣球者的击球肩(　　)

A. 外侧上方　　B. 正上方　　C. 前上方　　D. 正前方

16. 在羽毛球的基本技术中,(　　)的特点是力量大、速度快,是主动进攻的重要技术。

A. 杀球　　B. 高远球　　C. 吊球　　D. 勾对角球

17. 混合泳接力赛比赛时,第一棒通常采用(　　)

A. 仰泳　　B. 蛙泳　　C. 蝶泳　　D. 自由泳

18. 跳远运动员比赛中,试跳完成后,裁判举白旗表示(　　)

A. 试跳成绩无效　　B. 试跳失败

C. 试跳成绩有效　　D. 试跳犯规

19. 田径规则规定,铅球运动员使用镁粉的部位仅限于(　　)

A. 双手　　B. 双手和脚　　C. 颈部　　D. 投掷圈内地面

20. 体育锻炼后，适当补充(　　)有利于缓解肌肉酸痛，减轻疲劳，增强体质。

A. 维生素 A　B. 维生素 B　C. 维生素 C　D. 维生素 D

21. 支撑脚的位置对踢球动作质量和出球质量均有一定影响，其位置取决于(　　)

A. 球的起始状态、踢球腿的摆幅和出球的目标

B. 踢球方法、球的起始状态和踢球腿的摆幅

C. 踢球方法、球的起始状态和出球的目标与目的

D. 防守队员的位置、球的起始状态和出球的目标

22. 山羊分腿腾越练习中，学生在第二腾空时的展体不充分，需要重点练习(　　)

A. 助跑　B. 起跑　C. 推手　D. 落地技术

23. 当今世界上开展最广泛，影响最大，被誉为"世界第一运动"的球类运动是(　　)

A. 篮球　B. 排球　C. 足球　D. 高尔夫

24.《义务教育体育与健康课程标准》(2022 年版)中规定，在(　　)年级，学校可以让学生根据兴趣爱好自主选择 1 个运动项目进行为期 1 年的学习，保证学生初中毕业时掌握 1 ~ 2 项运动技能。

A. 1 ~ 2　B. 3 ~ 6　C. 7 ~ 8　D. 9

25. 学生合作精神评价的内容主要包括学生的交往能力、(　　)

A. 合作精神和社会责任感　B. 合作精神和自信心

C. 合作精神和意志表现　D. 社会责任感和自信心

26. 按照报数的形式将学生进行分组，属于(　　)

A. 同质分组　B. 随机分组

C. 异质分组　D. 合作型分组

27. 体育教学内容中，既有新授内容，又有复习内容的体育实践课类型为(　　)

A. 新授课　B. 复习课　C. 综合课　D. 考核课

28. 在运动情境中，运动员往往将内部归因归因于自己的(　　)

A. 任务难度　B. 运气

C. 运动能力或努力　D. 教练员

29. 体育课程资源根据来源分类，可分为(　　)

A. 校内和校外课程资源　B. 显性和隐性课程资源

C. 素材性和条件性课程资源　D. 课程内容和课程人力资源

30. 某学生依据《国家学生体质健康标准(2014 年修订)》进行测试，其各学年总分分别为初一学年 75 分、初二学年 85 分、初三学年 92 分，该学生初中体质健康标准的毕业成绩为(　　)

A. 84 分　B. 86 分　C. 88 分　D. 90 分

二、多项选择题(多选、错选或少选均不得分。本大题共 10 小题，每小题 2 分，共 20 分)

1. 冬天游泳容易引起腿部肌肉痉挛的主要原因是(　　)

A. 寒冷刺激　B. 热辐射　C. 呼吸节奏　D. 疲劳

2. 模仿动物动作而得名的泳姿有(　　)

A. 蛙泳　B. 爬泳　C. 蝶泳　D. 仰泳

3. 出血可分为外出血和内出血。下列属于外出血的是(　　)

A. 动脉出血　B. 管腔出血　C. 毛细血管出血　D. 体腔出血

4. 属于消化系统的器官有(　　)

A. 肝　B. 胰　C. 脾　D. 肾

5. 太极拳是我国传统武术项目，有着良好的锻炼效果，其动作(　　)，练后身体轻盈愉快，可消除焦虑，增加对事物的兴趣。

A. 轻捷圆活　B. 拘束僵硬

C. 刚柔相济　D. 杂乱不均

6. 根据能量代谢特征，可将耐力素质分为(　　)

A. 有氧耐力　B. 有氧无氧混合耐力

C. 乳酸无氧耐力　D. 非乳酸无氧耐力

7. 下列说法不正确的是(　　)

A. 间隔：个人或成对彼此之间前后相距的间隙

B. 基准学生：被教师指定作为行动目标的学生

C. 距离：个人或成对彼此之间左右相隔的间隙

D. 列：学生前后重叠成一行叫列

8. 关节运动幅度是评定柔韧性的重要指标，下列因素可影响关节运动幅度的有(　　)

A. 关节面面积大小的差别　B. 关节周围的肌肉状况

C. 关节韧带的多少和强弱　D. 关节周围的骨突起

9. 提高运动兴趣，推迟疲劳的有氧耐力训练方式是(　　)

A. 匀速跑　B. 越野跑　C. 变速跑　D. 法特莱克跑

10. 中长跑比赛过程中，经常会出现(　　)

A. 超量恢复　B. 膝跳反射

C. "极点"现象　D. 第二次呼吸

三、填空题(本大题共 15 小题，每空 1 分，共 20 分)

1. 在"极点"出现以后，依靠意志力继续运动下去，同时加深呼吸调整速度，经过一段时间后呼吸变得均匀，动作重新感到轻松有力，这种现象称为________。

2. 在跑道上举行的竞赛项目，如果采用手计时，除非时间为整 0.1 秒，否则进行判读到 1/10 秒，如 10.11 秒，应记________秒。

3. 跳远的空中姿势有三种，分别是蹲踞式、________、________。

4. 运动系统由骨、________和________三部分组成。

5. 参加长跑时会出现呼吸困难、胸闷、四肢无力，甚至不想再跑下去的现象，我们把这种现象叫________。

6. ________主要取决于感受器的敏感程度（兴奋阈值的高低）、中枢延搁时间的长短和效应器（肌组织）的兴奋性。

7. 吸烟产生的烟雾中的有害物质主要有尼古丁、一氧化碳、________。

8. 在足球运动中，________多用于接齐胸高的平直球，________一般接高于胸部以上的下落球。

9. 身体某部位做 360°或大于 360°的圆形动作称为________。

10. 根据兴趣的倾向性，可将兴趣分为直接兴趣和________。

11. 足球任意球共分两种，分别是________和________。

12. 采用负重半蹲力量练习，训练的部位主要是________和臀大肌。

13. 体育课的分组教学，一般分为________和________两种形式。

14. 体育课密度是指体育课中各项教学活动________与上课的总时间比。

15. ________是"发展体育运动，增强人民体质"这句名言的作者。

四、简答题（本大题共 5 小题，每小题 6 分，共 30 分）

1. 简述长期从事耐力性和力量性训练会对人体心脏形态结构产生的影响。

2. 简述铅球教学中产生"滑步距离短"的原因及纠正方法。

3. 简述影响运动兴趣水平的主要因素。

4. 简述发生晕厥后的处理方法。

5. 简述武术的特点和作用。

五、教学设计题（本大题共 20 分）

根据以下条件，完成教学设计。

教学内容：排球正面双手垫球。

教学对象：七年级男、女生共 40 人。

教学条件：排球场 1 块，排球 40 个。

教学目标：

(1) 了解垫球在组织战术时的作用，建立正确的动作概念。

(2) 初步掌握垫球技术动作，在学练中发展学生力量、速度、协调能力。

(3) 培养学生乐于学习，善于思考的能力。

要求：从教学重难点、教学过程、场地器材等方面，完成教学设计。

教师招聘考试预测试卷(三)

中学体育

(满分 120 分　时间 150 分钟)

本套试卷共 46 小题,包括单项选择题(30 小题),判断题(10 小题),简答题(3 小题),案例分析题(2 小题),教学设计题(1 小题)。

一、单项选择题(本大题共 30 小题,每小题 1 分,共 30 分)

1.《义务教育体育与健康课程标准》(2022 年版)中规定,每节课群体运动密度应不低于________,个体运动密度应不低于________。选(　　)

A. 70%;45%　　B. 75%;50%

C. 75%;55%　　D. 75%;45%

2. 下列选项中属于多轴关节的是(　　)

A. 指间关节　　B. 桡腕关节

C. 桡尺近侧关节　　D. 髋关节

3. 体育教学中实施分层教学是贯彻哪一教学原则(　　)

A. 集体教育原则　　B. 因材施教原则

C. 运动乐趣原则　　D. 技能促进原则

4.(　　)是指维持身体姿势的能力。

A. 平衡能力　　B. 反应能力

C. 灵敏素质　　D. 速度素质

5. 下列选项中属于附肢骨的是(　　)

A. 颅骨和躯干骨　　B. 上肢骨和下肢骨

C. 长骨和短骨　　D. 扁骨和不规则骨

6. 健美操队形设计最基本、最首要的原则是(　　)

A. 变化流畅　　B. 对比鲜明

C. 构图清晰　　D. 结合新颖

7. 儿童患佝偻病是因为缺少(　　)

A. 维生素 B　　B. 维生素 C

C. 维生素 D　　D. 维生素 E

8. 100 米跑主要利用(　　)系统供能。

A. ATP - CP　　B. 乳酸能

C. 无氧氧化　　D. 有氧氧化

9. 体育心理学侧重研究(　　)过程中的心理现象。

A. 体育教学　　B. 竞技运动和比赛

C. 体育锻炼　　D. 娱乐

10. 下列不属于乒乓球直拍握法的特点的是(　　)

A. 出手较快　　B. 防守时,照顾面积大

C. 正手攻球快速有力　　D. 攻斜线、直线球时拍面变化不大

11. 下列选项中属于伸展性运动的项目是(　　)

A. 广播体操　　B. 跳绳　　C. 游泳　　D. 足球

12. 下列哪项不属于运动性病症(　　)

A. 肌肉痉挛　　B. 运动性血尿

C. 重力性休克　　D. 运动性疲劳

13. 下列关于发展心肺耐力的靶心率算法正确的是(　　)

A. 靶心率 =(210 - 年龄)×60% ~75%

B. 靶心率 =(220 - 年龄)×60% ~75%

C. 靶心率 =(210 - 年龄)×65% ~80%

D. 靶心率 =(220 - 年龄)×65% ~80%

14. 下列属于慢性闭合软组织损伤的是(　　)

A. 刺伤　　B. 擦伤　　C. 腰肌劳损　　D. 挫伤

15. 下列属于队形练习的是(　　)

A. 立正　　B. 跑步走　　C. 向后转　　D. 圆形行进

16. 头手倒立用(　　)支撑。

A. 两手与头　　B. 两手与前额

C. 两手与肩　　D. 两手、颈部与肩

17. 在跳远比赛中,出现(　　),不应判试跳失败。

A. 从起跳板两端之外起跳

B. 运动员在抵达起跳板之前起跳

C. 起跳后,在第一次接触落地区前接触了落地区外的地面

D. 在起跳过程中,运动员身体的任何部分触及起跳线以前的地面

18. 在进行单杠支撑后回环练习时,出现"髋打杠"的主要原因是(　　)

A. 回环速度过大　B. 倒肩过晚　C. 身体未制动　D. 倒肩过早

19. 网球中的(　　)是极快或落点刁钻的发球,可使另一方触不到球而得分。

A. 爱司球　B. 穿越球　C. 挑高球　D. 下旋球

20. 12 支球队参赛,采用单循环赛制,共进行(　　)场比赛。

A. 66　B. 68　C. 132　D. 11

21. 足球踢球技术环节中,摆腿的主要作用是(　　)

A. 使球能够获得足够的力量　B. 维持身体的平衡

C. 提高踢球的高度　D. 控制身体前冲

22. 协调躯体运动、调节骨骼肌张力、维持身体平衡的器官是(　　)

A. 大脑　B. 小脑　C. 中脑　D. 端脑

23. 不能体现武者日常行动准则的是(　　)

A. 坐如钟,立如松　B. 动如涛,静如岳

C. 转如轮,折如弓　D. 缓如鹰,快如风

24. 下列选项中,属于封闭性运动技能的是(　　)

A. 足球传球　B. 篮球传球　C. 投掷实心球　D. 排球对垫

25. 体育游戏创编方法多种多样,下列属于体育游戏创编方法的是(　　)

A. 变化法　B. 想象法　C. 综合法　D. 讨论法

26. 运动性腹痛经常出现在下列哪个运动项目中(　　)

A. 中长跑　B. 铅球

C. 跳高　D. 射箭

27. 美国学者托马斯·伍德等人于20 世纪初提出的"新体育"学说认为:体育是通过身体进行的一种教育活动。体育包括机体教育、神经肌肉活动教育、(　　)四个方面。

A. 品德教育和智力教育　B. 品德教育和科学教育

C. 智力教育和科学教育　D. 人文教育和智力教育

28. 排球比赛规则规定,限制后排队员(　　)

A. 传球　B. 垫球　C. 拦网　D. 扣球

29. 篮球运动竞赛编排中设置种子队的目的是(　　)

A. 避免比赛竞技性过低　B. 避免强队相遇过早

C. 避免观赏性较差　D. 避免比赛时间过长

30. 武术运动中,传统的功法运动按其形式与功用又可进一步分为内功、外功、轻功和(　　)

A. 散打　B. 柔功　C. 推手　D. 拳术

二、判断题(判断下列各题的正误,正确的打"√",错误的打"×"。本大题共 10 小题,每小题 1 分,共 10 分)

1. 体育也称体育运动,是指人们根据生产劳动和生活的需要并利用余暇和休闲时间,遵循人体需要和身体活动的规律,以专门的身体练习为基本手段,结合日光、空气、水和场地、器材,达到增强体质,提高运动技术水平的一种社会活动。(　　)
2. 运动中由于头部受到碰撞,造成脑震荡,会引起机能的一时性障碍。(　　)
3. 常参加体育运动会使肌纤维增多。(　　)
4. 运动量的构成包括强度、密度、时间、数量以及运动项目的特点等。(　　)
5. 世界卫生组织对健康的定义包括四个方面,分别是精神健康、心理健康、道德健康和社会适应能力。(　　)
6. 标准足球场地长为 60 ~ 70 米,宽 40 ~ 50 米,场地四周至少 5 ~ 6 米的无障碍区。(　　)
7. 正常蛙泳中,蹬夹、划臂和呼吸的配合技术比例是 3∶2∶1。(　　)
8. 仰卧起坐是有效改善心肺功能,发展人体耐力的运动项目。(　　)
9. 排球比赛中,只要球未落地,身体任何部位均可触球,包括用脚踢球。(　　)
10. 标准羽毛球场地的长度为 13.40 米。(　　)

三、简答题(本大题共 3 小题,每小题 10 分,共 30 分)

1. 简述耐力素质的生理学基础及其特点。

2. 简述短跑加速跑阶段上体抬起过早产生的原因和纠正方法。

3. 简述出血的急救处理方法。

四、案例分析题(本大题共 2 小题,每小题 15 分,共 30 分)

1. 案例:

某中学学生上跳远课,因当时学校田径场的沙坑很久没有使用,一名学生跳入沙坑后,右小腿胫骨骨折,该学生被及时送往医院救治。

问题:

请根据以上案例,分析造成这起伤害事故的原因,并谈谈如何预防。

2. 案例:

韩老师在一次篮球原地单手肩上投篮的授课中,示范讲解结束后,让学生进行分组练习。像往常一样,韩老师将有先天性轻微扁平足的李同学编入准备组。练习结束后,韩老师组织学生进行半场 3 对 3 小组比赛。比赛过程中,李同学在一次抢篮板球的过程中不幸崴脚受伤,韩老师见状立即让李同学停止运动,并且用冷水冲淋受伤部位。

问题:

(1)韩老师将李同学编入准备组是否正确?请说明体育课健康分组的依据和类别。(8 分)

(2)李同学受伤后,韩老师的做法是否正确?崴脚后的急救处理方法是什么?(7 分)

五、教学设计题(本大题共 20 分)

根据下列要求完成“足球——脚内侧运球”的教学设计。

教学内容:足球——脚内侧运球。

教学对象:高一(5)班。

学生人数:男生 20 人;女生 20 人。

要求:从教学目标、教学重难点、场地器材以及运动负荷等方面,完成“足球——脚内侧运球”第一课时的教学设计(仅需对基本部分做出设计)。

教师招聘考试预测试卷(四)

中学体育

(满分 150 分　时间 150 分钟)

本套试卷共 56 小题,包括单项选择题(20 小题),填空题(10 小题),名词解释(5 小题),判断题(15 小题),简答题(3 小题),论述题(2 小题),教学设计题(1 小题)。

一、单项选择题(本大题共 20 小题,每小题 1 分,共 20 分)

1. 落实"教会、勤练、常赛"属于《义务教育体育与健康课程标准》(2022 年版)的(　　)

A. 课程性质　　B. 课程理念
C. 基本要求　　D. 指导思想

2. 某教师让学生根据武术挂图分组探索学习,但学习效果不好,其中存在的原因可能是(　　)

①组内人数过多　②探索时间过短　③内容难度过大　④教师讲解过少

A. ①②③　　B. ①②④　　C. ①③④　　D. ②③④

3. 骨的发生是指从胚胎时期开始到出生后骨发育完成为止。骨的发生方式有(　　)两种。

A. 骨内膜和膜内成骨　　B. 膜内成骨和软骨内成骨
C. 骨外膜和软骨内成骨　　D. 骨外膜和膜内成骨

4. 在篮球比赛中,掷界外球时,当裁判递交球后,掷界外球的球员必须在几秒内将球掷入场内,否则应判为(　　)违例。

A. 3 秒　　B. 5 秒　　C. 7 秒　　D. 9 秒

5. 依据 2008 年 6 月颁布的《国家学校体育卫生条件试行基本标准》,小学 1 ~ 2 年级每(　　)班配备 1 名体育教师。

A. 3 ~ 4 个　　B. 5 ~ 6 个　　C. 7 ~ 8 个　　D. 9 ~ 10 个

6. 下列选项中最能有效发展灵敏素质的练习是(　　)

A. 慢跑　　B. 平板支撑
C. "8"字跑　　D. 坐位体前屈

7. 体操中,下列哪项不属于握器械的方法(　　)

A. 正握　　B. 反扭握　　C. 交换握　　D. 全握

8. 新陈代谢是生物体自我更新的最基本的生命活动过程。新陈代谢包括(　　)两个过程。

A. 同化作用和异化作用　　B. 同质作用和异质作用
C. 功能作用和同质作用　　D. 功能作用和异质作用

9. 4 × 100 米接力跑比赛中反应速度快,且善于跑弯道的运动员更适合跑第(　　)

A. 1 棒　　B. 2 棒　　C. 3 棒　　D. 4 棒

10. 武术的虚步动作,要求重心放在(　　)

A. 前脚　　B. 后脚
C. 两脚之间　　D. 前脚和后脚均可

11. 下列属于快肌纤维特征的是(　　)

A. 直径较粗,速度够快,易疲劳　　B. 直径较细,速度够慢,不易疲劳
C. 直径较粗,速度够慢,易疲劳　　D. 直径较细,速度够快,不易疲劳

12. 下列属于健美操高冲击力步伐的是(　　)

A. 脚尖前点地　　B. 侧交叉步
C. 弹动　　D. 小马跳

13. 在足球运动中,当防守队员身后有一定空当,防守队员距插入队员较近时,易采用的进攻战术是(　　)

A. 直传斜插二过一配合　　B. 斜传直插二过一配合
C. 斜传斜插二过一配合　　D. 回传反切二过一配合

14. 简单易学、适用于接有一定弧度的停球是(　　)

A. 脚掌停球　　B. 脚背正面停球
C. 大腿停球　　D. 胸部停球

15. 排球中,队员跳起在空中,用力将本场区上空高于球网的球拍击进入对方场区的球是(　　)

A. 扣球　　B. 垫球　　C. 传球　　D. 发球

16. 下列(　　)不属于影响体育学习策略获得和运用的外部条件。

A. 教师教学方法的灵活运用　　B. 学生的动机水平
C. 学习内容的难度　　D. 教学环境

17. (　　)认为,运动过程中某些代谢产物在体内大量堆积而又不能及时清除,从而造成运动能力的下降。

A. 能量耗竭学说　　B. 代谢产物堆积学说
C. 保护性抑制学说　　D. 突变理论

18. 运动时如果憋气时间过长会导致(　　)

A. 胸内负压过大　　B. 血液回流困难

C. 大脑供血不足　　D. 以上都是

19. 关于肩肘倒立—前滚成蹲立动作,下列说法正确的是(　　)

A. 仰卧时,向后倒肩,举腿,翻臀

B. 向后倒肩时,先举腿,再翻臀

C. 倒立时,两手撑腰的两侧

D. 向后倒肩时,同时举腿,翻臀

20. 课外体育锻炼中,大多数男孩喜欢参与篮球运动,这种现象属于运动兴趣的(　　)

A. 倾向性　　B. 广泛性　　C. 稳定性　　D. 意向性

二、填空题(本大题共 10 小题,每空 1 分,共 15 分)

1. 在田径比赛中,________米(含)以下所有的竞赛项目,必须采用蹲踞式起跑。

2. 接力跑交接棒技术可分为上挑式和________两种。

3. 在乒乓球比赛中,发球时规则规定抛球上升的高度不得低于________厘米。

4. 运动处方的内容一般包括________、________、________、每次运动持续时间、运动频率、注意事项等方面。

5. 开放性损伤:伤处皮肤或黏膜的完整性遭到破坏,有伤口与外界相通,如擦伤、刺伤、________及开放性骨折等。

6. 心血管系统由心脏、动脉、________和静脉组成。

7. 依据关节运动轴的数目,关节可分为________关节、________关节和多轴关节。

8. 由一列横队变成二列横队,应先________报数。

9. 学生身心发展具有个别差异性,主要体现在________和________两方面。

10. 在肝脏中合成并储存的糖称为________;在肌肉中合成并储存的糖称为________。

三、名词解释(本大题共 5 小题,每小题 6 分,共 30 分)

1. 体能

2. 运动负荷

3. 休克

4. 最大摄氧量

5. 步频

四、判断题(判断下列各题的正误,正确的打"√",错误的打"×"。本大题共 15 小题,每小题 1 分,共 15 分)

1. 肌肉拉伤早期可采用按摩、热敷的方法处理。 ( )
2. 已经形成的动作技能对掌握另一种技能的影响称为技能迁移。技能迁移有正迁移和负迁移之分,学会俯卧式跳高再学背越式跳高为正迁移。 ( )
3. 运动动机是指人们积极地认识、探究或参与体育运动的一种心理倾向。 ( )
4. 4×100 m 接力跑的第 2、3、4 棒运动员必须采用蹲踞式起跑。 ( )
5. 两臂侧平举慢慢放下时,三角肌在远固定情况下做退让工作。 ( )
6. 任何反射都必须通过反射弧才能得以实现。 ( )
7. 谚语"学拳容易改拳难",强调初学武术时,学习者应力求动作规范,方法正确。 ( )
8. 耐力跑是提高学生无氧代谢能力的有效手段。 ( )
9. 负重蹲起、卧推、蹲马步均属于向心等张练习。 ( )
10. 行进间向后转走,转向后应先迈右脚。 ( )
11. 在排球比赛中,自由防守队员可以参加拦网。 ( )
12. 竞技体操男子项目共六项,分别是自由体操、鞍马、吊环、跳马、双杠和平衡木。 ( )
13. 篮球的撤步技术是指后脚向前撤回的一种方法。 ( )
14. 篮球原地双手胸前投篮具有突然性强、出球点高和不易防守的优点。 ( )
15. 把体能、运动技能等处于相同或相似水平的学生分到一组进行教学属于同质分组。 ( )

五、简答题(本大题共 3 小题,每小题 10 分,共 30 分)

1. 简述排球正面双手垫球的教学重难点及练习方法。

2. 跨越式跳高的动作要领(以左脚起跳为例)。

3. 体育教师的动作示范中,常用的示范面有哪几种?请你选择一种加以表述。

六、论述题(本大题共 2 小题,每小题 10 分,共 20 分)

1. 亚健康是一种处于健康和疾病之间的状态,是引起多种慢性非传染性疾病的根源之一,在对待亚健康的问题上,请从体育与健康的角度,阐述如何克服亚健康状态。(10 分)

2. 在体育教学中如何体现"精讲多练"?(4 分)在不同任务的不同课堂教学阶段中,教师的讲解与学生练习的比例应如何安排?(6 分)

七、教学设计题(本大题共 20 分)

小李是一所民办高中的体育教师,体育组组长要求小李做一份羽毛球的单元教学计划。

学生情况:学生整体身体素质良好。女生对羽毛球非常感兴趣,男生兴趣较低,学生有一定羽毛球基础。

如果你是小李老师,根据上述内容,按照项目特点和教学原则,以表格的形式设计 8 次课的羽毛球单元教学计划,并针对每一项教学内容提出教学重难点。

羽毛球单元教学计划

课次	教学内容	教学重难点
1		
2		
3		
4		
5		
6		
7		
8		

(请根据表格样式在答题卡上作答)

教师招聘考试预测试卷(五)

中学体育

(满分 150 分　时间 150 分钟)

本套试卷共 47 小题,包括单项选择题(30 小题),多项选择题(10 小题),简答题(3 小题),案例分析题(2 小题),论述题(1 小题),教学设计题(1 小题)。

一、单项选择题(本大题共 30 小题,每小题 1 分,共 30 分)

1. 机体抵抗外来微生物对机体的损害,对自身进行保护和防御,是由血液中的(　　)通过吞噬及免疫作用来实现的。

A. 白细胞　　B. 红细胞　　C. 血小板　　D. 血浆

2.《中共中央国务院关于加强青少年体育增强青少年体质的意见》要求确保学生每天锻炼(　　)

A. 半小时　　B. 一小时　　C. 两小时　　D. 三小时

3. 中国古代教育中的“六艺”(礼、乐、射、御、书、数)中,属于体育范畴的是(　　)

A. 礼、乐　　B. 乐、射　　C. 射、御　　D. 御、数

4. 奥林匹克精神是(　　)

A. 更快、更高、更强

B. 互相了解、友谊、团结和公平竞争

C. 团结、友谊、进步

D. 重要的不是取胜,而是参加

5. 下列不属于体育游戏教学原则的是(　　)

A. 娱乐性　　B. 趣味性　　C. 安全性　　D. 教育性

6. 为取得优异成绩,运动员适宜的赛前心理状态是(　　)

A. 过分激动状态　　B. 战斗准备状态

C. 盲目自信状态　　D. 淡漠状态

7. 武术中的“站桩”,参加工作的肌肉收缩形式是(　　)

A. 离心收缩　　B. 等动收缩　　C. 等长收缩　　D. 超等长收缩

8. 下列选项中,同属于以有氧供能系统为主的运动项目是(　　)

①50 m 跑　②100 m 跑　③1500 m 跑　④3000 m 跑　⑤5000 m 跑

A. ①③④　　B. ①④⑤　　C. ②③④　　D. ③④⑤

9. 组织比较松散、自由、随意,成员多少视具体情况而定,而且相对不固定,活动时间和地点随机而定,无须特别的管理。这种课外体育活动组织形式为(　　)

A. 小团体活动　　B. 班级活动

C. 小组活动　　D. 俱乐部活动

10. 适用于治疗急性闭合性软组织损伤的早期疗法是(　　)

A. 热敷法　　B. 冷敷法

C. 石蜡疗法　　D. 红外线疗法

11. 临床上常用于测量血压的动脉是(　　)

A. 肱动脉　　B. 主动脉

C. 桡动脉　　D. 股动脉

12. 高抬腿跑的练习,主要发展哪种身体素质(　　)

A. 灵敏素质　　B. 柔韧素质

C. 力量素质　　D. 耐力素质

13. 排球正面上手传球过程中,运动员触球时的手型是(　　)

A. 五指张开,手腕前屈　　B. 五指张开,手腕后仰

C. 五指并拢,手腕前屈　　D. 五指并拢,手腕后仰

14. 体育课堂教学中教师对学生课堂学习活动做出的即时评价属于(　　)

A. 诊断性评价　　B. 形成性评价

C. 终结性评价　　D. 绝对性评价

15. 下面哪种类型的出血最为严重(　　)

A. 毛细血管出血　　B. 静脉出血　　C. 动脉出血　　D. 微动脉出血

16. 羽毛球双打比赛场地(　　),呈长方形。

A. 长为 13.80 米、宽为 6.50 米　　B. 长为 14 米、宽为 6.80 米

C. 长为 13 米、宽为 6 米　　D. 长为 13.40 米、宽为 6.10 米

17. 运动员在篮球比赛防守中主要用的移动步伐是(　　)

A. 侧身跑　　B. 交叉步　　C. 滑步　　D. 变相跑

18. 当击球点在足球中后部时,作用力通过球心,(　　)

A. 作用力方向是正前方,球向前平直飞行

B. 作用力方向是斜上方,球向前飞行

C. 作用力方向从右后下向斜上方,球向左前方飞行

D. 作用力方向在右上方,球向左方飞行

19. 快跑运动中运动员"坐着"跑是常犯错误,形成原因是(　　)

A. 概念不清楚　　B. 腿部力量不足

C. 后蹬不充分　　D. 上下肢配合不协调

20. 篮球持球队员运用脚步动作和运球技术超越对手的一项攻击性很强的技术是(　　)

A. 移动　　B. 运球　　C. 投篮　　D. 持球突破

21. 支撑摆动前摆挺身下,当向前摆动到接近(　　)时,两手推杠,使身体向杠外平移。

A. 杠面　　B. 最高点　　C. 水平　　D. 重心

22. 骨膜、肌腱、韧带均属于(　　)

A. 致密结缔组织　　B. 纤维软骨

C. 疏松结缔组织　　D. 肌组织

23. (　　)是指描述人体结构相对位置关系或运动中人体各部位之间的空间位置关系的术语。

A. 运动术语　　B. 动作术语

C. 基本术语　　D. 方位术语

24. 进行爬泳时,手臂入水的顺序是(　　)

A. 手——上臂——前臂　　B. 上臂——手——前臂

C. 手——前臂——上臂　　D. 前臂——上臂——手

25. 蹲踞式跳远助跑时,学生在助跑道的一侧用自己的鞋子做上标记,可以帮助其更好的踏准跳板,这是运用了(　　)

A. 自我暗示　　B. 标志暗示　　C. 他人暗示　　D. 环境暗示

26. 以下哪种竞赛体制适合参赛队不多,而竞赛时间较长时采用(　　)

A. 单循环制　　B. 单淘汰制

C. 混合制　　D. 双淘汰制

27. 人体做加速度或旋转运动时,通过前庭器官引起的感觉是(　　)

A. 触压觉　　B. 平衡觉　　C. 视觉　　D. 听觉

28. 口令"向前——看"属于(　　)

A. 连续口令　　B. 短促口令

C. 断续口令　　D. 复合口令

29. 足球个人进攻战术不包括(　　)

A. 跑位　　B. 选位

C. 传球　　D. 运球突破

30.《义务教育体育与健康课程标准》(2022年版)中,运动能力的三个维度不包括(　　)

A. 体能状况　　B. 运动认知与技战术运用

C. 体育展示或比赛　　D. 体育锻炼

二、多项选择题(多选、错选或少选均不得分。本大题共10小题,每小题2分,共20分)

1. 骨髓存在于骨髓腔和骨松质的网眼内,包括(　　)

A. 红骨髓　　B. 绿骨髓

C. 黄骨髓　　D. 蓝骨髓

2. 运动解剖学规定(　　)为人体的基本轴。

A. 水平轴　　B. 垂直轴

C. 冠状轴　　D. 矢状轴

3. 从课程设计、开发和管理角度来说,体育课程类型包括(　　)

A. 分科课程　　B. 综合课程

C. 国家课程　　D. 校本课程

4. 在一场羽毛球比赛开始前,采用挑边的方法(抛硬币)来决定比赛开始时的(　　)

A. 发球方　　B. 场区　　C. 主队　　D. 客队

5. 膳食纤维的功能有(　　)

A. 预防便秘　　B. 维持正常体温

C. 润滑功能　　D. 防止肥胖

6. 现代背越式跳高技术的主要特点包括(　　)

A. 摆体幅度大　　B. 助跑速度快,起跳快而有力

C. 动作结构自然　　D. 能充分利用弧线助跑的有利因素

7. 肩部运动损伤的检查方法包括(　　)

A. 杜格征　　B. 反弓试验

C. 抽屉试验　　D. 米拉试验

8. 速度素质包括(　　)

A. 起跑速度　　B. 反应速度　　C. 动作速度　　D. 位移速度

9. 体育教学的工作计划包括(　　)

A. 学年计划　　B. 学期计划

C. 单元计划　　D. 课时计划

10. 下列哪项属于外周免疫器官(　　)

A. 淋巴结　　B. 脾脏

C. 扁桃体　　D. 骨髓

三、简答题(本大题共 3 小题,每小题 10 分,共 30 分)

1. 简述双手胸前投篮的动作要点。

2. 简述跨越式跳高教学中,场地器材方面存在的安全隐患。

3. 什么是“极点”现象？怎么克服“极点”现象？

四、案例分析题(本大题共 2 小题,每小题 15 分,共 30 分)

1. 案例:

某中学体育课上,一组男生进行跳山羊练习时,教师要求两名同学进行保护和帮助,自己则去组织另一组男生进行投篮练习。当刘同学在进行跳山羊时,两名实施保护的学生未能及时有效地进行保护和帮助,致使刘同学摔倒,造成手臂骨折。

问题:

请根据以上案例,分析造成事故的原因,并指出预防措施。

2. **案例：**

张老师给高中某班上排球课时，为学生示范下手发球前，让学生注意观察他的动作。张老师在发球时故意将触球位置上移，结果球没有飞过球网。学生在看到老师的示范后开始露出失望的表情，但随后张老师便提问：“刚才老师发的球没有飞过球网，是为什么呢？”学生们开始回忆老师刚才的动作，再结合老师之前对下手发球重难点的讲解，就有同学回答说：“是因为发球时触球的位置过高。”张老师对回答问题的学生给予了肯定和表扬。随后张老师又做了一次正确的发球动作，并做了动作讲解。课堂气氛变得活跃起来，同学们对学习正面下手发球非常感兴趣。

问题：

(1)简述排球正面下手发球的动作方法。(8 分)

(2)在体育教学中影响学生运动兴趣水平的因素有哪些？(7 分)

五、论述题(本大题共 20 分)

论述关节运动的幅度及其影响因素。

六、教学设计题(本大题共 20 分)

写一份以“蹲踞式起跑”为主题的教学设计。

教师招聘考试预测试卷(六)

中学体育

(满分 120 分　时间 150 分钟)

本套试卷共 57 小题,包括单项选择题(30 小题),判断题(20 小题),简答题(4 小题),案例分析题(2 小题),教学设计题(1 小题)。

一、单项选择题(本大题共 30 小题,每小题 1 分,共 30 分)

1. 依据运动解剖学方位术语,前滚翻主要围绕的人体基本轴是(　　)

A. 冠状轴　B. 矢状轴　C. 垂直轴　D. 水平轴

2. 小腿动脉出血时,可采用的止血方法有(　　)

A. 止血带止血法　B. 冷敷法

C. 抬高伤肢法　D. 加压包扎止血法

3. 乳酸供能系统是 400 m 跑的主要能量供能系统,其能源物质是(　　)

A. 脂肪　B. 糖类　C. 乳酸　D. 蛋白质

4. "以某同学为基准,向中看齐"该口令属于(　　)

A. 短促口令　B. 连续口令　C. 断续口令　D. 复合口令

5. 掷标枪的"引枪"动作可增加器械的出手速度,其遵循的生理学原理是(　　)

A. 牵张反射　B. 翻正反射

C. 状态反射　D. 姿势反射

6. 教师利用设置障碍创编体育游戏"野外爬行比赛",依据的创编原则是(　　)

A. 复杂性原则　B. 广泛性原则

C. 单一性原则　D. 趣味性原则

7. 在体育心理学中,运动技能的形成的三个阶段的正确顺序是(　　)

①协调完善阶段　②动作的联结阶段　③认知定向阶段

A. ①②③　B. ③②①　C. ①③②　D. ③①②

8. 下列选项中,属于 2022 年北京冬奥会主题口号的是(　　)

A. 一起向未来　B. 同一个世界,同一个梦想

C. 更高、更快、更强——更团结　D. 绿色奥运、科技奥运、人文奥运

9. 单手肩上投篮时,全身协调用力,用手指拨球,球的旋转方向是(　　)

A. 向左　B. 向右　C. 向前　D. 向后

10. 田径场跑道弯道丈量法中,高效且广为采用的方法是(　　)

A. 直接丈量法　B. 经纬仪丈量法

C. 正弦丈量法　D. 放射丈量法

11. 直接与左心室相连的血管是(　　)

A. 肺动脉　B. 冠状动脉

C. 主动脉　D. 上腔静脉

12. 以下不属于体育教学评价的功能的是(　　)

A. 诊断功能　B. 导向功能

C. 评选功能　D. 调控功能

13. 肌肉收缩张力大于阻力时,肌肉缩短,牵引骨杠杆做相向运动,这种收缩形式称为(　　)

A. 等长收缩　B. 拉长收缩

C. 缩短收缩　D. 超等长收缩

14. 1941 年,我国革命根据地成立了(　　)体育系,为我党我军培养了不少的体育骨干。

A. 中共中央党校　B. 苏维埃

C. 抗日军政大学　D. 延安大学

15. (　　)可以促进人体钙的吸收。

A. 维生素 E　B. 维生素 D　C. 维生素 A　D. 维生素 C

16. 下列选项中属于消化系统的器官是(　　)

A. 心脏　B. 脾脏　C. 肝脏　D. 肾脏

17. 对酸痛的局部肌肉进行(　　)有助于痉挛的缓解及损伤组织的修复。

A. 热敷　B. 冷敷　C. 药物治疗　D. 包扎

18. 下列供能系统中,不需要氧,不产生乳酸,重新合成 ATP,供能速度最快,能量输出功率最高的是(　　)

A. 激光供能系统　B. 磷酸原供能系统

C. 有氧氧化供能系统　D. 乳酸能供能系统

19. 排球比赛中,一方连续得分,该方运动员场上位置应(　　)

A. 顺时针轮换　B. 逆时针轮换

C. 不轮换　D. 前后排轮换

20. 在篮球比赛中,持球队员传球后,利用起动速度或假动作摆脱防守,并向篮下切入接同伴的回传球后投篮的战术配合称为(　　)

A. 空切配合　　B. 一传一切配合

C. 二攻一配合　　D. 突分配合

21. 乒乓球比赛的攻球对攻中,最合理的击球时机是(　　)

A. 下降前期　　B. 下降后期

C. 高点后期　　D. 上升期或高点期

22. 学生在做单杠骑撑后倒挂膝上练习时,两手正确的握杠方式是(　　)

A. 反握　　B. 正握

C. 正反握　　D. 交叉握

23. 以下体操项目中,属于女子体操独有的项目是(　　)

A. 竞技体操　　B. 器械体操

C. 徒手体操　　D. 艺术体操

24. 体操术语中,将学生前后重叠成一行称为(　　)

A. 列　　B. 路　　C. 翼　　D. 伍

25. 对视力要求高的人需要量较多的维生素是(　　)

A. 维生素 A　　B. 维生素 B

C. 维生素 C　　D. 维生素 D

26. 足球踢球时,决定出球质量的关键是(　　)

A. 助跑　　B. 脚击球

C. 支撑脚站位　　D. 踢球腿摆动

27. 坐位体前屈测试反映的是关节和肌肉的(　　)

A. 柔韧性　　B. 耐力性

C. 爆发性　　D. 灵活性

28. 足球比赛中,裁判员罚令球员出场出示牌子的颜色是(　　)

A. 黄色　　B. 绿色　　C. 红色　　D. 橙色

29. 下列选项中,属于体操的间接帮助的是(　　)

A. 提拉法　　B. 托顶法　　C. 信号法　　D. 推送法

30. 下列属于超等长收缩练习的是(　　)

A. 跳深　　B. 仰卧起坐

C. 十字支撑　　D. 提铃至胸

二、判断题(判断下列各题的正误,正确的打"√",错误的打"×"。本大题共 20 小题,每小题 1 分,共 20 分)

31. 斯宾塞被誉为"近代学校体育之父"。(　　)

32. 淘汰赛是在竞赛中失败一次即失去继续竞赛的机会。(　　)

33. 排球规则规定,替补队员每局只能上场比赛一次,替补开始上场阵容的队员,而且他只能由被他替换下场的队员来替换。(　　)

34. 在足球比赛中,当防守队员注意到进攻方有一名队员突然跑进禁区时,该队员迅速向这名进攻队员靠近加强防守,这种心理活动属于有意注意。(　　)

35. 抬高伤肢法可使出血部位压力降低。(　　)

36. 田赛远度项目中,测量成绩不足 1 厘米时应四舍五入计算。(　　)

37. 学校体育活动以身体练习为基本手段,学生必然要承受一定的生理负荷,所以学生伤害事故是学校体育教学工作中可以完全避免和消除的现象。(　　)

38. 根据体操目的和任务的不同,可将体操分为基本体操、竞技体操和表演体操。(　　)

39. 在投掷圈内进行田径比赛项目,落地区标志线内沿延长线夹角为 45°。(　　)

40. 有 15 支队伍参加拔河比赛,采用单淘汰赛制决出冠军共需 15 场比赛。(　　)

41. 武术的本质特性是具有攻防技击性。(　　)

42. 田径运动的径赛中,判定运动员到达终点的名次顺序是以运动员躯干的任何部分触及终点线后沿垂直面的先后为准。(　　)

43. 体操规则规定,男子单杠的高度为 3.05 米。(　　)

44. 在排球比赛中,进攻限制线距离中线 5 米。(　　)

45. 足球中踢球方式有很多种,但不论哪种踢球方式,都由助跑、支撑脚站位、踢球腿的摆动、脚触(击)球和随前动作组成。(　　)

46. 身体素质一般来讲包括力量、速度、灵敏、柔软、平衡。(　　)

47. 脂肪代谢与糖代谢相比,有动员快、耗氧量小、效率高的特点。(　　)

48. 队列训练中,齐步走和立定时,动令都落在右脚上。(　　)

49. 体育课的运动负荷反映的是一节课的时间是否被合理利用,而体育课的练习密度反映的是身体练习对机体刺激的程度。(　　)

50. 排球比赛中,前排队员应位于 1、2、3 号位。(　　)

三、简答题(本大题共 4 小题,每小题 5 分,共 20 分)

51. 什么是超量恢复？超量恢复的作用是什么？

52. 简述肌肉的物理特性、生理特性。

53. 简述长期中长跑运动对心血管系统的促进作用。

54. 简述排球正面上手发球的动作要点。

四、案例分析题(本大题共 2 小题,每小题 15 分,共 30 分)

55. 案例：

怎样才能投得准

高二某班篮球基本技术单元第四课时,张老师课前给学生发放了挂图和相关学习资料,让学生自主学习。准备活动后,张老师首先提出问题:“直接命中与碰板投篮的瞄准点应怎样选择?”请同学们分组讨论,同学们结合挂图和资料热火朝天地讨论开来。讨论完成后,张老师就选择瞄准点、人与篮球的适宜位置、距离对命中率的重要性与学生展开讨论,并进行了分析比较。

接着,张老师又提出“篮球投篮怎样才能投得准”的问题,同时提出了要求,并结合学生的知识储备,认真分析了抛物线、入篮角度与命中率的关系。分小组自主练习后,同学们围在一起展开了讨论,大家畅所欲言,就各种抛物线的优点与不足,哪种入篮角度更适合自己,谈了自己的感受。讨论结束后,张老师将全班分成 4 个小组进行投篮比赛,从学生们的雀跃声中,感受到了他们投篮命中率提高的喜悦。

本节课上,学生们通过探究学习,愉快地完成了学习任务,每个人都有了新的收获。

问题：

(1)案例体现了探究学习的哪些特点？(5 分)

(2)教师采用了哪些探究式学习方法和手段？(5 分)

(3)谈谈在体育课堂教学中,探究学习的教学步骤。(5 分)

56. **案例：**

某高中鼓励体育教师运用多种组织形式进行体育课教学，老师们积极创新，以下是三位老师的课堂组织形式：

A 教师按照自然教学班为单位进行教学。

B 教师和其他老师合作，将两个平行班放在一起授课，男生一个班，女生一个班，分别授课。

C 教师让学生自己选择热爱的运动项目，并且按照学生的兴趣分班授课。

问题：

(1)简述三位教师的教学组织形式分别是什么，以及各自的优缺点。(8 分)

(2)如果你是这所学校的老师，你将会采取什么课堂组织形式？(7 分)

五、教学设计题(本大题共 20 分)

57. 教材：篮球——体前变向换手运球；

教学对象：水平四(七年级)；

学生人数：男生 20 人，女生 20 人。

根据体育与健康课程标准，按照水平四学习目标和水平目标的相关要求，完成“篮球——体前变向换手运球”第一课(新授课)的教学设计(仅需要对基本部分做出设计)。

要求：从教学目标、教学重难点、教法学法、教学过程、场地器材及运动负荷等方面进行设计。

教师招聘考试预测试卷(七)

中学体育

(满分 120 分　时间 150 分钟)

本套试卷共 61 小题,包括单项选择题(30 小题),多项选择题(10 小题),填空题(15 小题),简答题(5 小题),教学设计题(1 小题)。

一、单项选择题(本大题共 30 小题,每小题 1 分,共 30 分)

1. 人体半月板位于(　　)

A. 肘关节　B. 髋关节　C. 膝关节　D. 肩关节

2. 学生完成 800 米测试后,多数指标是上升的,但下列哪一项指标会下降(　　)

A. 心率　B. 呼吸频率　C. 血液 pH　D. 血乳酸

3. 奥林匹克标识系统中,具有独特标志和代表意义的纪念品是(　　)

A. 标志　B. 会旗　C. 会徽　D. 吉祥物

4. 在双杠上做倒立动作时,采用哪种呼吸形式最合适(　　)

A. 腹式呼吸　B. 胸式呼吸　C. 混合式呼吸　D. 憋气

5. 缓慢牵拉肌肉时引起的牵张反射是指(　　)

A. 脊髓反射　B. 条件反射

C. 腱反射　D. 肌紧张

6. 髌骨软骨病在篮球、排球、跳高等项目中发生率较高,其检查方法是(　　)

A. 后蹬试验　B. 抽屉试验

C. 单足半蹲试验　D. 外翻试验

7. 体育手段是借助载体、媒介实现体育目的的系统行为和操作技术,其基本内容是(　　)

A. 身体运动　B. 运动项目

C. 体育器材　D. 组织形式

8. 运动加强时,交感神经兴奋使人体氧运输系统功能提高,具体体现在(　　)

A. 心跳加快、血压升高、呼吸减慢　B. 心跳加快、血压升高、呼吸增快

C. 心跳减慢、血压下降、呼吸减慢　D. 心跳减慢、血压下降、呼吸增快

9. "人生能有几回搏"是我国男子乒乓球世界冠军(　　)提出来的。

A. 庄则栋　B. 容国团　C. 蔡振华　D. 刘国梁

10. 排球比赛中,发球队员在端线后,利用助跑跳起在空中像扣球似的将球击入对方场区的一种发球方法,称为(　　)

A. 勾手发球　B. 正面下手发球

C. 正面上手发球　D. 跳发球

11. 有组织、有管理、有专人指导、有经费支持、具有一定的导向性、活动效果好并且受学生欢迎的一种课外体育活动组织形式是(　　)

A. 小团体活动　B. 班级活动

C. 小组活动　D. 俱乐部活动

12. 肌腱是传递力的结构,构成肌腱的组织是(　　)

A. 疏松结缔组织　B. 致密结缔组织

C. 脂肪组织　D. 肌组织

13. 对脑和长骨的发育最为重要的激素是(　　)

A. 生长素　B. 甲状腺激素　C. 性激素　D. 促甲状腺激素

14. 下列对蛋白质营养功能描述不正确的是(　　)

A. 蛋白质参与组织的新陈代谢和损伤的修复

B. 蛋白质参与各种酶和激素的构成,具有调节人体的生理功能

C. 蛋白质能促进脂溶性维生素的吸收和利用

D. 人体内旧的或已经破坏的蛋白质发生分解可释放出部分能量

15. 跑步换齐步走时,应继续向前跑(　　)

A. 一步　B. 两步　C. 三步　D. 四步

16. 在不同竞技项目的比赛中,运动员竞技表现受对手竞技表现影响的大小是不同的,以下哪个项目运动员自身的竞技表现受对手影响最大(　　)

A. 跳远　B. 体操　C. 举重　D. 篮球

17. 捷克教育家夸美纽斯在他的专著(　　)中,提出了"班级授课制"。

A.《民主主义教育》　B.《大教学论》

C.《普通教育学》　D.《教育漫话》

18. 篮球的(　　)是当防守队员迎面堵截而且贴的很近时,摆脱对手的方法。

A. 胯下运球　B. 背后运球　C. 体前变向运球　D. 运球转身

19. 排球运动中,过多的跳跃动作易诱发膝关节损伤,最易发生的是(　　)

A. 髌骨劳损　　B. 关节腔增大

C. 关节韧带撕裂　　D. 关节软骨断裂

20. 学生做原地右手肩上投篮时,左手应扶在篮球的(　　)

A. 左上方　　B. 正上方　　C. 前上方　　D. 后上方

21. 成年男子铅球标准重量是________,成年女子铅球标准重量是________。选(　　)

A. 7.26 kg;5 kg　　B. 7.26 kg;4 kg

C. 5 kg;4 kg　　D. 6 kg;4 kg

22. 氧热价最高的营养物质是(　　)

A. 脂肪　　B. 蛋白质　　C. 糖类　　D. 维生素

23. 排球比赛中对后排队员有限制的是(　　)

A. 扣球　　B. 传球　　C. 拦网　　D. 垫球

24. 奥运会篮球、排球、足球比赛中,一场比赛各方上场人数分别是(　　)

A. 5;8;11　　B. 5;6;12

C. 6;6;12　　D. 5;6;11

25. 腿部肌肉中快肌纤维占优势的人较适宜从事(　　)

A. 800 米跑　　B. 1500 米跑　　C. 100 米跑　　D. 10 000 米跑

26. 脑震荡的诊断要点是(　　)

A. 意识丧失　　B. 逆行性健忘　　C. 头疼和头晕　　D. 恶心和呕吐

27. 在足球场上,无论是直接任意球还是间接任意球,对方球员必须距离(　　)

A. 11 米　　B. 12 米　　C. 9.36 米　　D. 9.15 米

28. 排球在发飘球时击球的用力(　　)

A. 短促突然　　B. 一直送出去

C. 持续用力　　D. 慢而缓

29. 传切配合是进攻队员之间利用(　　)技术所组成的简单配合。

A. 传球和运球　　B. 传球和切入

C. 传球和投篮　　D. 运球和切入

30. 武术四击技术中有关踢的拳谚是(　　)

A. 拳是两扇门,全凭腿打人　　B. 练拳不练腰,终究艺不高

C. 出手不见手,拳打人不知　　D. 未习打,先练抗

二、多项选择题(多选、错选或少选均不得分。本大题共 10 小题,每小题 2 分,共 20 分)

1. 以下属于有氧运动项目的有(　　)

A. 爬山　　B. 游泳　　C. 自行车　　D. 跳远

2. 影响步幅的因素有(　　)

A. 肌力　　B. 腿长

C. 髋关节的柔韧性　　D. 神经调控的灵活性

3. 与运动技能有关的体能包括(　　)

A. 心肺耐力　　B. 肌肉力量和肌肉耐力

C. 灵敏性　　D. 协调性

4. 根据肌肉工作的力学特征,耐力素质可分为(　　)

A. 静力性耐力　　B. 动力性耐力

C. 静力－动力混合耐力　　D. 肌肉耐力

5. 骨折的症状包括(　　)

A. 疼痛　　B. 水肿　　C. 功能障碍　　D. 畸形

6. 下列排球规则中,正确的有(　　)

A. 自由人不得发球、拦网和试图拦网

B. 一个队连续触球四次(拦网一次除外)为四次击球犯规

C. 双方队员在网上同时击球,球落在某一方,该队还可以击球三次

D. 界内球是指球触及比赛场区的地面,但不包括界线

7. 不同运动项目的供能系统各有不同,下列哪些项目主要是磷酸原和酵解能系统供能(　　)

A. 体操　　B. 划船

C. 排球　　D. 自由泳 1500 米

8. 我们看到的各种优美动作,均是通过身体运动展现出来的。下列哪些选项是构成身体运动的要素(　　)

A. 运动强度　　B. 运动速度　　C. 运动节奏　　D. 运动密度

9. 下列哪个选项属于体操技巧(　　)

A. 前滚翻　　B. 手倒立　　C. 俯平衡　　D. 侧腾越

10. 根据攻击时是否有愤怒的情绪表现,可将运动员的攻击性行为分为(　　)

A 特质性攻击　　B. 工具性攻击

C. 敌意性攻击　　D. 状态性攻击

三、填空题(本大题共 15 小题,每空 1 分,共 20 分)

1. 决定投掷项目远度的因素为出手的速度、________、________。

2. 肌肉在阻力作用下逐渐被拉长,阻力大于肌力,使运动环节朝肌肉拉力相反方向运动的工作叫________。

3. 股四头肌由________、股中肌、股内侧肌和股外侧肌组成。

4. 投掷标枪时,投掷前的引臂动作利用________原理,以增加主动肌的收缩力量,达到提高运动成绩的目的。

5. 跳远由助跑、起跳、________和落地四个技术环节组成。

6. 篮球场的中圈半径为________米。

7. 女子七项全能比赛,第一天的比赛项目有 100 米跨栏跑、跳高、________和 200 米跑;第二天的比赛项目有跳远、________、800 米跑。

8. 足球比赛时,裁判员制止有可能引发纠纷的行为时,裁判员的哨音变化为________。

9. 足球个人防守战术意识包含盯人意识、抢球意识、保护意识和________。

10. 从体育教学目标和教材内容的性质上分,通常可将体育课分为________和________两大类。

11. 在体育运动中有效完成专门动作的能力叫________。

12. 体育课堂教学指一节课中,由教师和学生在规定的教学地点进行________和________的过程。

13. 队列队形练习时口令“向右转——走”的动令应落在________脚上。

14. 学校体育竞赛贯彻小型多样、________、基层为主、勤俭节约的原则。

15. 个人混合泳属个人全能项目,比赛按________、仰泳、________、自由泳顺序,各游 100 米的距离。

四、简答题(本大题共 5 小题,每小题 6 分,共 30 分)

1. 常见的学生产生错误动作的原因有哪几个方面?

2. 请简述足球技术中的原地额正面顶球的动作要领。

3. 请简述如何预防体育活动中发生运动损伤?

4. 请简述儿童少年力量训练应注意的事项。

5. 简述骨的结构和功能。

五、教学设计题(本大题共 20 分)

体育竞赛离不开竞赛规程。竞赛规程是使运动竞赛得以顺利进行的重要保证,更是竞赛的组织者、裁判、工作人员和运动员必须共同遵守的准则,是组织竞赛的依据。凭你的经验和你所在学校的条件,请拟定一份小型年级(8 个班)篮球比赛(用五天时间)的竞赛规程。

教师招聘考试预测试卷(八)

中学体育

(满分 120 分 时间 150 分钟)

本套试卷共 61 小题,包括单项选择题(30 小题),填空题(10 小题),判断题(15 小题),简答题(4 小题),论述题(1 小题),材料分析题(1 小题)。

一、单项选择题(本大题共 30 小题,每小题 1 分,共 30 分)

1. 人体小腿内侧骨上端前面的隆起称为(　　)

A. 内侧髁　　B. 外侧髁

C. 髁间隆起　　D. 胫骨粗隆

2. 对糖、脂肪、蛋白质消化最强的消化液为(　　)

A. 唾液　　B. 胃液　　C. 胰液　　D. 小肠液

3. 关于肺的描述错误的是(　　)

A. 肺是进行气体交换的器官　　B. 肺属于实质性器官

C. 肺位于胸膜腔中　　D. 肺大体呈圆锥形,上为肺尖,下为肺底

4. 仰卧起坐主要锻炼的是(　　)

A. 腹直肌　　B. 斜方肌

C. 胸大肌　　D. 胸锁乳突肌

5. 在武术教学过程中,将套路中的动作分解出来进行技击技术讲解的方法是(　　)

A. 喂招　　B. 递招　　C. 应招　　D. 拆招

6. 人体中最长的与髋臼相关节的长骨是(　　)

A. 股骨　　B. 肱骨　　C. 桡骨　　D. 胫骨

7. 体育教学中,在学生人数多,场地器材少,新授教材比较难,复习教材也比较复杂的情况下可采用(　　)

A. 两组一次等时轮换　　B. 先合组后分组

C. 三组两次等时轮换　　D. 先分组后合组

8. 在 2022 年俄勒冈世界田径锦标赛男子跳远决赛中,运动员(　　)获得了中国在田径世锦赛的首金。

A. 刘翔　　B. 苏炳添　　C. 王浩　　D. 王嘉男

9. 抓好学校体育工作计划的主要负责人是(　　)

A. 分管校长　　B. 教导主任

C. 体育教师　　D. 体育教研组长

10. 消化系统中最大的消化腺是(　　)

A. 肝脏　　B. 胃腺　　C. 胰脏　　D. 唾液腺

11. “在拉开深度和宽度的基础上,利用同伴的纵向或横向接应,实现向前场的推进”是对哪项足球进攻战术原则的描述(　　)

A. 渗透　　B. 跑位　　C. 纵深　　D. 应变

12. 原地单手肩上投篮,球出手的正确动作是(　　)

A. 所有手指用力　　B. 中指用力

C. 食指和中指用力　　D. 食指用力

13. 篮球传球过程由传球的持球方法、传球用力方法、球的飞行路线和球的(　　)组成。

A. 起点　　B. 落点　　C. 速度　　D. 方向

14. 下列选项中,属于篮球防守无球队员的技术是(　　)

A. 防摆脱　　B. 防突破　　C. 防传球　　D. 防投篮

15. 画分道线时,应以跑道(　　)为基准,各分道线用 5 厘米宽的白灰色线画成。

A. 内突沿外沿　　B. 内突沿内沿

C. 外突沿外沿　　D. 外突沿内沿

16. 排球的“中一二”进攻战术是指(　　)

A. 2 号传球给 3 号和 4 号　　B. 3 号传球给 2 号和 4 号

C. 1 号传球给 2 号和 3 号　　D. 2 号传球给 1 号和 4 号

17. 关于慢肌纤维的描述,不正确的是(　　)

A. 肌纤维直径较小、毛细血管的密度高

B. 糖酵解能力低、氧化脂肪能力高

C. 收缩速度快、兴奋阈值高

D. 收缩速度慢、抗疲劳能力强

18. 武术的本质特征是(　　)

A. 娱乐性　　B. 技击性　　C. 观赏性　　D. 适应性

19. 目前世界上最先进的跳高技术是(　　)

A. 跨越式　　B. 剪式　　C. 背越式　　D. 俯越式

20. 髌骨是人体最大的籽骨,该骨位于(　　)

A. 股骨踝间窝　　B. 股四头肌肌腱内

C. 股骨上端　　D. 髌韧带内

21. 走和跑的区别在于(　　)

A. 跑的速度快,走的速度慢

B. 跑时身体重心起伏大,走时身体重心起伏小

C. 跑的步幅大,走的步幅小

D. 跑时身体有腾空,走时身体没有腾空

22. 下列不属于按体育游戏进行的形式分类的是(　　)

A. 接力游戏　　B. 追逐游戏

C. 儿童游戏　　D. 角斗游戏

23. 生长激素是促进青少年生长发育的重要激素,分泌该激素的腺体是(　　)

A. 脑垂体　　B. 松果体　　C. 甲状腺　　D. 肾上腺

24. 在广播体操的教学中,教师多采用(　　)示范授课。

A. 正面　　B. 侧面　　C. 镜面　　D. 反面

25. 体育活动中压腿可以增加韧带中(　　)的伸展性。

A. 疏松结缔组织　　B. 网状组织

C. 致密结缔组织　　D. 脂肪组织

26. 学生投篮的手臂侧靠墙,徒手做投篮动作是为了纠正(　　)

A. 持球手型不正确　　B. 肘关节外展

C. 手臂过早前伸　　D. 抬肘伸臂不充分

27. 50 米跑测试中,学生在单位时间内移动的距离称为(　　)

A. 动作速度　　B. 反应速度

C. 位移速度　　D. 力量速度

28. 学生运动兴趣的形成与发展,一般要经历(　　)三个阶段。

A. 有趣—乐趣—志趣　　B. 想法—动机—实施

C. 倾向—探究—激发　　D. 需要—动机—探究

29. 教师用手推顶学生髋部,让学生体会铅球技术的蹬转动作。这一教学手段属于(　　)

A. 定向与领先　　B. 助力与阻力

C. 讲解与示范　　D. 保护与帮助

30. 体育教学评价改革的重要趋势之一是评价主体多元化,其最重要的评价主体是(　　)

A. 体育教师　　B. 学校校长

C. 学生家长　　D. 学生同伴

二、填空题(本大题共 10 小题,每空 1 分,共 15 分)

1. 1953 年,毛泽东将________作为三好学生的第一条。

2. 篮球运动是 1891 年起源于________的一项运动。

3. 关节的主要结构有________、________和关节面三个部分,也称为关节结构的三要素。

4. 测量学生身高,要求严格掌握“________点靠立柱”“两点呈水平”的测量姿势。

5. 柔韧素质是指跨关节的________、________、韧带等软组织的伸展能力以及弹性。

6. 体育游戏组织形式图中的符号“→”表示________。

7. 中长跑运动员应具备的专项身体素质有耐力素质、________、力量素质。

8. 体育与健康的学习评价要充分发挥评价的诊断、________、激励功能。

9. 足球项目球门的宽是________米,高是________米。

10. 根据每次课的具体教学目标的不同,体育实践课可分为新授课、________、________、________。

三、判断题(判断下列各题的正误,正确的打“√”,错误的打“×”。本大题共 15 小题,每小题 1 分,共 15 分)

1. 根据组织及参加游戏目的的不同,将游戏分成娱乐性、教育性和竞赛性游戏三大类。(　　)

2. 在弯道跑时,左脚应以脚掌外侧着地。(　　)

3. 运球突破属于足球的进攻战术。(　　)

4. 脾脏是人体最大的淋巴器官,在人体成对分布。(　　)

5. 有氧运动包括快步走、游泳、健身操、举重等。(　　)

6. 人体的标准解剖学姿势是身体直立,两眼向前平视,两足并拢,足趾向前,上肢下垂于躯干两侧,掌心向内。(　　)

7. 悬垂举腿的腹直肌是上固定,而仰卧起坐是下固定。(　　)

8. 乒乓球正手快攻的击球时间应在来球的上升时期。(　　)

9. 队列队形练习的内容包括整队、稍息、原地转法、行进间转法、各种走步、正步、跑步、立定、集合、解散以及队列练习中的队形变化。(　　)

10. 太极拳揽雀尾动作包括掤、捋、挤、搂四种手法。(　　)

11. “五一”配备即由一名传球队员、五名防守队员组成。 ( )

12. 正常人的舒张压高于收缩压。 ( )

13. 脚背正面踢定位球，脚触球时，脚背绷直，脚趾扣紧，以脚背的正面击球的后下部。 ( )

14. 足球运动员掷界外球时，支撑脚不能离地，后蹬脚可以离地。 ( )

15. 投掷比赛中，是以运动员最后三次试掷的最好成绩决定名次。 ( )

四、简答题（本大题共 4 小题，每小题 5 分，共 20 分）

1. 简述篮球双手胸前传球的动作要领。

2. 简述运动负荷的概念及其构成要素。

3. 简述坐位体前屈的测试方法。

4. 简述体育教学方法中的分解练习法及其优缺点。

五、论述题（本大题共 20 分）

试述运动过程中人体机能变化的规律。

六、材料分析题（本大题共 20 分）

材料：

某中学开展学生体质健康测试，发现新生引体向上成绩普遍较差，合格率仅为 18%。体育教研组决定，针对本校新生在体育课堂教学中增加上肢力量为主的课课练。通过一学期的教学，该届学生引体向上合格率上升为 65%。

问题：

（1）简述课堂练习的注意事项。（5 分）

（2）列举 5 项能够增加上肢力量的练习。（5 分）

（3）除课堂教学外，还有哪些发展体能水平的途径？（10 分）

教师招聘考试预测试卷(九)

中学体育

(满分 120 分　时间 150 分钟)

本套试卷共46小题,包括单项选择题(30小题),多项选择题(10小题),简答题(3小题),案例分析题(1小题),论述题(1小题),教学设计题(1小题)。

一、单项选择题(本大题共30小题,每小题1分,共30分)

1. 蔡元培发表了《对于教育方针之意见》,这是中国近代教育和体育发展史上具有深远意义的文献之一,其文中提出了有关体育与教育的观点是(　　)

A. 健全人格,重在体育　　B. 健全人格,首在体育

C. 完全人格,重在体育　　D. 完全人格,首在体育

2. 沿人体前后方向,将人体纵切为左右两部分的切面是(　　)

A. 冠状面　　B. 矢状面　　C. 额状面　　D. 水平面

3. 体育课健康分组的依据一般不包括(　　)

A. 身体素质状况　　B. 运动兴趣爱好

C. 身体发育状况　　D. 生理功能状况

4. 肺是呼吸系统的实质性器官,根据肺的功能,肺的组织结构可分为(　　)

A. 导气部和肺泡　　B. 导气部和呼吸部

C. 肺泡和呼吸部　　D. 肺泡和毛细血管

5. 根据《学校体育工作条例》的规定,下列关于体育教师的说法不正确的是(　　)

A. 体育教师应当热爱学校体育工作

B. 学校按照教学计划中体育课授课时数所占的比例和开展课余体育活动的需要配备体育教师

C. 对体育教师的职务聘任、工资待遇应当与其他任课教师同等对待

D. 体育教师组织课间操(早操)、课外体育活动和课余训练、体育竞赛一般不计算工作量

6. 下列哪项不是贯彻动机激励原则的训练要点(　　)

A. 加强训练的正确价值观教育和目的性教育

B. 满足运动员的合理需求

C. 注意正确地运用运动动机

D. 注意负荷内容的合理结构

7. 1952年6月10日,毛泽东为哪一组织题写了“发展体育运动,增强人民体质”(　　)

A. 国家体育总局　　B. 中国奥林匹克委员会

C. 中华全国体育总会　　D. 中国大学生体育协会

8. 负重缓慢下蹲的过程中,股四头肌所做的工作为(　　)

A. 向心工作　　B. 加固工作

C. 离心工作　　D. 固定工作

9. 在运动过程中,由于损伤导致上臂出血,采用间接指压法止血时,应及时指压(　　)

A. 颞浅动脉　　B. 颌外动脉

C. 颈外动脉　　D. 锁骨下动脉

10. 下列不属于篮球防守战术基础配合的是(　　)

A. 策应配合　　B. 交换配合

C. 挤过配合　　D. 夹击配合

11. 体能测试时,学生跑完800米或1000米后,突然停止不动,易引起(　　)

A. 肩袖损伤　　B. 重力性休克

C. 运动性贫血　　D. 运动性血尿

12. 某同学有轻度扁平足,功能检查良好,体育课健康分组时要将其安排在(　　)

A. 基本组　　B. 预备组

C. 保健组　　D. 医疗体育组

13. 下列哪一种练习可以纠正背越式跳高练习中“屈体(坐着)过杆”的错误(　　)

A. 调整助跑距离　　B. 垫上俯卧收髋

C. 改进助跑节奏　　D. 垫上仰卧挺髋

14. 双手前掷实心球,要求出手速度快,此“速度”为(　　)

A. 反应速度　　B. 动作速度

C. 位移速度　　D. 学习速度

15. 在人体运动解剖学的基本术语中,前臂外侧称为(　　)

A. 桡侧　　B. 尺侧　　C. 腓侧　　D. 胫侧

16. 血管、淋巴管的内表面属于(　　)

A. 上皮组织　　B. 致密结缔组织

C. 肌组织　　D. 疏松结缔组织

17.(　　)是指人体神经肌肉系统紧张或收缩时对抗或克服阻力的能力。

A. 力量素质　B. 耐力素质　C. 速度素质　D. 灵敏素质

18. 武术套路教学中常采用(　　)示范。

A. 正面　B. 背面　C. 侧面　D. 镜面

19. 排球正面上手发球,击球时手腕迅速做推压动作,所击出的球如何飞行(　　)

A. 呈上旋飞行　B. 呈下旋飞行

C. 呈侧旋飞行　D. 呈漂移飞行

20. 在篮球比赛中,某队员起跳接球后两脚前后开立同时落地,此时的中枢脚是(　　)

A. 前脚　B. 后脚　C. 双脚　D. 任意一脚

21. 下列哪种练习可以有效提高双杠前摆下技术动作的质量(　　)

A. 挂臂摆动　B. 支撑摆动　C. 压肩动作　D. 吊肩动作

22. 田径比赛中,包含"各就位""预备""鸣枪"的项目是(　　)

A. 100 米　B. 1500 米　C. 5000 米　D. 10000 米

23. 在运动技能形成的泛化阶段,强调正确动作,淡化错误动作有利于促进(　　)

A. 外抑制的发展　B. 超限抑制的发展

C. 分化抑制的发展　D. 消退抑制的发展

24. 队列练习中,当下达"向左转——走"口令后,身体向左转 90 度后同时出(　　)脚向前迈进。

A. 左　B. 右　C. 前　D. 后

25. 下列选项中,属于羽毛球单打战术的是(　　)

A. 攻人战术　B. 攻中路战术

C. 后杀前封战术　D. 杀、吊上网战术

26. 羽毛球反手发球由于受挥拍距离限制,无法发(　　)

A. 高远球　B. 平高球　C. 平射球　D. 网前球

27. "极点"现象多出现在田径运动中的哪个项目(　　)

A. 短跑　B. 中长跑　C. 接力跑　D. 跨栏跑

28. 下列包扎法中适用于手腕和小腿下部等粗细均匀的部位的是(　　)

A. 环形包扎法　B. 螺旋形包扎法

C. 转折包扎法　D. "8"字形包扎法

29. 下列关于运动处方的表述,不正确的是(　　)

A. 运动处方是由医生开出的指导锻炼的处方

B. 用处方的形式规定适当的运动种类、时间及频率,并指出运动中的注意事项

C. 运动处方需因人而异

D. 运动处方需根据医学检查资料结合生活环境条件和运动爱好制订

30. 最早提出体育教学法的是(　　)

A. 德国教育家拉克特　B. 捷克教育家夸美纽斯

C. 瑞典体育教师 W·斯卡斯特罗姆　D. 美国教育家杜威

二、多项选择题(多选、错选或少选均不得分。本大题共 10 小题,每小题 2 分,共 20 分)

1. 影响动作技能学习的外部因素是(　　)

A. 智力　B. 练习

C. 指导和示范　D. 个性

2. 属于《国家学生体质健康标准》中,各年级的共性指标的是(　　)

A. 50 米跑　B. 引体向上

C. 坐位体前屈　D. 1000 米跑

3. 下列教学内容中,更适宜采用完整练习法的是(　　)

A. 广播体操　B. 正踢腿

C. 五步拳　D. 前滚翻

4. 影响动作技能学习的内部因素有(　　)

A. 经验与成熟度　B. 运动能力

C. 指导与示范　D. 教师反馈

5. 足球战术除了进攻战术外,还包括(　　)

A. 交叉掩护配合　B. 防守战术

C. 二过一配合　D. 定位球战术

6. 在田径比赛中,以下项目属于田赛的有(　　)

A. 跳高　B. 跳远

C. 100 米栏　D. 铅球

7. 下列属于健美操低冲击力步伐的有(　　)

A. 并步　B. 弓步　C. 箭步蹲　D. 漫步

8. 体育锻炼应遵循哪些原则(　　)

A. 循序渐进的原则　B. 全面锻炼的原则

C. 经常性锻炼的原则　D. 区别对待的原则

9. 奥运会游泳比赛中,规定的游泳姿势有(　　)

A. 蛙泳　B. 自由泳　C. 蝶泳　D. 潜泳

10. 下列哪个选项属于肌肉的物理特性(　　)

A. 伸展性　　B. 收缩性　　C. 弹性　　D. 黏滞性

三、简答题(本大题共3小题,每小题5分,共15分)

1. 简述排球侧面下手发球的易犯错误及纠正方法。

2. 请简述足球技术中的正面铲球的动作要领。

3. 简述篮球比赛中小腿三头肌痉挛的处理和预防。

四、案例分析题(本大题共15分)

案例:

在高一年级学生双手前抛实心球课堂教学中,教师讲解示范,学生集体模仿、练习及纠正错误动作后,将4排学生(女生2排,男生2排)按性别分成男女两大组,分别在两块场地上进行互抛实心球练习,要求两排以相距10米的距离面对面站立,在教师统一口令下进行抛球和捡球。

问题:

(1)上述案例中存在哪些安全隐患?(7分)

(2)结合实际,谈谈体育与健康课程教学中预防伤害事故的具体措施。(8分)

五、论述题(本大题共20分)

体育教师在课前要对体育课密度进行精心设计,而且在体育课进行过程中也要随时进行合理调控,你认为一般情况下,体育课密度的安排与调控需要做到哪几点?

六、教学设计题(本大题共20分)

请以足球脚背正面踢球(水平四,第一课时)为教学内容进行课时教学片段设计,设计内容包括:教学目标、教学重点、教学难点、教学步骤及其设计意图。

教师招聘考试预测试卷(十)

中学体育

(满分 120 分　时间 150 分钟)

本套试卷共 39 小题,包括单项选择题(10 小题),判断题(10 小题),填空题(10 小题),名词解释(4 小题),简答题(2 小题),论述题(2 小题),教学设计题(1 小题)。

一、单项选择题(本大题共 10 小题,每小题 1 分,共 10 分)

1. 杨扬是我国首位夺得冬季奥林匹克运动会金牌的运动员,其夺冠项目是(　　)

A. 冰壶　　B. 短道速滑

C. 冰球　　D. 自由式滑雪

2. 二十四式太极拳最后一组不包括(　　)

A. 十字手　　B. 右揽雀尾

C. 转身搬拦捶　　D. 如封似闭

3. 发展股四头肌力量常用的方法是(　　)

A. 俯卧上举腿　　B. 俯卧腿弯举

C. 悬垂举腿　　D. 负重半蹲起

4. 下列关于运动中腹痛的处理方法,错误的是(　　)

A. 停止运动,喝水　　B. 处理不佳,立即送往医院

C. 适当减慢运动速度,调整呼吸　　D. 用手按压疼痛部位,弯腰慢跑一段距离

5. 清政府于(　　)年颁布了《奏定学堂章程》,规定各级各类学堂中都设立体操科,该新学制的执行,结束了我国两千多年来学校教育中基本没有体育的历史。

A. 1901　　B. 1902

C. 1903　　D. 1904

6. 身体虚弱无力、头晕、动作失调、心悸,有时会出现昏厥,这是运动性疲劳中的(　　)

A. 急性疲劳　　B. 过度紧张

C. 过度疲劳　　D. 过度训练

7. 以下属于健美操基本步伐的是(　　)

A. 迈步吸腿、侧滑步、侧交叉步

B. 迈步屈腿、侧滑步、侧交叉步

C. 迈步屈腿、迈步吸腿、侧滑步

D. 迈步屈腿、迈步吸腿、侧交叉步

8. 排球正面双手传球中,击球点应保持在额前上方约(　　)的位置。

A. 一臂　　B. 两臂　　C. 一球　　D. 两球

9. 排球比赛一次进攻中,除拦网外每队最多可击球(　　)

A. 2 次　　B. 3 次　　C. 4 次　　D. 5 次

10. 背越式跳高的助跑是采用(　　)的方式助跑。

A. 直线　　B. 弧线　　C. 直线加弧线　　D. 弧线加直线

二、判断题(判断下列各题的正误,正确的打"√",错误的打"×"。本大题共 10 小题,每小题 1 分,共 10 分)

11. 低单杠教学中,可以通过单杠斜身引体、单杠跳上支撑移行发展学生的悬垂能力。(　　)

12. 标准篮球场长 28 米、宽 15 米,篮圈下沿距地面 3.15 米。(　　)

13. 排球运动员在球场上采用逆时针方向轮转。(　　)

14. 篮球运动员一脚踩在端线上掷界外球属于违例。(　　)

15. 径赛的距离应从起点线的后沿量至终点线的后沿。(　　)

16. 篮球运动中运用最多的技术是运球。(　　)

17. 肌纤维收缩时的初长度是影响肌肉力量的最主要因素。(　　)

18. 骨龄是骨骼发育的年龄,常用来预测身高,是运动员选材的依据之一。(　　)

19. 体育教学示范力求让每个学生能观察清楚。武术动作的方向、路线变化比较复杂,一般采用背面示范。(　　)

20. 中长跑对促进呼吸系统和心血管系统的改善有极大的好处。(　　)

三、填空题(本大题共 10 小题,每空 1 分,共 10 分)

21. 排球比赛中,某队员击球时将球接住或抛出,裁判员判该队员________犯规。

22. 把训练内容分为若干个部分,先训练最后一部分,逐次增加训练内容到最前一部分。如此进行,直至掌握完整的技术或战术的训练方法是________。

23. 学校体育科研中常用的研究方法有实验法、调查法、观察法和________等。

24. 由于长期锻炼或训练引起的以心室腔扩大和心壁增厚为主要标志的心脏肥大称为________。

25. ________是学校体育的基本组织形式,是实现学校体育目标的基本途径。

26. 体育教师组织训练和比赛要预防中暑。中暑可分为热射病、________、热衰竭。

27. 语言法是体育教学的常用方法，它包括讲解、________、口头汇报、口头评价、默念与自我暗示等。

28. 运动兴趣具有倾向性、________、稳定性和效能性。

29. 人体肌肉组织可分为骨骼肌、________和心肌三大类。

30. 影响肌力的解剖学因素有肌肉初长度和________。

四、名词解释（本大题共4小题，每小题5分，共20分）

31. 队列队形

32. 运动性疲劳

33. 运动兴趣

34. 七步上栏

五、简答题（本大题共2小题，每小题10分，共20分）

35. 写出篮球行进间单手低手投篮的教学方法（不少于6种）及易犯错误与纠正方法（不少于2种）。

36. 简述跟腱末端病的诊断与处理方法。

六、论述题(本大题共 2 小题,每小题 15 分,共 30 分)

37. 良好的体能是学生掌握运动技术和增进健康的基础,请结合实际举例说明提高身体素质的方法。

38. 试述体育教学方法选择的意义与依据。

七、教学设计题(本大题共 20 分)

39. 请设计一份初中(水平四)“快速跑”的体育课教案。

真题试卷

2022 年福建省教师招聘考试中学体育真题试卷(一)

一、单项选择题

1. C 【解析】本题考查系统脱敏训练法。(1)模拟训练法是指在训练中模仿比赛条件,用于运动员演练技术、战术和比赛应对策略的一种训练方法。其目的是使运动员参加比赛前在生理机能和心理结构上都产生改变,并与比赛环境保持平衡状态,做好适应性准备。故排除 A 项。(2)渐进放松训练法是利用全身各部位肌肉的紧张和放松,并辅以深呼吸和表象来调控人们紧张情绪的一种训练方法。渐进放松训练法可以有效减轻焦虑、紧张和压力。故排除 B 项。(3)表象训练法是人们有意识地利用自己头脑中已经形成的表象,对技术动作或运动情境进行回顾、重复和丰富发展,从而唤起运动感觉、强化肌肉本体感受、提高运动技能和情绪控制能力的方法和过程。故排除 D 项。(4)系统脱敏训练法又称交互抑制法,是一种以渐进方式克服神经症焦虑的训练方法。故选 C。

2. B 【解析】本题考查间歇训练法。(1)间歇训练法是一种对练习动作结构和运动负荷强度、间歇时间具有严格要求,以使机体处于不完全恢复状态下,反复进行训练的方法。其特点是对练习后的间歇时间进行适当控制。故选 B。(2)重复训练法是指在不改变动作结构及外部运动负荷的情况下,反复进行同一练习,各次练习间的间歇时间较充分并能使机体基本恢复的训练方法。故排除 A 项。(3)持续训练法是一种负荷强度较低,负荷时间较长,练习过程不中断的练习方法。故排除 C 项。(4)变换训练法是一种对运动负荷、练习内容、练习形式以及条件实施变换,以提高运动员的积极性、趣味性、适应性及应变能力的训练方法。故排除 D 项。

3. B 【解析】本题考查体育相关文件。《福建省教育厅关于印发福建省义务教育“体育与健康”教学指导意见(试行)的通知》(闽教体〔2018〕14 号)在课程实施建议中提出的评价建议:评价内容包括体能、知识和技能、态度与情感。评价方式要做到定性评价与定量评价相结合,形成性评价与终结性评价相结合,相对性评价与绝对性评价相结合。知识、技能和体能评价以定量评价为主,定性评价为辅,态度与情感以定性评价为主。评价采用百分制。

4. A 【解析】本题考查《国家学生体质健康标准(2014 年修行)》。《国家学生体质健康标准(2014 年修行)》在初中以上年级设置 1000 米跑(男)、800 米跑(女)测试项目,其测试目的:测试学生耐力素质的发展水平,特别是心血管呼吸系统的机能及肌肉耐力。故选 A。

5. A 【解析】本题考查体重指数。体重指数(BMI) = 体重(千克)/[身高(米)]^2。

6. D 【解析】本题考查身体姿势检查。(1)正常背:腰曲 2 ~ 3 cm,耳屏、肩峰、股骨大转子三点在同一垂线。故排除 A 项。(2)驼背:腰曲小于 2 ~ 3 cm,头向前探,耳屏点落于肩峰点及股骨大转子点前方。故排除 B 项。(3)鞍背:腰曲过大,背及臀部后突,耳屏点与肩峰点落于股骨大转子点前方。故排除 C 项。(4)直背:缺乏生理性胸曲和腰曲,整个背部过平。故选 D。

7. A 【解析】本题考查问卷调查法。问卷调查法是一种自填式的书面调查,被调查者根据书面问卷来理解和回答问题。故题干表述属于问卷调查法。

8. C 【解析】本题考查发展髂腰肌力量的练习。髂腰肌位于腰椎两侧及髂窝内,由腰大肌和髂肌组成。负重高抬腿、悬垂举腿、仰卧举腿等练习均可发展髂腰肌的力量。

9. B 【解析】本题考查分化阶段。分化阶段初步建立了动力定型,但定型尚不巩固,在遇到新异刺激(如有外人参观或比赛等)时,多余动作和错误动作可能重新出现。在此过程中,教师应特别注意错误动作的纠正,让学生体会动作的细节,促进分化抑制进一步发展,使动作日趋准确。

10. B 【解析】本题考查单人心肺复苏。对成人和儿童进行单人心肺复苏时,每按压胸部 30 次,吹气 2 次。

11. C 【解析】本题考查《田径竞赛规则(2018 ~ 2019)》。《田径竞赛规则(2018 ~ 2019)》规定,4×100米接力比赛接力区的长度为 30 米。

12. B 【解析】本题考查排球正面双手垫球。排球正面双手垫球:采用半蹲准备姿势,当球飞来时,双手成垫球手型,手腕下压,两臂外翻形成一个平面。当球飞到腹前一臂距离时,两臂夹紧前伸,插到球下,向前上方蹬地抬臂,迎击来球,利用腕关节以上10厘米左右处的桡骨内侧平面击球的中下部,身体重心随击球动作前移,击球点保持在腹前。

13. C 【解析】本题考查队形练习。A项和B项属于错肩行进,C项属于对角线行进,D项属于交叉行进。

14. C 【解析】本题考查《普通高中体育与健康课程标准》(2017年版2020年修订)。《普通高中体育与健康课程标准》(2017年版2020年修订)规定,高中学生在三年的体育与健康课程学习中需上满216课时,修完12个模块,获得12个学分。

15. B 【解析】本题考查体育教学方法。在体育教学过程中,常用的以语言传递信息为主的体育教学方法有讲解法、问答法、讨论法等。发现法属于以探究活动为主的体育教学方法。

二、判断题

16. √ 【解析】本题考查骨骼肌。题干表述正确。

17. √ 【解析】本题考查人体运动的供能形式。磷酸原系统,又称非乳酸供能系统,在代谢过程中不需要氧的参与;糖酵解供能系统,又称乳酸能系统,是运动中骨骼肌糖原或葡萄糖在无氧条件下酵解,生成乳酸并释放能量供肌肉利用的能源系统。故题干表述正确。

18. × 【解析】本题考查短距离跑。按照全程跑的技术特点,短距离跑主要分为起跑、起跑后的加速跑、途中跑和终点跑四个部分。

19. × 【解析】本题考查背越式跳高技术。背越式跳高技术的教学重点是助跑与起跳结合的技术,教学难点是起跳和合理的腾空技术。

20. √ 【解析】本题考查篮球的投篮技术。篮球的投篮技术包括持球方法、瞄篮点、协调用力、出手角度与出手速度、球的旋转、投篮弧线和入篮角等几个环节。其中,正确的持球方法是掌握和合理运用投篮技术的前提和重要条件。

21. × 【解析】本题考查武术的基本步型。武术的基本步型主要为弓步、马步、仆步、虚步、歇步。垫步不属于武术的基本步型。

22. √ 【解析】本题考查体操鱼跃前滚翻。体操鱼跃前滚翻的学习要点:身体重心前移两腿积极蹬地跃起,手撑地后,仍保持紧腰,当滚至肩背部着垫再迅速团身,先求腾空后求远度。

23. √ 【解析】本题考查体育核心素养中的健康行为。体育核心素养中的健康行为是增进身心健康和积极适应外部环境的综合表现,是提高健康意识、改善健康状况并逐渐形成健康文明生活方式的关键。健康行为包括养成良好的锻炼、饮食、作息和卫生习惯,控制体重,远离不良嗜好,预防运动损伤和疾病,消除运动疲劳,保持良好心态,适应自然和社会环境的能力等。健康行为的具体表现形式为体育锻炼意识与习惯、健康知识掌握与运用、情绪调控、环境适应。

24. √ 【解析】本题考查运动竞赛法。运动竞赛法是指通过组织学生比赛进行技能学习和练习的一种教学方法。

25. √ 【解析】本题考查体育教学主体的研究内容。常见的体育教学主体的研究内容有:各个年龄阶段学生身体发展的状况研究、学生的身体发展敏感期与体育教学的策略、体育教学中学习小组的作用等。

三、填空题

26. 反比
27. 课外体育活动
28. 正
29. 大
30. 游戏方法;游戏规则
31. 腓肠肌;比目鱼肌
32. 离心
33. 腱梭
34. 滑步;最后用力
35. 1.067
36. 球的落点
37. 跑动意识
38. 右
39. 知识与技能
40. 身体练习

四、简答题

41. 简述肌肉力量训练中的超等长练习方法及该训练方法的优缺点。

【参考答案】(1)肌肉在离心(拉长)收缩之后紧接着进行向心(缩短)收缩的力量练习称为超等长练习。

(2)优点:对于提高支撑能力,发展快速力量特别是爆发力量,有着独特的训练效果。

(3)缺点:若运用不合理,有出现受伤的可能。

本题共5分。(1)答出"超等长练习方法"的概念得2分;(2)答出"超等长练习方法"的优点得1.5分;(3)答出"超等长练习方法"的缺点得1.5分。

42. 简述造成运动性低血糖症的原因及现场处理方法。

【参考答案】(1)原因:①长时间剧烈运动,体内的血糖大量消耗和减少。②运动前饥饿,肝糖原储备不足,不能及时地补充消耗的血糖。③中枢神经系统调节血糖代谢紊乱,引起胰岛素分泌量增加。④情绪过于紧张,极度恐惧或身体患病(特别是运动性贫血)也会导致运动性低血糖。

(2)处理:立即停止运动,迅速补糖。口服浓糖水或姜糖水,一般在休息 10 min 左右症状即可缓解,若未能缓解,可再进食高糖食物,并考虑送往医院就医。

本题共5分。(1)答出造成运动性低血糖症的原因得2分;(2)答出“运动性低血糖症”的现场处理方法得3分。

43. 简述足球脚背正面运球的动作要领和技术特点。

【参考答案】(1)动作要领:运球跑动时身体自然放松,上体稍前倾,步幅稍小,两臂屈肘自然摆动。在运球脚提起时,膝关节微屈,脚跟提起,脚背绷紧,脚尖向下,在迈步前伸着地前,用脚背正面推拨球前进。

(2)技术特点:直线推拨,速度快,但路线单一。多在前方纵深距离较长的情况下运用。

本题共5分。(1)答出“足球脚背正面运球”的动作要领得3分;(2)答出“足球脚背正面运球”的技术特点得2分。

44. 简述体育教学方法中的完整练习法及其优、缺点。

【参考答案】(1)完整练习法是从动作开始到结束,不分部分和段落,完整、连续地进行学和练习的方法。

(2)优点:教学中能保持动作结构的完整性,便于形成动作技术的整体概念和动作间的联系。

(3)缺点:用于应该分解而又不宜分解的动作(如体操运动中的翻转动作)时给教学带来困难。

本题共5分。(1)答出“完整练习法”的概念得2分;(2)答出“完整练习法”的优点得1.5分;(3)答出“完整练习法”的缺点得1.5分。

45. 依据《福建省教育厅关于印发福建省义务教育“体育与健康”教学指导意见(试行)的通知》(闽教体〔2018〕14号),写出体育与健康课时计划中新授课的结构及教学目标的四个维度。

【参考答案】(1)新授课结构:开始热身部分、学习提高部分、恢复整理部分、场地器材、预计运动负荷。

(2)目标维度:认知目标、技能目标、体能目标、情感目标。

本题共5分。(1)答出新授课结构“开始热身部分”“学习提高部分”“恢复整理部分”“场地器材”“预计运动负荷”5个关键点,得3分,1个关键点0.6分;(2)答出教学目标的4个维度,得2分,1个维度0.5分。

46. 简述在体育教学中运用运动游戏法的注意事项。

【参考答案】运动游戏法是教师组织学生做游戏来完成教学任务的一种教学方法。运用运动游戏法应注意以下几点:

(1)选择游戏法的内容与形式,应根据发展体能的需要,有明确的目的,并遵守相应的规则和要求,才能取得预定的效果;

(2)应教育学生严格遵守规则,同时鼓励学生在规则许可的范围内,充分发挥自己的主动性和创造性去争取优胜;

(3)在游戏时裁判应认真、严格、公正、准确,只有客观评定游戏的结果,监督不良行为,才能激发学生参加游戏的兴趣;

(4)要布置好游戏的场地与器材,加强游戏的组织工作;

(5)游戏结束时,要做好讲评,指出优点与缺点。

本题共5分。答出5点注意事项得满分,1点1分。

47. 简述体育教学方法中的限制练习法,并举例说明如何在篮球教学中利用该方法解决交叉步持球突破时身体重心高的问题。

【参考答案】(1)限制练习法是指进行练习、纠正动作错误的方法,如练起跑时,在学生头顶上设置一定高度、后低前高的斜竿,在这种限制条件下使学生体会、掌握起跑时的正确动作,避免产生过早直起身来跑的错误。

(2)解决方法:①反复示范正确动作,讲清动作关键,明确中枢脚概念、剖析造成错误动作的原因,建立正确动作的表象。②多做徒手模仿练习,体会正确的要领,再在慢速中做持球突破练习,逐步提高突破速度。③借助障碍架(或由他人用两手平举站立代替)进行练习。并提醒转身、探肩和降低重心,强调加快速度和加强蹬地力量。

本题共5分。(1)答出"限制练习法"的概念得2分;(2)答出"解决方法"得3分,1个方法1分。

48. 简述体育教学评价的主要要素及具体评价内容。

【参考答案】(1)体育教学评价的主要要素:体能、知识与技能、态度与参与、情意与合作。

(2)具体评价内容:

①体能。主要根据教学的实际情况以及参考《国家学生体质健康标准》,确定体能测试的指标,评价学生的体能水平。

②知识与技能。主要根据本标准的学习目标与要求,以及教学的实际情况,选择相应的体育与健康知识、技能评价指标,评价学生掌握体育与健康知识和技能的程度,以及对所学知识和技能的应用能力等。

③态度与参与。主要对学生体育与健康课的出勤率、课堂表现、学习兴趣、积极主动地探究问题,以及课外运用所学知识和技能参与体育与健康活动的行为表现等进行评价。

④情意与合作。主要对学生在体育学习和锻炼中的情感表现、意志品质、人际交往与合作行为等进行评价。

本题共5分。(1)答出"体育教学评价的4个主要要素"得2分,1个要素0.5分;(2)答出"具体评价内容"得3分。

五、综合应用题

49. **【参考答案】**(1)"中二三"进攻战术(又称"中一二"进攻战术):是指由前排一名队员在3号位担任二传,其他队员将来球垫传给二传队员,再由二传队员将球传给4号位、2号位或后排队员进行扣球的进攻战术。

(2)①采用多种手段和方法,让学生了解正确的"中二三"进攻战术方法及要点。

②与基本技术、组合技术结合起来综合进行,不断提高技术、战术的质量。

③可采取多种练习方式,以激发学生参与的兴趣和积极性。

④要在战术教学中培养学生之间的协作精神和彼此之间的配合意识。

⑤战术教学与教学比赛结合起来进行。

本题共15分。(1)答出"3号位担任二传""垫传给二传队员""传给4号位、2号位或后排队员""进行扣球"等关键点得6分。(2)围绕"教会、勤练、常赛"的理念,答出"中二三进攻战术"的5条具体教学建议得9分;若答出的教学建议合理但未体现"教会、勤练、常赛"的理念,扣4分。

50. **【参考答案】**(1)①备学生:深入了解学生一般情况和特点,面向全体,兼顾两头。

②备场地器材:在课前一定要备好场地与器材,设计场地、器材尽量做到一场多用、一物多用。同时,场地器材要整洁、美观、卫生。设计场地与器材时,教师必须把安全放在第一位。

③备教材和教法:要熟悉教材内容和结构,明确本节课的教学重难点以及教法和学法。

④编写教案:教案要写得规范。

⑤备体育骨干:体育骨干大都对体育充满兴趣,并有一定的运动能力,对体育课的顺利实施有很大的帮助。

(2)肩肘倒立的辅助练习方法:①仰卧举腿练习(理由:有助于练习肩肘倒立中的"举腿"动作);②脚尖触小球练习(理由:有助于练习肩肘倒立中的"两腿上伸、髋关节充分伸直"动作);③翻臀臂压垫练习(理由:有助于练习肩肘倒立中的"两臂在体侧用力压地"动作)。

(3)专项力量练习:①俯卧两头起练习;②仰卧抬腿、控腿练习;③登山跑练习。

本题共15分。(1)答出"备学生""备场地器材""备教材和教法""编写教案""备体育骨干"5个关键点得3分,1个关键点0.6分;对每个关键点进行合适的阐述得3分,1个关键点的阐述0.6分。(2)答出3个肩肘倒立的辅助练习方法得3分,1个1分;答出对应练习方法的理由得3分,1个1分。(3)答出3种专项力量练习方法得3分,1个1分。

2022 年山西省特岗教师招聘考试体育真题试卷(二)

一、单项选择题

1. D 【解析】本题考查习近平总书记关于教育的重要论述。习近平总书记同北京师范大学师生代表座谈时的讲话指出,做好老师,要有理想信念。我们的教育是为人民服务、为中国特色社会主义服务、为改革开放和社会主义现代化建设服务的,党和人民需要培养的是社会主义事业建设者和接班人。好老师的理想信念应该以这一要求为基准。广大教师要始终同党和人民站在一起,自觉做中国特色社会主义的坚定信仰者和忠实实践者,忠诚于党和人民的教育事业,自觉把党的教育方针贯彻到教学管理工作全过程,严肃认真对待自己的职责。

2. B 【解析】本题考查《义务教育课程方案》(2022 年版)。《义务教育课程方案》(2022 年版)在"培养目标"中表明,义务教育要在坚定理想信念、厚植爱国主义情怀、加强品德修养、增长知识见识、培养奋斗精神、增强综合素质上下功夫,使学生有理想、有本领、有担当,培养德智体美劳全面发展的社会主义建设者和接班人。

3. B 【解析】本题考查我国古代蒙学教材。我国古代蒙学教材按内容可分为六类:(1)综合类。综合各种常识的识字课本以《三字经》《百家姓》《千字文》等最有影响。(2)伦理道德类。这类蒙学教材主要有《太公家教》《名贤集》《二十四孝》等。(3)历史类。这类蒙学教材主要有李瀚的《蒙求》、王令的《十七史蒙求》、黄继善的《史学提要》等。(4)诗歌、文学类。诗文教学的课本以《千家诗》《唐诗三百首》《神童诗》《古文观止》《唐宋八大家文钞》《笠翁对韵》《声律启蒙》等最为著名。(5)博物自然类。以宋代方逢辰的《名物蒙求》为代表。(6)数学类。以宋代数学家杨辉的《日用算法》及元代数学家朱世杰的《算学启蒙》为代表。故答案选 B 项。

4. C 【解析】本题考查皮亚杰的认知发展阶段理论。皮亚杰提出了认知发展的阶段理论,将个体的认知发展分为四个阶段:感知运动阶段(0 ~ 2 岁)、前运算阶段(2 ~ 7 岁)、具体运算阶段(7 ~ 11 岁)和形式运算阶段(11 岁 ~ 成人)。一般来说,小学生的年龄为 6 ~ 12 岁,故其思维水平处于具体运算阶段。

5. A 【解析】本题考查《中华人民共和国家庭教育促进法》。《中华人民共和国家庭教育促进法》第四条规定,未成年人的父母或者其他监护人负责实施家庭教育。国家和社会为家庭教育提供指导、支持和服务。

二、填空题

6. 冰墩墩;雪容融
7. 心理健康;社会适应良好
8. 调查法;实验法
9. 泛化;分化
10. 动作形象
11. 速度;柔韧
12. 生理负荷量
13. 最后用力;出手速度
14. 28;15;4;10
15. 仰泳;蝶泳

三、判断题

16. √ 【解析】本题考查身体锻炼的作用。题干表述正确。

17. √ 【解析】本题考查分队走。全队先 1 ~ 2 报数。一路纵队行进,听到分队走口令后,单数的左转弯走,双数的右转弯走,分成方向相反的两个一路纵队行进。

18. × 【解析】本题考查队列练习的内容。行进间队列练习中,向右转走的预令和动令都落在右脚上。

19. × 【解析】本题考查田径竞赛规则。从 2010 年开始,国际田联全面实行竞赛项目中的"零抢跑"规定,也就是说,所有选手,只要在比赛中抢跑,就将失去参赛资格,而不再像以往累计两次警告才被罚下。

20. √ 【解析】本题考查跳跃的基本知识。在跳跃项目中,决定腾空高度和腾空远度的主要力学因素为腾起初速度和腾起角。故题干描述正确。

21. √ 【解析】本题考查三级跳远。三级跳远又称三级跳,三级跳远是由助跑开始,沿直线连续进行三次水平跳跃的田径项目。根据田径规则规定,三级跳远的第一跳为单脚跳,第二跳为跨步跳,第三跳为跳跃。故题干正确。

22. √ 【解析】本题考查有氧耐力。有氧耐力,也叫有氧能力,是指人体长时间进行有氧供能的工作能力。

23. × 【解析】本题考查“极点”。克服“极点”现象的主要措施包括:(1)继续坚持运动;(2)适当降低运动强度;(3)调整呼吸节奏,尤其要注意加大呼吸深度。其中,加大呼吸深度即慢呼慢吸,故题干中“用快节奏的呼吸方式”的说法是不正确的。

24. × 【解析】本题考查排球比赛规则。排球比赛中,允许用脚触球,所以,排球比赛中A队队员在接发球时,用脚将球踢到了对方场内,不属于违例。

25. √ 【解析】本题考查足球比赛规则。在足球比赛进行中,当球的整体从地面或空中越过边线时即为球出界。

26. × 【解析】本题考查篮球运动的起源。篮球运动于1891年诞生于美国,由詹姆斯·奈史密斯博士发明。

27. × 【解析】本题考查补水原则。在运动的前中后都需要补水,补水的原则是少量多次,同时还应适量补充无机盐。而运动后大量饮水会引起体内水、盐比例失调。体液中盐的浓度降低,人体缺盐,就会感到疲乏无力、头晕眼花。

28. √ 【解析】本题考查学习方式。题干表述正确。

29. × 【解析】本题考查体育教学。体育教学中的练习方法主要有重复练习法、变换练习法、循环练习法、比赛训练法等,故题干中“练习方法是单一的”的说法不正确。

30. √ 【解析】本题考查体育学习评价。题干表述正确。

31. × 【解析】本题考查体育教学。优化体育教学过程就是要科学合理地处理好教学过程的基本矛盾,形成最佳的教学模式,而不是将教材取其精华、去其糟粕。

32. × 【解析】本题考查武术。中国武术是以攻防技击为主要技术内容,以功法、套路和搏斗为主要运动形式,注重内外兼修的民族传统体育项目。题干中少了功法这一运动形式,故题干表述不严谨。

33. √ 【解析】本题考查健康行为。健康行为指人们为了增强体质和维持身心健康而进行的各种活动。健康行为不仅能不断增强体质,维持良好的身心健康和预防各种行为、心理因素引起的疾病,还能帮助人们养成健康习惯。题干表述正确。

34. × 【解析】本题考查奥林匹克的格言。奥林匹克的格言是“更高、更快、更强——更团结”。

35. × 【解析】本题考查奥林匹克五环。奥林匹克五环由五个大小一致的圆环组成,从左到右相互套接,上为蓝色、黑色、红色,下为黄色与绿色,每一个环的颜色代表一个大洲。其中,黄色代表亚洲,黑色代表非洲,蓝色代表欧洲,红色代表美洲,绿色代表大洋洲。

四、单项选择题

36. C 【解析】本题考查评价体系。建立促进学生全面发展的评价体系是教育、教学改革的重要内容。

37. C 【解析】本题考查身体练习的要素。(1)练习频率是指单位时间内动作重复的次数。故排除A项。(2)练习轨迹是指进行练习时身体或身体的某部分移动的路线。故排除B项。(3)身体姿势是指身体或身体的各个部分在练习过程中所处的状态和位置。故排除D项。(4)身体或身体某部分在单位时间内移动的距离称为练习速度。

38. C 【解析】本题考查镜面示范。镜面示范是指教师面对练习者做相反方向动作。

39. A 【解析】本题考查肺活量体重指数。肺活量体重指数=肺活量(mL)÷体重(kg)。

40. C 【解析】本题考查体育教学的内容。体育教师应根据体育教材进行教学模式、教学方法的创新,以实现最大程度的体育教学目标。所以,体育教材是实现体育教学过程目标的载体。

41. D 【解析】本题考查足球比赛规则。足球比赛中,无论直接任意球还是间接任意球,在球未踢出之前,防守方队员必须离球9.15米。

42. C 【解析】本题考查体操技巧动作的分类。根据动作的技术结构,可把体操中的技巧动作分为平衡动作和翻腾动作。

43. A 【解析】本题考查篮球基本技术。行进间单手肩上投篮又称“三步上篮”,“三步”的动作特点是“一大、二小、三高”。

44. D 【解析】本题考查人体机能适应性变化规律。人体机能适应性变化规律是指体育活动过程中,人体机能对运动负荷适应性变化的必然趋势,是体育教学的特殊规律。适应过程可分为工作阶段、相对恢复阶段、超量恢复阶段、复原阶段。(1)当人体开始运动时,身体承受一定的生理负荷,体内异化作用加强,能量储备逐渐下降,这一时期称为工作阶段。(2)经过休息和调整,体内能量储备逐渐恢复到接近或达到运动前的水平，称为相对恢复阶段。(3)再经过合理休息，机体的恢复功能可以超过原来的水平，称为超量恢复阶段。(4)如果间隔时间过长，失去了负荷后的痕迹效应和最佳时间，机体工作能力就会降到原来水平，称为复原阶段。故选D。

45. B 【解析】本题考查马拉松跑的全程距离。马拉松跑全程为42.195千米。

五、连线题

46.【参考答案】

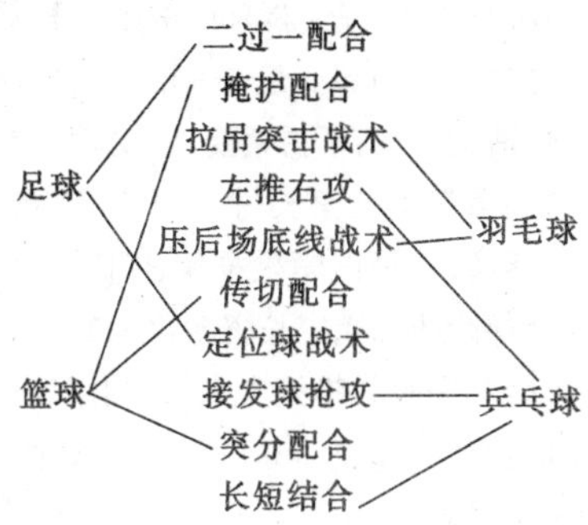

六、简答题

47.《国家学生体质健康标准(2014年修订)》要求的必测内容和选测内容有哪些？

【参考答案】(1)《国家学生体质健康标准(2014年修订)》要求的必测内容：身高、体重、肺活量、50米跑、坐位体前屈。(2)《国家学生体质健康标准(2014年修订)》要求的选测内容：1分钟跳绳、男子1分钟引体向上和女子1分钟仰卧起坐、立定跳远、男子1000米跑和女子800米跑。

本题共5分。(1)答出答案中的5个“必测内容”得2分，1个0.4分；(2)答出答案中的6个“选测内容”得3分，每少答1个扣0.5分。

48. 发展与健康相关的体能，对身体的健康有积极的促进作用。与健康相关的体能包括哪些方面？

【参考答案】与健康相关的体能包括心肺耐力、柔韧性、肌肉力量、肌肉耐力、身体成分等。

本题共5分。答出心肺耐力、柔韧性、肌肉力量、肌肉耐力、身体成分等与健康有关的体能得满分，5个关键词，1个1分。

49. 什么是体育精神？体育精神包括哪些方面？

【参考答案】(1)体育精神是体育的整体面貌、公平、公正、公开、特色及凝聚力、感染力和号召力的反映，是体育的理想、信念、情操及体育知识、体育道德、体育审美水平的标志，是体育的支柱和灵魂。体育精神是指体育运动中所蕴含的对人的发展具有启迪和影响作用的思想作风和意识。

(2)体育精神具体表现为体育面貌、体育风范、体育心态、体育期望等；具体包括为国争光、无私奉献、科学求实、遵纪守法、团结协作、顽强拼搏、和谐健康、积极向上等精神。

本题共5分。(1)答出“体育精神”的概念得2分；(2)答出“体育精神包括的具体方面”得3分。

50. 运动损伤是在体育运动过程中发生的各种损伤的统称。当突发运动损伤时，现场急救应遵循哪些基本原则？

【参考答案】(1)当发生开放性运动损伤时，处理原则是：及时止血，然后再处理创口，预防感染。

(2)当发生闭合性损伤时，处理原则是制动、止血、防肿、镇痛及减轻炎症。伤后立刻使用冷敷、加压包扎并抬高伤肢。外敷伤药可达到消肿、止痛和减轻炎症的效果。亦可服用止痛剂，或清热、活血、化瘀的中药。

(3)当发生骨折时，急救原则是：防止休克、就地固定、先止血后包扎伤口。

本题共5分。(1)答出“开放性运动损伤”的现场急救原则得2分；(2)答出“闭合性运动损伤”的现场急救原则得2分；(3)答出“骨折时”急救原则得1分。

2021年广东省广州市花都区教师招聘考试中小学体育真题试卷(三)

第一部分　公共知识

一、单项选择题

1. A 【解析】本题考查时政内容。十九大报告指出：实现伟大梦想，必须建设伟大工程。这个伟大工程就是我们党正深入推进的党的建设新的伟大工程。本题选择A项。

2. B 【解析】本题考查时政内容。十九大报告指出：必须坚持国家利益至上，以人民安全为宗旨，以政治安全为根本。本题选择B项。

3. C 【解析】本题考查时政内容。2013年12月，在纪念毛泽东同志诞辰120周年座谈会上的讲话中，习近平指出："实事求是，是马克思主义的根本观点，是中国共产党人认识世界、改造世界的根本要求，是我们党的基本思想方法、工作方法、领导方法。"坚持实事求是，就要把握客观规律性，在认识规律、遵循规律的基础上开展工作。坚持实事求是，关键在于"求是"，就是探求和掌握事物发展的规律。

4. D 【解析】本题考查时政内容。在党的十八届五中全会提出的五大发展理念中，"共享发展"揭示了发展的价值取向，揭示了当代中国发展的根本出发点和落脚点。《中共中央关于制定国民经济和社会发展第十三个五年规划的建议》中指出，共享是中国特色社会主义的本质要求。故本题选择D项。

5. C 【解析】本题考查时政内容。习近平总书记指出：坚持社会主义市场经济改革方向，核心问题是处理好政府和市场的关系，使市场在资源配置中起决定性作用，更好发挥政府作用。本题选择C项。

6. A 【解析】本题考查时政内容。2021年政府工作报告指出，要推动义务教育优质均衡发展和城乡一体化，加快补齐农村办学条件短板，健全教师工资保障长效机制，改善乡村教师待遇。本题选择A项。

7. D 【解析】本题考查《中华人民共和国教师法》的内容。根据《中华人民共和国教师法》第三十七条规定，教师体罚学生，经教育不改的，由所在学校、其他教育机构或者教育行政部门给予行政处分或者解聘，排除A项。行政处分的种类有：警告、记过、记大过、降级、撤职、开除等，排除B、C项。本题选择D项。

8. B 【解析】本题考查《中华人民共和国预防未成年人犯罪法》的内容。《中华人民共和国预防未成年人犯罪法》第十二条规定，预防未成年人犯罪，应当结合未成年人不同年龄的生理、心理特点，加强青春期教育、心理关爱、心理矫治和预防犯罪对策的研究。本题选择B项。

9. D 【解析】本题考查《中华人民共和国预防未成年人犯罪法》的内容。根据《中华人民共和国预防未成年人犯罪法》第三十一条规定，学校对有不良行为的未成年学生，应当加强管理教育，不得歧视；对拒不改正或者情节严重的，学校可以根据情况予以处分或者采取以下管理教育措施：(1)予以训导；(2)要求遵守特定的行为规范；(3)要求参加特定的专题教育；(4)要求参加校内服务活动；(5)要求接受社会工作者或者其他专业人员的心理辅导和行为干预；(6)其他适当的管理教育措施。排除A、B、C三项，本题选择D项。

10. B 【解析】本题考查《新时代中小学教师职业行为十项准则》的内容。传播优秀文化要求教师带头践行社会主义核心价值观，弘扬真善美，传递正能量；不得通过课堂、论坛、讲座、信息网络及其他渠道发表、转发错误观点，或编造散布虚假信息、不良信息。根据题意，本题选择B项。

11. C 【解析】本题考查《新时代中小学教师职业行为十项准则》的内容。坚守廉洁自律要求教师严于律己，清廉从教；不得索要、收受学生及家长财物或参加由学生及家长付费的宴请、旅游、娱乐休闲等活动，不得向学生推销图书报刊、教辅材料、社会保险或利用家长资源谋取私利。题干中邵老师变相向家长推销大米，是利用家长资源谋取私利的行为，违反了坚守廉洁自律的要求，故本题选择C项。

12. C 【解析】本题考查布卢姆情感领域教学目标。情感领域的教学目标分为五个等级，分别为接受、反应、形成价值观念、组织价值观念系统和价值体系个性化。其中，形成价值观念指学习者对特定的对象、现象或行为的价值或重要性的认识。例如：当讨论有关小煤窑瓦斯爆炸事件时，学生应能积极表达自己关注生命等观点。根据题意，本题选择C项。

13. B 【解析】本题考查教学板书。板书内容的构成直接影响板书质量和教学效果。通常，系统性板书内容的构成形式有以下四种：(1)内容式板书——以全面概括课文内容为主的板书。它便于学生全面理解课文内容，是板书内容构成的基本形式。(2)强调式板书——以发挥某种强调作用为主的板书。这种形式的板书可根据需要，灵活机动地突出课文的某一部分或某种思想，增强针对性，以使学生把握学习重点。(3)设问式板书——用问号启发学生思考问题的板书。这种板书可根据教学目标、要求，在课题的难点或重点下边引而不发地划上一个或几个问号，并配上必要的文字提示，以指导学生注意阅读和思考。(4)序列式板书——按内容发展的序列构设板书内容的板书。这种板书能比较清晰地显示内容轮廓，使学生对内容有完整印象，并领会其脉络。根据题意，本题选B项。

14. D 【解析】本题考查加涅学习过程的八个阶段。加涅将学习的过程分为八个阶段，其中，概括阶段指学生对所学东西的提取和应用并不限于同一种学习情景，人们常常要在变化的情景或现实生活中利用所学的东西，这需要实现学习的概括化。学习者要想把获得的知识迁移到新的情境，首先依赖于知识的概括，同时也依赖于提取知识的线索。为了促进学习迁移，教师必须让学生在不同情境中学习，并给学生提供在不同情境中提取信息的机会。本题选择 D 项。

15. A 【解析】本题考查课堂提问的类型。开放式提问要求学生朝不同方向、不同角度、不同层面去思考，有大量不同的答案，或者根本就没有固定标准的答案。教师在讲完课后要求学生回答学习感想，学生可从自身体会出发，给出不同的思考方向和答案，这属于开放式提问。

16. D 【解析】本题考查教育无目的论。杜威提倡教育无目的论，将教育目的与教育活动本身联系起来，反映了教育活动主体的自觉。“教育无目的论”并非主张真正教育无目的，而是认为无教育过程之外的“外在”目的。个人本位论认为确立教育目的的根据是人的本性。倡导个性解放，尊重人的价值。社会本位论认为确立教育目的的根据是社会的要求，个人的发展必须服从社会需要。宗教本位论认为教育应当建立在精神本质占优势的基础之上，教育的最高目标是培养青年对于上帝的虔诚信仰。本题选 D 项。

17. D 【解析】本题考查赫尔巴特的教学四阶段论。赫尔巴特提出了教学四阶段论，即明了、联合(联想)、系统、方法。(1)明了，主要是把新教材分解为各个构成部分，并和意识中相关的观念，即已经掌握的知识进行比较；(2)联合(联想)，建立新旧观念的联系，使学生在新旧观念的联系中继续深入学习新教材；(3)系统，学生在教师的指导下，在新旧观念联系的基础上进行深入思考，寻求结论和规律；(4)方法，引导学生把所学知识用于实际。题干中，学生在课堂上学会了测量，课后自己拿工具进行路段测量是将所学知识用于实际，属于四个阶段中的“方法”阶段。

18. C 【解析】本题考查教育的功能。“君子如欲化民成俗，其必由学乎”意为君子如果要教化人民，形成良好的风俗习惯，一定要从教育入手。“是故，古之王者，建国君民，教学为先”意为因此，古代的君王建立国家，治理民众，都把教育当作首要的事情。这两句话都强调教育通过传播思想、形成舆论作用于一定的政治经济制度，这体现的是教育的政治功能。

19. A 【解析】本题考查课程内容组织的原则。关于如何组织与呈现课程内容的问题，泰勒提出了三个基本准则，至今仍常被引述，它们是：连续性、顺序性和整合性。(1)连续性是指直线式地呈现主要的学习经验，是系统有效地纵向组织学习经验。顺序性与连续性有关，但又超越连续性。(2)顺序性强调把每一后继经验建立在前面经验的基础上，同时又对有关内容进行更深入、广泛的探讨。顺序性强调的不是重复，而是在更高层上处理每一后继的学习经验。(3)整合性是指课程经验的横向联系，以便于学生获得一种统一的观点，并把自己的行为与所学的课程内容统一起来。根据题干所述“后面出现的内容应该是在更高层次上进行的探讨，而不仅仅是停留在同一水平的重复”可知，其强调的课程内容组织原则是顺序性原则。

20. C 【解析】本题考查态度与品德学习的一般过程。态度与品德的形成是一个从外到内的转化过程，是社会规范的接受和内化，大致经历依从、认同和内化三个过程。认同指在思想、情感、态度和行为上主动接受规范，从而试图与之保持一致。认同实质上就是对榜样的模仿，其出发点就是试图与榜样一致。根据题干表述，王老师的做法符合认同，故本题选择 C 项。

21. B 【解析】本题考查德育的模式。(1)体谅模式把道德情感的培养置于中心地位。该模式假定与人友好相处是人类的基本需要，满足这种需要是教育的职责。(2)认知模式假定人的道德判断力按照一定的阶段和顺序从低到高不断发展，道德教育的目的是促进儿童道德判断力的发展及其行为的发生。(3)社会模仿模式认为人与环境是一个互动体，人既能对刺激做出反应，也能主动地解释并作用于情境。(4)价值澄清模式着眼于价值观教育，试图帮助人们减少价值混乱，并通过评价过程促进统一的价值观的形成。答案选 B 项。

22. B 【解析】本题考查操作性条件反射作用的基本规律。操作性条件作用的基本规律有：强化、逃避条件作用与回避条件作用、消退、惩罚。其中，强化有正强化和负强化之分。负强化也称消极强化，是通过消除或中止厌恶、不愉快刺激来增强反应频率。题干中小明月考成绩有进步,就免去他每天多做三道试题的任务,是消除了不愉快刺激(试题),之后小明月考进步的频率增加,是负强化的应用,故本题选择 B 项。

易错警示:考生易混淆强化和惩罚。行为频率升高的是强化,行为频率降低的是惩罚。呈现一个刺激的是正向强化或惩罚,移除一个刺激的是负向强化或惩罚。

23. A 【解析】本题考查学习迁移的种类。(1)根据迁移的性质和结果,可分为正迁移、负迁移和零迁移。正迁移也叫"助长性迁移",是指一种学习对另一种学习的促进作用。负迁移也叫"抑制性迁移",是指一种学习对另一种学习产生阻碍作用。题干中分数乘法对分数加减法起到的是阻碍作用,是负迁移,排除 B、C 项。(2)根据迁移发生的方向,可分为顺向迁移和逆向迁移。顺向迁移是指先前学习对后继学习产生的影响。逆向迁移是指后继学习对先前学习产生的影响。题干中分数乘法是后学习的,对之前学习过的分数加减法有影响,是逆向迁移,排除 D 项,选择 A 项。

24. C 【解析】本题考查学习策略的种类。精细加工策略是指把新信息与头脑中的旧信息联系起来从而增加新信息意义的深层加工策略。它常被描述成一种理解记忆的策略,其要旨在于建立信息间的联系。题干所述运用了记忆术来记忆历史知识,这种学习策略属于精细加工学习策略,故本题选择 C 项。

25. C 【解析】本题考查发散思维的基本特征。流畅性是指在限定时间内产生观念数量的多少。在短时间内产生的观念越多,流畅性越大。学生高某能在较短的时间内考虑可供选择的多个方案、假设,这表明了高某的思维具有流畅性,选择 C 项。

26. A 【解析】本题考查遗忘理论。压抑(动机)说认为,遗忘是由于情绪或动机的压抑作用引起的,如果压抑被解除,记忆就能恢复。学生被老师叫起回答问题时会有紧张等情绪,这些情绪压抑了记忆内容,待坐下后,便能回想起来,符合压抑(动机)说的含义,本题选择 A 项。

27. D 【解析】本题考查想象的种类。再造想象是依据词语或符号的描述、示意在头脑中形成与之相应的新形象的过程。阅读他人作品在头脑中想象其描绘的场景体现的是再造想象,故本题选择 D 项。

28. C 【解析】本题考查注意的分类。有意注意也称随意注意,是有预先目的、必要时需要意志努力、主动地对一定事物所发生的注意。题干中的学生即使不喜欢英语也会认真听讲,这体现的是有意注意,故本题选择 C 项。

29. B 【解析】本题考查记忆的分类。语义记忆又称语词逻辑记忆或词的抽象记忆,是以语词所概括的事物的关系以及事物本身的意义和性质为内容的记忆。根据题意,本题选择 B 项。

30. C 【解析】本题考查班级群体的类型。班级群体的存在不是静止不动的,而是一个非常活跃的动态集合体,随时都在不断变化与发展着。根据班级群体的多变因素及其凝聚程度,班级群体可分为四种类型:松散型、集团型、浮动型、集体型。其中,浮动型班级的特点是时好时坏,左右摇摆,处于中游状态,顺意时群情振奋,稍有挫折就出现波动,不能保持稳定发展;班干部虽基本团结,但不坚强,有一定的组织能力,但号召力不强;或者班干部本身思想情绪容易波动,班级活动不能完全令人满意;虽有班级规范,未得到普遍的遵守,正确的舆论时强时弱;非正式群体随班级起伏状况,时而在积极方面起一定作用,时而又表露消极方面;班主任不善于组织班集体,陷入事务之中。符合题干描述,本题选择 C 项。

31. A 【解析】本题考查班级管理的目的。班级管理是一种有目的、有计划、有步骤的社会活动,这一活动的根本目的是实现教育目标,使学生得到充分、全面的发展。

32. A 【解析】本题考查班级组织的功能。班级组织的个体化功能包括:促进发展的功能、满足需求的功能、诊断功能以及矫正功能。其中,矫正功能是指学生存在的人格及能力缺陷,可以通过班级组织进行矫正。例如,以自我为中心的学生会因受到伙伴的批评而改变行为,自我控制能力欠缺的学生能够在集体的监督约束下逐步形成自律意识。诊断功能强调学生置身于班级组织中时,其人格及能力上存在的缺陷就会"显现"出来。促进发展功能强调班级组织能够为班级成员提供发展的机会。本题选择 A 项。

33. B 【解析】本题考查学校心理咨询的内容。学校心理咨询的内容非常广泛。如果按照学校心理咨询的任务加以归纳,大体可分为以下四方面的内容:(1)以教育发展为中心的咨询内容。

(2)以校园辅导为中心的咨询内容。(3)以心理卫生为中心的咨询内容。(4)以心理治疗为中心的咨询内容。其中,以校园辅导为中心的咨询内容主要包括:掌握教材感到困难的心理机制和对策;感知、记忆、理解、应用书本知识的科学方法和规律;良好学习习惯的培养和不良学习习惯的纠正;增强学习动机的途径和方式;课外学习与课内学习的关系和衔接;学习方法的自我检查和调整,应试技能的训练和提高;人际交往的原则和技巧;重大转折时期的环境适应和自我心理调节;个人与集体的关系及其矛盾处理;个人专长的确定和兴趣的培养;升学时的专业选择,就业前的职业定向和准备等。符合题干描述,故本题选择B项。

34. C 【解析】本题考查学校心理素质教育的基本任务。从学校心理素质教育的根本目标出发,学校心理素质教育的基本任务主要体现在以下五个方面:(1)促进和维护学生心理健康。(2)开发智力,促进能力发展。(3)提高德性修养,培养良好品德。(4)培养主体意识,形成完善人格。(5)养成良好行为习惯,提高社会适应能力。其中,心理素质教育的首要功能是促进和维护学生心理健康,本题选择C项。

35. B 【解析】本题考查建立良好辅导关系的促进条件。同感、尊重和真诚是建立良好辅导关系的促进条件。同感,也译作共感、共情、同理心、神入等,指进入受辅导学生的内心世界,通过他的眼睛看事物,体察他的思想与感受,了解他观察自己与周围世界的方式。符合题干描述,故本题选择B项。

二、多项选择题

36. ACD 【解析】本题考查孔子的教育思想。孔子在教育对象上主张“有教无类”,故A项属于孔子的教育思想。孔子提出了启发诱导、因材施教、学思行相结合、温故知新等教学原则与方法,故C项和D项当选。B项是孔子的学生子夏所说,不属于孔子的教育思想。

37. ABC 【解析】本题考查时政内容。十九大报告指出:坚持党的领导、人民当家作主、依法治国有机统一是社会主义政治发展的必然要求。本题选择A、B、C三项。

38. BCD 【解析】本题考查《中小学教育惩戒规则(试行)》的内容。根据《中小学教育惩戒规则(试行)》第七条规定,学生有下列情形之一,学校及其教师应当予以制止并进行批评教育,确有必要的,可以实施教育惩戒:(1)故意不完成教学任务要求或者不服从教育、管理的。(2)扰乱课堂秩序、学校教育教学秩序的。选择C项。(3)吸烟、饮酒,或者言行失范违反学生守则的。(4)实施有害自己或者他人身心健康的危险行为的。选择D项。(5)打骂同学、老师,欺凌同学或者侵害他人合法权益的。选择B项。(6)其他违反校规校纪的行为。A项小李拒绝参加班级公益服务不属于上述的可以实施教育惩戒的情况,故排除A项。本题选择B、C、D三项。

39. ABD 【解析】本题考查学习动机的分类。按学习动机产生的诱因来源,可分为内部学习动机和外部学习动机。内部学习动机是指诱因来自学习者本身的内在因素,即学生因对活动本身发生兴趣而产生的动机。外部学习动机是指诱因来自学习者外部的某种因素,即在学习活动以外由外部的诱因激发出来的学习动机。C项属于内部动机,故排除。故本题选择A、B、D三项。

40. ACD 【解析】本题考查班级授课制。班级授课制的优点包括:(1)它能够大规模地面向全体学生进行教学。一位教师能同时教许多学生,而且使全体学生共同前进,有助于提高教学效率。A项表述正确。(2)它能够保证学习活动循序渐进,并使学生获得系统的科学知识,扎扎实实,有条不紊。C项表述正确。(3)它能够保证教师发挥主导作用,教师可以有目的、有组织、有计划地指导学生的学习过程。(4)固定的班级人数和统一的时间单位,有利于学校合理安排各科教学的内容和进度并加强教学管理,从而赢得教学的高速度。(5)在班集体中学习,学生可与教师、同学之间进行多向交流,互相影响,互相启发和互相促进,从而增加信息来源或教育影响源。(6)它在实现教学任务上比较全面,从而有利于学生多方面的发展。D项表述正确。班级授课制不利于学生主体性的发挥,也不利于培养学生的探索精神、创造能力和实际操作能力。B项表述错误。

三、案例分析题

41.【参考答案】(1)案例1中老师的做法值得学习与提倡,案例2中老师的做法不妥,应当避免。

(2)新课程教学评价倡导的基本理念之一为关注学生发展。课堂教学要真正体现以学生为主体、以学生发展为本。要改变评价过分强调甄别与选拔的功能,发挥评价促进学生发展、教师提高和改进教学实践的功能。案例1中,学生B因为只写对了两个生字而感到羞愧,语文老师何某及时关注到学生的情绪表现,表扬他“第一个举手”“字写得很漂亮”,鼓励他“下次也能全写对”,这是以学生发展为本的表现,学生B的情绪受到抚慰,有利于其积极投入到接下来的学习中,也为其之后的进步垫下基石。案例2中,伍某认真答题,考试取得进步,却因为在班级排名靠后,受到了刘老师的批评,这表明,刘老师在教学中,仍过度关注学生的学习成绩,过度关注相对性评价,而忽视了发展性评价,这样下去会严重打击学生的积极性和进取心,不仅不利于学生的学习进步,也会损害学生的心理健康。

(3)在实际教学中,教师应树立正确的教育评价理念,关注学生的健康、可持续发展,以学生的发展为本,这样才能取得好的教学效果。

本题共12分。(1)答出案例1中老师的做法值得学习与提倡,得1分;(2)答出案例2中老师的做法不妥,得1分;(3)有结合新课程改革中教育评价的相关理论对案例1和案例2中两位老师的做法进行评析、比较,得8分;(4)简单表述一下实际教学中教师应该怎样,可酌情给2分。

第二部分　体育学科专业知识

四、单项选择题

42. B 【解析】本题考查全民健身日。全民健身日是指2009年10月1日起施行的《全民健身条例》第十二条中规定的,应当在全民健身日加强全民健身宣传,积极组织和参与全民健身活动,组织开展免费健身指导服务,向公众免费开放公共体育设施的活动日。具体时间为每年的8月8日,既是为了纪念北京成功举办奥运会,也是为了倡导人民群众更广泛地参加体育健身运动。

43. C 【解析】本题考查2022年冬季奥林匹克运动会。2015年7月31日,托马斯·巴赫宣布2022年冬季奥林匹克运动会主办城市是北京,北京成为第一个举办过夏季奥林匹克运动会和冬季奥林匹克运动会以及亚洲运动会三项国际赛事的城市,也是继1952年挪威的奥斯陆之后,时隔70年第二个举办冬奥会的首都城市。

44. C 【解析】本题考查运动的动力器官。在运动中,骨起着杠杆作用,关节是运动的枢纽,骨骼肌则是运动的动力器官。

45. D 【解析】本题考查膝关节。膝关节是人体最复杂的关节,它由股胫关节和股髌关节构成,属于椭圆屈戌关节。股胫关节为椭圆关节,股髌关节为屈戌关节。

46. A 【解析】本题考查能量代谢。ATP属高能磷酸化合物,是机体各器官、组织和细胞能利用的直接能源。

47. A 【解析】本题考查动脉血压。动脉血压是指血液对单位面积主动脉管壁的侧压力(压强),一般是指主动脉内的血压。

48. C 【解析】本题考查过度运动训练的早期症状。过度运动训练的早期症状以神经系统的表现为主,具体表现为:疲乏无力、倦怠、精神不振、厌恶训练、头晕、记忆力下降、消化功能下降和食欲减退等症状。

49. D 【解析】本题考查青少年运动员的睡眠。睡眠保护大脑神经细胞,促进机体合成代谢,还有助于提高机体的免疫力。成年和青少年运动员每天睡眠时间至少各需8 h和10 h。

50. A 【解析】本题考查体育游戏和智力游戏的区分。具有锻炼身体的价值是体育游戏不同于智力游戏的地方。体育游戏本来就是通过身体运动的方式进行的,具有某种锻炼价值,这也是体育游戏的本质特点之一。

51. C 【解析】本题考查具体运算阶段。皮亚杰将儿童和青少年的认知发展划分为四个阶段:感知运动阶段、前运算阶段、具体运算阶段和形式运算阶段。其中,具体运算阶段大约从7岁持续到12岁。

52. A 【解析】本题考查同质分组。同质分组是指分组后同一个小组内的学生在体能和运动技能方面大致相同,这有利于激发学生的竞争意识。

53. B 【解析】本题考查体育游戏。体育游戏对心理健康的作用共有以下五个方面:①调节改善情绪;②促进智力发展;③有助于人格的完善;④建立良好的自我概念;⑤增强社会交往能力。故排除A、C、D三项。促进身体各系统功能的完善不属于心理范畴,故选B。

54. C 【解析】本题考查竞技体育。高度的技艺性是竞技体育赖以存在的基础,但高度的技艺又是以对技术、战术各种训练的规范性要求为基础建立起来的。

55. A 【解析】本题考查技能主导类项目。技能主导类项目可分为表现难美性、表现准确性、同场对抗性、隔网对抗性和格斗对抗性,例如体操、射击、篮球、羽毛球、摔跤等。

56. A 【解析】本题考查运动训练负荷的形式。对于初学者,负荷的增加主要采用直线上升式的训练方法。在这种方式的增加中,负荷强度的动态变化通常不明显。负荷的上升主要是基于练习的次数、时间、距离及重量的不断增加。

57. B 【解析】本题考查重复训练法的定义。重复训练法是指在不改变动作结构及外部运动负荷的情况下,反复进行同一练习,各次练习间的间歇时间较充分并能使机体基本恢复的练习方法。

58. A 【解析】本题考查篮球的传球方式。双手胸前传球是比赛中最基本、最常用的传球方法,具有传球快速有力,准确性高,容易控制,便于与其他动作相结合的优点。

59. A 【解析】本题考查足球踢球技术。脚内侧踢球的特点:脚内侧是踢球时最常使用的部位,脚与足球接触面积大、出球平稳准确、易掌握,但出球力量较小。脚内侧踢球是进行短距离传球和射门的理想方法。

60. A 【解析】本题考查进攻性击球的定义。进攻性击球是指除发球和拦网外的其他所有直接打向对方场区的击球。故选 A。

61. C 【解析】本题考查乒乓球的击球技术。对方由上向下发力挥拍击球,多为下旋球;由下向上发力挥拍击球,一般为上旋球;由左向右发力挥拍击球,多为右侧旋球。

62. A 【解析】本题考查羽毛球竞赛规则。羽毛球每场比赛采取三局两胜制,率先得到 21 分的一方赢得当局比赛,如果双方比分打成 20 比 20,获胜一方需超过对手 2 分才算取胜,如果双方比分打成 29 比 29,则率先得到 30 分的一方取胜。

63. B 【解析】本题考查我国游泳史。1953 年在罗马尼亚布加勒斯特举行的第一届国际青年友谊运动会游泳比赛中吴传玉获 100 米仰泳金牌,成为重大国际比赛中新中国第一个获得冠军的运动员。

64. B 【解析】本题考查爬泳的技术配合。6:2:1的配合技术是指打六次腿,两臂各划一次水,呼吸一次。故选 B。

65. D 【解析】本题考查反蛙泳蹬夹技术。反蛙泳蹬夹是在控制好身体姿势的条件下培养蛙泳蹬水技术的训练方法之一。反蛙泳蹬夹动作要点:上体仰卧于水面上,双手前伸,保持稳定,腿部做蛙泳蹬夹水动作。

66. D 【解析】本题考查中长跑。中长跑是中距离跑和长距离跑的简称,属 800 米及以上距离的田径运动项目。

67. C 【解析】本题考查标准半圆式田径场。(1)中线处于田径场中间,把田径场按纵轴方向分成相等的两部分。中线是绘图、设计和修建场地的基线,线上有中心点和两端弯道的圆心。故排除 A 项。(2)在径赛跑道上两条跑道之间的界线称为分道线,故排除 B 项。(3)中心点是整个田径场地的中心,位于纵轴线的中心,它是确定两端弯道圆心的基准点。故排除 D 项。(4)标准半圆式田径场有两个圆心,都在纵轴线上,与中心点距离相等。它是弯道内突沿、外突沿和各条分道线的圆心。故选 C。

68. C 【解析】本题考查跑。途中跑是各项跑的主要阶段,它的技术与速度对成绩起主要作用。短距离跑项目中途中跑的任务是运用合理的技术动作继续提高跑速或保持高速跑进。中、长距离跑则是运用技术和战术合理分配体力,力求以最小的能量消耗,获得最大的效果。

69. C 【解析】本题考查侧向滑步推实心球的动作要领。侧向滑步推实心球准备阶段的动作要领:在准备阶段时,两脚左右开立,侧对投掷方向,持球紧靠锁骨窝,重心下沉。

70. D 【解析】本题考查后滚翻的动作要领。后滚翻的动作要领:由蹲撑姿势开始,身体稍向前移,随即两手推垫,使身体迅速后倒,接着低头、团身向前兜腿,向后滚动,同时屈膝夹肘,两手放在肩上(手心向上),使臀、腰、背依次着垫。当后滚至肩、头着垫时,臀上翻,两手用力推垫面,两脚落垫成蹲撑。屈臂缓冲不属于后滚翻的动作要领。

71. D 【解析】本题考查队列队形术语。位于纵队最后或横队左翼者为排尾。

五、判断题

72. √ 【解析】本题考查运动后补水的原则。剧烈运动时运动员水分的补充应遵循少量多次的原则。

73. √ 【解析】本题考查测量肺通气量的办法。最简单的测量肺通气量的办法就是使用肺量计记录进出肺的气量。

74. × 【解析】本题考查止血方法。加压包扎法是目前最常用的一种止血方法,适用于小静脉和毛细血管出血的止血。冷敷法也属于止血方法,但常用于急性闭合性软组织损伤。

75. × 【解析】本题考查准备活动游戏的目的。准备活动游戏的目的是热身。

76. √ 【解析】本题考查运动训练中的适宜负荷原

则。适宜训练负荷下机体的生物适应现象为:在负荷保持在一定范围的条件下,机体的应激随之产生的一系列变化,都会保持在一个适度的范围内。这时负荷的量越大,对机体的刺激越深,所引起的应激也就越强烈,机体产生的相应变化也就越明显,人体竞技能力提高的也就越快。

77. × 【解析】本题考查羽毛球反手发球。羽毛球反手发球可分为发网前球、发平高球、发平快球。

78. √ 【解析】本题考查游泳的安全与卫生。选择游泳的时机:(1)饱食后不宜游泳。(2)饥饿时不宜游泳。(3)剧烈运动或重体力劳动后不宜游泳。(4)饮酒后不宜游泳。

79. √ 【解析】本题考查跳远的技术环节。跳远的完整技术可以分成助跑、起跳、腾空、落地4个紧密相连的动作阶段。

80. × 【解析】本题考查影响投掷远度的因素。投掷远度的增加是随器械出手速度的平方值的增加而增加的,这一因素在所有因素中影响最大。

81. × 【解析】本题考查体操的保护方法。体操技术类动作的保护分为他人保护、自我保护、利用(运用)器械保护、利用环境保护。

六、简答题

82. 简述少儿耐力训练的注意事项。

【参考答案】(1)少儿耐力素质是随着年龄的增长而逐渐提高的,应根据少儿耐力自然发展的趋势,科学地安排耐力训练。

(2)少儿耐力训练必须以有氧耐力训练为主。过早地进行无氧耐力训练,会严重地影响到他们循环系统未来的功能水平。

(3)少儿进行耐力训练的内容手段应是多种多样的。不应只局限于长跑的练习,还可以选用活动性游戏、球类运动、骑自行车、滑冰、登山和循环练习等。

(4)耐力训练的方法。少儿进行耐力训练的基本方法为持续训练法,此外,还可用法特莱克式的变速跑等。如果使用间歇训练法,应以小强度的间歇法为主,强度控制在30% ~60%。练习总时间为20分钟左右;练习与休息时的比例可按1:1安排。随着年龄的增长,到15岁以后可以使用较大强度的间歇训练法,强度可达50%以上。

本题共5分。(1)答出"科学地安排耐力训练""以有氧耐力训练为主""训练的内容手段应是多种多样的""耐力训练的方法的选择"4个关键点得4分;(2)对各个关键点进行适当的阐述得分1。

七、论述题

83. 乒乓球的握拍法分为直握法和横握法,试述这两种握法的优缺点。

【参考答案】(1)直拍握法

直拍握法的优点:出手较快,正手攻球快速有力;相比横拍,直拍握法应用方便,灵活;攻斜线、直线球时拍面变化不大,对手不易判断。

直拍握法的缺点:反手攻球因受身体阻碍,较难掌握,防守时照顾面积较小。

(2)横拍握法

横拍握法的优点:照顾面积比直拍握法大,攻球和削球时手法变化不大,反手攻球时便于发力,也便于拉弧圈球。

横拍握法的缺点:还击左右两面来球时,需要转动拍面,攻直线球时动作变化明显,容易被对手识破,台内正手攻球较难掌握。

本题共10分。(1)答出"直拍握法的优点""直拍握法的缺点""横拍握法的优点""横拍握法的缺点"得满分;(2)每少答1个握法的优点或缺点扣2.5分。

2021年江苏省宿迁市宿豫区教师招聘考试中小学体育真题试卷(四)

第一部分　教育理论基础知识

一、单项选择题

1. B 【解析】本题考查教学原则。A项,"时教必有正业,退息必有居学"的意思是:(大学的教育活动)按时令进行,各有正式课业;休息的时候,也有课外作业。这指的是正课学习与课外练习必须兼顾,课内与课外相结合,相互补充。B项,"道而弗牵则和,强而弗抑则易,开而弗达则思"的意思是:(教师对学生)诱导而不牵拉,则师生融洽;劝勉而不强制,学生才能感到学习容易;启发而不包办,学生才会自己钻研思考。这说明教师要启发诱导学生,体现的是启发性教学原则。答案选B项。C项,"学然后知不足,教然后知困"的意思是:通过学习才能知道自己的不足,通过教人才能感到困惑。这体现的是教学相长原则。D项,"杂施而不孙,则坏乱而不修"的意思是:如果教学不按一定的顺序,杂乱无章地进行,学生就会陷入紊乱而没有收获。这体现了循序渐进原则,可排除。

2. A 【解析】本题考查翻转课堂的相关知识。翻转课堂重新调整课堂内外的时间,将学习的决定权从教师转移给学生。学生在家完成知识的学习,而课堂变成了老师与学生之间、学生与学生之间互动的场所,包括答疑解惑、知识的运用等,从而取得更好的教育效果。故①②说法正确。翻转课堂利用丰富的信息化资源,让学生逐渐成为学习的主角。但这并不意味着教师作用的弱化,相反,教师是决定翻转课堂的关键因素,其作用更加重要。故③说法错误。翻转课堂起源于美国科罗拉多州落基山的一个山区学校——林地公园高中,故④说法错误。因此,本题答案选A项。

3. D 【解析】本题考查现代认知心理学的代表人物。A项马斯洛属于人本主义心理学的代表人物;B项弗洛伊德属于精神分析心理学的代表人物;C项杜威属于机能主义心理学的代表人物;D项奈瑟尔(奈塞尔)属于现代认知心理学的代表人物。故答案选D项。

4. C 【解析】本题考查教学策略的类型。结构化策略强调知识结构,主张抓住知识的主干部分,削枝强干,构建简明的知识体系。故答案选C项。

5. D 【解析】本题考查《中华人民共和国义务教育法》。根据《中华人民共和国义务教育法》第三十二条规定,县级人民政府教育行政部门应当均衡配置本行政区域内学校师资力量,组织校长、教师的培训和流动,加强对薄弱学校的建设。

6. C 【解析】本题考查《中华人民共和国义务教育法》。根据《中华人民共和国义务教育法》第二十一条规定,对未完成义务教育的未成年犯和被采取强制性教育措施的未成年人应当进行义务教育,所需经费由人民政府予以保障。

二、名词解释

7. 教材

【参考答案】教材是根据学科课程标准系统阐述学科内容的教学用书,它是知识授受活动的主要信息媒介,是课程标准的进一步展开和具体化。

本题共3分。(1)答出“根据课标”“阐述学科内容”“主要信息媒介”“课标的展开和具体化”4个要点得2分,每个要点0.5分;(2)阐述合理、语言连贯得1分。

8. 注意

【参考答案】注意是心理活动或意识对一定对象的指向和集中,是心理过程的动力特征之一。

本题共3分。(1)答出“心理活动或意识”“一定对象”“指向和集中”“动力特征”得2分,每个要点0.5分;(2)阐述合理、语言连贯得1分。

三、简答题

9. 教学的一般任务有哪些?

【参考答案】(1)引导学生掌握科学文化基础知识和基本技能;(2)发展学生智能,特别是培养学生的创新精神和实践能力;(3)发展学生体能,提高学生身心健康水平;(4)培养学生高尚的审美情趣,养成良好的思想品德,奠定学生的科学世界观基础;(5)关注学生个性的发展。

本题共4分。答出“基础知识和基本技能”“发展学生智能”“发展学生体能”“审美情趣、思想品德”“个性的发展”等关键词,且阐述合理得满分,每少答一点扣1分。

10. 简述学生心理发展的一般特征。

【参考答案】(1)连续性与阶段性;(2)定向性与顺序性;(3)不平衡性;(4)差异性。

本题共4分。前两个要点“连续性与阶段性”“定向性与顺序性”有4个关键词,每个关键词0.5分;后两个要点“不平衡性”“差异性”,每点1分。

第二部分　体育学科专业知识

一、单项选择题

1. C 【解析】本题考查“六艺”。中国古代“六艺”中,“礼”指道德和礼仪规范,“乐”指举行各种仪式时的音乐、舞蹈,“射”指射箭,“御”指驾车,“书”指书写,“数”指计算。其中,“射”和“御”属于体育的范畴。

2. B 【解析】本题考查《国家学生体质健康标准》(2014年修订)。根据《国家学生体质健康标准》(2014年修订),学生得分评定等级分为:90.0分及以上为优秀,80.0~89.9分为良好,60.0~79.9分为及格,59.9分及以下为不及格。

3. A 【解析】本题考查体育课整队时的队列口令。体育课开始整队时,为了规范队列动作,使队列保持整齐划一,教师或体育委员一般按立正—向右看齐—向前看—报数—稍息的顺序发出队列口令。

4. C 【解析】本题考查人工呼吸。人工呼吸是借助人工方法来维持机体的气体交换,以改善病员缺氧状态,并排出二氧化碳,为恢复病员自主呼吸创造条件。人工呼吸的方法很多,最常用的是口对口人工呼吸法。对儿童进行人工呼吸应每分钟吹气18~20次。

5. A 【解析】本题考查血量。血量是指全身血液的总量。正常成年人的血量占体重的7%~8%,即每千克体重有70~80 mL血量。一个体重50 kg的人,体内的血液总量大概是在3500 mL到4000 mL左右。故选A。

6. D 【解析】本题考查闭合性软组织损伤。(1)闭合性软组织损伤是指伤后皮肤或黏膜仍保持完整,受伤组织无裂口与体表相通。如挫伤、关节韧带扭伤、肌肉拉伤等。故排除A项、B项和C项。(2)开放性软组织损伤是指伤后皮肤或黏膜的完整性遭到破坏,受伤组织有裂口与体表相通。如擦伤、刺伤、切伤、撕裂伤等。故选D。

7. B 【解析】本题考查跨栏跑。跨栏跑由起跑至第一栏技术、过栏技术、栏间跑技术及终点冲刺技术四个环节组成。其中,过栏技术又分为起跨攻栏和腾空过栏两个部分。腾空过栏时,摆动腿脚掌越过栏板后,随之开始做积极的下压动作,前脚掌落地。此时跨栏步动作结束,转入栏间跑阶段。

8. B 【解析】本题考查肌肉痉挛。肌肉痉挛俗称抽筋,是肌肉发生不自主的强直收缩所显示出的一种现象。运动中最易发生痉挛的肌肉是小腿腓肠肌,其次是足底的屈拇肌和屈趾肌。

9. C 【解析】本题考查速度。速度素质指人体快速运动的能力,分为反应速度、动作速度和位移速度。

10. A 【解析】本题考查足球竞赛规则。足球竞赛规则规定,一场比赛由两队对抗,每队上场球员不可多于11人,其中1人是守门员。如果任何一队少于7人,不可开始或继续比赛。

二、判断题

11. × 【解析】本题考查山羊分腿腾越的保护与帮助。保护与帮助:(1)保护与帮助者站在练习者落地点侧方,一手握其上臂,另一手扶其腰部帮助越过山羊;(2)保护与帮助者站在山羊的正前方,当练习者撑山羊时,两手握其臂顶肩并顺势上提,同时后退帮助完成腾越动作。

12. × 【解析】本题考查正步走。正步走时,左脚向正前方踢出约75厘米,腿要绷直,脚尖下压,脚掌与地面平行,离地面约25厘米,落地时全脚掌着地并适当用力。

13. × 【解析】本题考查口令。根据发音特点,口令可分为短促口令、断续口令、连续口令和复合口令。(1)短促口令只有动令而没有预令,如"集合""解散""稍息""立正""起立""坐下""报数""投""跳""停"等。(2)断续口令是预令和动令之间有微歇或有停顿的口令,如"第一排,报数""全体,集合""第一、三、五名,出列"等。(3)连续口令就是预令和动令之间有拖音或有时有微歇的口令。其特点是预令的最后一个字的拖音与动令相连,动令音调高于预令音调,如"向左—转""向右看—齐""齐步—走""向左转—走""立—定"等。(4)复合口令具有断续口令和连续口令二者综合的特点,如"以排头为基准,向右看—齐""左转弯,齐步—走""前排第一名,向前一步—走"等。故本题的说法错误。

14. √ 【解析】本题考查支撑摆动。支撑摆动技术是双杠杠上动作最基本的技术,由支撑开始,举腿送髋前伸,后摆时紧腰夹臀直体自然下落,直臂顶肩以肩为轴前后摆动。

15. √ 【解析】本题考查田径全能比赛。田径竞赛规则规定,200米及200米以下各项比赛的最短间隔时间为45分钟;200米以上至1000米各项比赛的最短间隔时间为90分钟,而全能项目每项的休息时间至少应有30分钟。

16. × 【解析】本题考查耐久跑。耐久跑是周期性的大强度运动项目,从生理角度分析,耐久跑成绩取决于人体在活动中摄取外界空气中氧的水平和无氧条件下的工作能力。

17. × 【解析】本题考查镜面示范。镜面示范适用于简单动作的教学,便于教师领做、学生模仿。在广播体操教学中,教师多采用镜面示范授课。

18. × 【解析】本题考查半场人盯人防守的基本原则。半场人盯人防守贯彻以人为主的防守原则,对持球队员必须采用平步贴身紧逼防守姿势,扩大防守面积,积极拼抢;对无球队员要错位防守,做到人、球、区兼顾。

19. √ 【解析】本题考查径赛的距离的丈量方法。田径比赛中,径赛的距离应从起点线的后沿量至终点线的后沿。

20. √ 【解析】本题考查韵律操比赛。韵律操比赛又叫健身操比赛,可设规定动作与自选动作两种。其中,规定动作由竞赛组织部门确定,采用统一的动作和音乐,比赛时主要从动作的准确性、一致性、熟练性、表现力几方面评判动作质量。

三、填空题

21. 运动能力;健康行为
22. 一般性;专门性
23. 新授课;复习课;综合课
24. 横队
25. 运动技能
26. 腾起初速度和腾起角
27. 身体姿态
28. 趣味性
29. 6.1;13.4
30. 学生和场地器材
31. 镜面
32. 圆形行进;"8"字形行进
33. 关节面;关节囊

四、名词解释

34. 体育教学

【参考答案】体育教学是指在学生与体育教师的共同参与下,有目的、有计划的体育认知、情感和交往活动。

本题共2分。答出"学生与体育教师共同参与""有目的""有计划""体育认知、情感和交往活动"4个要点得2分,每个要点0.5分。

35. 运动动力定型

【参考答案】运动技能形成以后,大脑皮质运动中枢内有关神经元在功能上进行排列组合,兴奋和抑制在运动中枢内有顺序、有规律性、有严格时间间隔地交替发生,形成了一个系统,成为一定的形式和格局,使条件反射系统化,这种功能的系统性称为运动动力定型。

本题共2分。答出"神经元进行排列组合""兴奋和抑制交替发生""有顺序、有规律性、有严格时间间隔""条件反射系统化"4个要点得2分,每个要点0.5分。

36. 超越器械

【参考答案】在投掷运动中,器械未出手时,身体赶超于器械之前,称"超越器械"。

本题共2分。(1)答出"在投掷运动中""器械未出手时"两个限定条件得1分,每个条件0.5分;(2)答出身体与器械的相互关系,即"身体赶超于器械之前"得1分。

37. 体育品德

【参考答案】体育品德是指在体育运动中应当遵循的行为规范以及形成的价值追求和精神风貌,对维护社会规范、树立良好的社会风尚具有积极作用。

本题共2分。答出"行为规范""价值追求""精神风貌""维护社会规范""良好的社会风尚""积极作用"6个要点得2分。

五、简答题

38. 田径比赛中的起跑犯规情况主要有哪几种?

田径比赛中的起跑犯规情况主要有以下几种:

【参考答案】(1)"各就位"口令下达后,用声音或其他方式干扰其他运动员。

(2)"各就位"或"预备"口令下达后,运动员拖延时间,经适当时间仍不服从口令。

(3)鸣枪前运动员的手脚或接力棒触及起跑线或其前面的地面。

(4)运动员在做好最后预备姿势之后和鸣枪之前开始起跑,即抢跑。

(5)400米及400米以下(包括4×100米接力、4×200米接力、4×400米接力第一棒运动员)各径赛项目运动员不使用起跑器和蹲踞式起跑,经提示仍不改正。

本题共4分。答出"干扰其他运动员""拖延时间且不服从口令""触及起跑线或其前面的地面""抢跑""400米及400米以下各径赛项目不使用起跑器和蹲踞式起跑"5个关键点且阐述合理得4分,每少答一点扣1分。

39. 体育锻炼对心理健康的积极影响主要表现在哪些方面?

【参考答案】体育锻炼对心理健康的积极影响主要表现在以下方面:

(1)体育锻炼对认知功能的积极影响,如能提高学生的认知加工速度、促进学生感知能力的发展、使学生的注意力和意识得到有效调整。

(2)体育锻炼对情绪的积极影响,如抗抑郁、降低焦虑、提高主观幸福感、特殊情感体验。

(3)体育锻炼对人格的积极影响,如在青少年时期参与体育锻炼对个体的人格发展有促进作用、对A型行为特征(缺乏耐心、有强烈的紧张感、过度的竞争性以及容易唤起敌意)具有积极作用、提高身体自我价值和其他重要的身体自我认知。

(4)体育锻炼对应激的积极影响,如体育锻炼能作为一种积极有效的应对资源、应对策略和方式直接或间接地影响应对过程,降低应激反应,促进锻炼者的身心健康发展。

本题共4分。(1)答出“认知功能”“情绪”“人格”“应激”4个方面得2分,每个方面0.5分;(2)答出四个方面的具体表现得2分,每个方面的阐述0.5分。

40. 体育与健康课教学中场地器材的布置应注意哪几点?

【参考答案】体育与健康课教学中场地器材的布置应注意以下几点:

(1)场地器材的布局要合理。能够移动的器材,向固定器材靠拢;注意卫生和安全,必要时应划出清晰标记;对活动范围不大的运动项目,如单双杠、爬绳等器材,应尽量立于场地的边角和面积较小的地块;投掷场地的安排,应考虑到对其他练习的影响。此外要注意根据学校的环境和条件,充分利用地形组织教学。

(2)合理编排课程表。应充分考虑到场地器材等情况,尽可能做到体育场地既不空闲,又不拥挤;教师备课时对同一时间上课的班级,应划分好场地使用范围,以免上课时互相影响;根据场地器材设备的具体情况,划分为几个教学块,每个教学块,有一定数量的体育器材设备,供教学使用。

(3)注意安全。课前应周密检查,如器材安置是否牢固,跑道上是否湿滑不平或有砖块,沙坑是否疏松。在安排投掷项目练习时,应注意学生相互之间的距离,严防发生伤害事故。

本题共4分。(1)答出“场地器材的布局要合理”“合理编排课程表”“注意安全”3个要点得3分,每个要点1分;(2)3个要点的阐述合理、语言连贯得1分。

六、问答题

41. 某校举行年级篮球比赛,共有6个队参加,决定采用单循环比赛办法,请问共赛几轮?共有多少场比赛?并编排出各轮次比赛秩序表。

【参考答案】(1)单循环制比赛的场数 = 队数 × (队数 - 1)/2 = 6 × (6 - 1)/2 = 15 场;

单循环制比赛的轮数 = 队数(单数)或队数(双数) - 1,故6个队参赛需进行6 - 1 = 5轮。

(2)比赛秩序表(以固定轮转法为例):

第一轮	第二轮	第三轮	第四轮	第五轮
1 - 6	1 - 5	1 - 4	1 - 3	1 - 2
2 - 5	6 - 4	5 - 3	4 - 2	3 - 6
3 - 4	2 - 3	6 - 2	5 - 6	4 - 5

本题共10分。(1)答出“单循环制比赛的场数”得2分;(2)答出“单循环制比赛的轮数”得2分;(3)比赛秩序表共5轮,5轮完全正确得6分,每错1轮扣1分。

42. 请结合当今小学体育的教学实际需要,设计一个教学游戏,并阐述游戏的名称、目的、器材、方法和规则等。

【参考答案】

【游戏名称】团体拉力赛。

【游戏目的】发展奔跑能力,学会团结合作,提高社会适应能力。

【游戏方法】(1)在校园或运动场上设置一处起点兼终点,在行进路线上设五个站点,每个站点之间相距50米左右,五个站点分别放一只(红、黑、黄、蓝、绿)水彩笔;(2)学生平均分成五队,分别以水彩笔的一种颜色命名;(3)游戏开始,各队从起点出发,先奔向本组颜色站点,接着按逆时针方向经过其他四站点回到终点,以全组最后一名队员到达的时间排名,先到的为胜。

【游戏器材】五种颜色(红、黑、黄、蓝、绿)的水彩笔各一支。

【游戏规则】(1)每名队员到达一个站点,均要在自己一个手指头上点上该站点的水彩颜色,五个指头,五种颜色,缺一不可;(2)游戏进行中每名队员可以自由选择走或跑的方式。

本题共10分。(1)答出“游戏名称”“游戏目的”“游戏器材”3个要点得3分,每个要点1分;(2)答出“游戏方法”且阐述合理得5分;(3)答出“游戏规则”且阐述合理得2分。

2021年湖南省长沙县教师招聘考试中小学体育真题试卷(精编)(五)

一、单项选择题

1. C 【解析】本题考查脂质的主要功能。脂质一般指脂类,其主要功能:(1)储藏和供给能量;(2)构成一些重要的生理物质;(3)促进脂溶性维生素的吸收;(4)维持体温和保护内脏;(5)增加饱腹感。故选C。

2. D 【解析】本题考查体育锻炼的相关卫生常识。剧烈运动后饮水应遵循少量多次的原则。

3. B 【解析】本题考查奥林匹克五环的相关知识。奥林匹克五环标志的颜色有红色、黄色、蓝色、黑色和绿色。

4. C 【解析】本题考查闭合性软组织损伤的早期处理。闭合性软组织损伤的早期处理原则是制动、止血、防肿、镇痛及减轻炎症。伤后可使用冷敷、加压包扎并抬高伤肢的方法。一般在伤后24~48 h以后才可以进行热敷。

5. B 【解析】本题考查训练方法。非连续性运动技能的主要特征是运动技能的开始和结束非常明显,并且持续时间相对短暂,动作的完成带有一定的爆发性。而间歇训练法是指对动作结构和负荷强度、间歇时间提出严格的要求,以使机体处于不完全恢复状态下,反复进行练习的训练方法。所以这种方法最适合。

6. A 【解析】本题考查运动技能的泛化阶段。泛化阶段的动作表现往往是僵硬和不协调,不该收缩的肌肉收缩,出现多余的动作。在此阶段中,教师应该抓住动作的主要环节和学生在掌握动作中存在的主要问题进行教学,不应过多地强调动作细节,应以正确的示范和简练的讲解帮助学生掌握动作。

7. A 【解析】本题考查体育游戏。套圈属于掷准游戏。

8. C 【解析】本题考查口令的对应动作。跑步走的口令为“跑步——走!”,其动作方法:听到预令,两手迅速握拳提到腰际,约与腰带同高,拳心向内,肘部稍向里合。听到动令,上体微向前倾,两腿微弯,同时左脚利用右脚掌的弹力跃出约80厘米,前脚掌先着地,身体重心前移,两臂自然摆动,向前摆臂时,不露肘,小臂略平,稍向里合,两拳不得超过衣扣线;向后摆臂时,不露手。右脚动作与左脚相同。

9. A 【解析】本题考查短跑终点跑。当短跑运动员离终点线前1 m左右距离时,上体迅速前倾以胸部或肩部撞终点线,并顺势跑过终点。

10. C 【解析】本题考查跳远。立定跳远落地时应该脚后跟先着地快速过渡到前脚掌,落地后屈膝缓冲,上体前倾。

11. A 【解析】本题考查乒乓球技术动作。正手发下旋球时,距离球台大约50 cm,站在球台的左手端偏转角的位置,左脚比右脚靠前半个脚掌的距离,身体往右,双腿自然蜷曲。身体要保持放松,大臂带动前臂,前臂带动手腕,依靠手腕的瞬间抖动发球。

12. B 【解析】本题考查乒乓球推攻方法。乒乓球的推攻方法有左推右攻、推挡侧身攻、推挡侧身攻后扑正手、左推结合反手攻、左推反手攻后侧身攻等。

13. C 【解析】本题考查羽毛球技术要点。球拍预摆幅度小,发力要短促、快速是羽毛球正手推球的技术要点。

14. D 【解析】本题考查羽毛球的比赛规则。羽毛球的比赛规则规定,所有的线都是它所界定区域的组成部分。所以,羽毛球双打比赛中,发球后球落在对方对角区的端线上,属于界内,应该判得1分。

15. C 【解析】本题考查横箱分腿腾越。横箱分腿腾越的动作要领为有节奏地逐渐加速助跑,单跳双落,积极摆臂踏跳,起跳后含胸、紧腰,两腿后摆,两臂主动前伸,向下撑横箱并用力快速顶肩推手,同时稍提臂,两腿侧分,有意识下压制动,接着两臂顺势上举、起肩、抬上体挺身,迅速并腿前伸落地。故选C。

16. C 【解析】本题考查健身健美操的基本动作。绕环是指身体某部位做360度或大于360度的圆形动作。头、上肢和下肢都可以做绕环动作。例如:由立正姿势或两臂上举姿势开始,可做两臂向前、向后、向内、向外、向左、向右等方向的绕环动作;由两臂侧举姿势开始,可做向上、向下的绕环动作。故选C。

17. D 【解析】本题考查武术的基本手型。武术动作的基本手型为拳、掌、勾、爪。其中,掌、拳、勾三种手型是习武者最先接触的、最简单、最重要的基本动作,故本题最佳选项为 D。

18. B 【解析】本题考查形神拳套路动作。震脚砸拳、马步冲拳和仆步抡拍都属于形神拳套路中的动作,而闪通臂属于太极拳中的动作。

19. A 【解析】本题考查蛙泳划水动作。蛙泳动作开始时,手臂前伸内旋,掌心转向外斜下方,两手分开向斜下方抓水。当手感到有压力时,便开始向侧、下、后、内呈椭圆曲线划水。要求划水以肩为轴,动作连贯,肘部保持比手高的位置。

二、判断题

20. √ 【解析】本题考查乳酸阈。在渐增负荷运动中,血乳酸浓度随运动负荷的递增而增加,当运动强度达到某一负荷时,血乳酸出现急剧增加的那一点(乳酸拐点)称为乳酸阈。乳酸阈常用于评定有氧工作能力,制订有氧耐力训练的适宜强度。

21. × 【解析】本题考查奥林匹克精神。奥林匹克精神是友谊、团结和公平竞争。奥林匹克旗帜上的五个环象征着五大洲,展示一种世界大团结的精神。题干中"应该不惜一切手段打赢对手"的说法不正确。

22. √ 【解析】本题考查力量练习强度的表述方式。在进行力量练习时,常采用最大重复负荷(RM)表示负荷强度的大小。最大重复负荷是指在肌肉力量练习时,采用某种负荷时所能重复的最多力量练习次数。

23. × 【解析】本题考查体育锻炼。雾霾天气可以进行室内体育锻炼。

24. × 【解析】本题考查足球基本战术。边路进攻指利用球场两侧地区发起进攻的方法,中路进攻指利用球场中间区域组织的进攻。所以,足球比赛中采用边路进攻能够充分利用场地的宽度拉开对手的防线。

25. √ 【解析】本题考查排球竞赛规则。在排球比赛中,运动员身体的各个部位都可以接触球。

26. √ 【解析】本题考查羽毛球握拍方法。羽毛球的握拍方法有两种,分别是正手握拍法和反手握拍法。

27. × 【解析】本题考查跆拳道技术方法。由于竞赛的需要、规则的限制和跆拳道进攻方法的特点,使得跆拳道是以腿法为主,拳脚并用。据统计,在跆拳道技术当中,腿法约占总技法的$\frac{3}{4}$。

28. × 【解析】本题考查田径项目的分类。田赛是以高度和远度计算成绩的跳跃、投掷项目。而跨栏跑属于以时间计算成绩的径赛项目,不属于田赛项目。

29. √ 【解析】本题考查花样跳绳的基础动作。花样跳绳是指在跳跃的基础上按不同情况编排各种动作花样的跳绳运动。

三、综合题

30. 运动性中暑有哪些表现?如何预防运动性中暑?

【参考答案】(1)根据发病机制和表现的不同,运动性中暑可分为热射病、热痉挛和热衰竭。

①热射病:又称中暑高热,高热、无汗和昏迷是本病的特征。一般发病急,体温上升,脉搏及呼吸加快,重者可引起昏迷,体温在 41 ℃以上,脉搏极快,而呼吸短促,严重者可因心力衰竭或呼吸衰竭而致死。头部直接受太阳辐射引起的热射病称为日射病。

②热痉挛:大量出汗引起氯化钠丢失过多,导致肌肉兴奋性升高,发生肌肉疼痛和肌肉痉挛,称为热痉挛。患者意识清楚,体温一般正常。

③热衰竭:多发生于饮水不够的老年人、体弱者和婴儿,也见于从事高温下训练的新手、补足盐而饮水不足者。因体内无过量热蓄积,一般无高热。患者先有头痛、头晕、多汗、恶心、呕吐,继而口渴、疲乏无力、焦虑、胸闷、面色苍白、冷汗淋漓、轻度脱水、脉搏细弱或缓慢、血压下降、心律不齐,可有晕厥,并有手足抽搐,重者出现循环衰竭。

(2)运动性中暑的预防:①夏天炎热季节要安排好训练时间,避免在一天中最热的时间进行。热天运动时,宜穿浅色衣服,戴遮阳帽。保证充足睡眠,并加强常规医务监督。②安排好炎热天气训练和比赛时的营养和饮水。③对不耐热个体要加强预防措施。

本题共4分。(1)答出"热射病""热痉挛"和"热衰竭"3个表现得1.5分,1个0.5分;(2)分别对"热射病""热痉挛"和"热衰竭"进行阐述得1.5分,1个0.5分;(3)答出"安排好训练时间""戴遮阳帽""加强常规医务监督""安排好营养和饮水"等运动性中暑的预防,得1分。

31. 简述中长跑的呼吸要领。若出现呼吸节奏与跑的节奏不相等,如何纠正?

【参考答案】(1)中长跑的呼吸要领:①在中长跑中正确的呼吸方法应该是有节奏地深呼吸。跑步时尽量做到每跑两步或三步一呼气,每跑两步或三步一吸气。②吸气时用口鼻同时吸气,呼气用口。冬天气温较低时,由于空气比较凉,为了避免吸进凉空气而引起身体不适,在吸气时应用舌尖顶住上腭,用口鼻同时吸气,这样吸进的空气经过舌头的加热,不至于吸进凉空气。③跑步时,不可以有闭气的行为。

(2)若出现呼吸节奏与跑的节奏不一致,可以采取以下纠正措施:①正确感受跑步时的动作与呼吸的协调配合;②多多练习各种可以提高动作与呼吸的协调性的跑步练习;③运用心理暗示等方法做放松全身肌肉的练习。

本题共5分。(1)答出"中长跑的呼吸要领"得2分;(2)答出"呼吸节奏与跑的节奏不一致"的纠正措施得3分,1点1分。

32. 简述篮球交叉步持球突破的动作方法和动作技术应用。

【参考答案】(1)篮球交叉步持球突破的动作方法(以右脚做中枢脚为例):突破时,左脚向左前方跨出半步,做向左突破的假动作。当对手重心向右移动时,左脚前脚掌内侧迅速蹬地,向对手左侧跨出一大步,同时上体向右转探肩,贴近对手,球移至右手,左脚交叉前跨抢位,同时向左脚左斜前方推放球,右脚迅速蹬地跨步,加速超越对手。

(2)动作技术的应用:可以一对一单防的情况下应用。交叉步的目的是调动对方的身体重心,继而造成防守失位,然后持球人利用对方的防守失位突破或跳投。

本题共5分。(1)答出"篮球交叉步持球突破的动作方法"得2分;(2)答出具体的"动作技术的应用"得3分。

33. 排球比赛中,有A、B、C、D、E、F六队参加。

(1)若采用单循环赛制,共需比赛多少场?请制订比赛秩序表。

(2)在A与B的比赛中,A队运用了"边一二"战术,该战术属于进攻战术还是防守战术?请简述该战术的优缺点。

【参考答案】(1)①比赛场数 = 队数 × (队数 - 1) ÷ 2 = 6 × (6 - 1) ÷ 2 = 15 场。

②比赛秩序表如下:

第一轮	第二轮	第三轮	第四轮	第五轮
A - F	F - D	B - F	F - E	C - F
B - E	E - C	C - A	A - D	D - B
C - D	A - B	D - E	B - C	E - A

(2)"边一二"战术属于进攻战术。

优点如下:①这种形式比较简单,容易掌握。②由于两名进攻队员的位置相邻,便于进行互相掩护的进攻配合,可以组织较多的快变战术。

缺点如下:对一传、二传的要求都较高,尤其是对二传的传球及分配球,以及场上的组织能力、应变能力要求很高。

本题共8分。(1)答出"比赛场数"得1分;(2)答出"比赛秩序表"得3分;(3)答出属于"进攻战术"得1分;(4)答出"进攻战术"的优点得1.5分,答出"进攻战术"的缺点得1.5分。

34. (1)除伸展运动外,我国中小学广播体操还包含哪些运动?

(2)在广播体操教学中,如何合理应用示范法?

(3)结合广播体操,谈谈体操类运动的锻炼价值。

【参考答案】(1)我国中小学广播体操包含的运动除伸展运动外还有扩胸运动、踢腿运动、体侧运动、体转运动、腹背运动、全身运动、跳跃运动、整理运动等。

(2)①示范动作应准确优美,具有感染力,既能起到给学生建立起正确清晰的视觉形象,又能使学生产生美感,激发他们的学习热情。②应根据教学的不同阶段,有针对性地进行示范。在教学的第一阶段,应做正确完整的示范,并配合精练、生动、形象的讲解,使学生建立起完整的动作概念;第二阶段除了做完整示范外,还应针对学生学习中出现的问题做分解示范或对比示范,以利于预防和纠正错误动作,改进和提高动作技术;第三阶段可少做示范,着重改进动作技术的细节,提高动作的质量。③正确地选择示范位置和示范面。示范位置是指示范者与学生之间的空间关系,其距离多远、位置多高应根据学生的队形和人数来决定，选择的位置应能保证全体学生都能看得清楚。

(3)①帮助关节进行正常的运转动作，发展关节的灵活性。②增强肌肉的收缩力量。③促进学生之间团结协作的能力。④提高身体的柔韧性和协调性。⑤简单易学，使身心得到和谐发展。⑥健美体形，陶冶情操。

本题共8分。(1)答出“我国中小学广播体操”包含的运动得3分；(2)答出“如何合理应用示范法”得3分；(3)答出“体操类运动的锻炼价值”得2分，“锻炼价值”言之有理即可。

2021年贵州省特岗教师招聘考试体育真题试卷(六)

第一部分　教育综合知识

一、单项选择题

1. C 【解析】本题考查《中国学生发展核心素养》的基本内涵。《中国学生发展核心素养》中的“责任担当”主要是学生在处理与社会、国家、国际等关系方面所形成的情感态度、价值取向和行为方式。具体包括社会责任、国家认同、国际理解等基本要点。

2. D 【解析】本题考查《中华人民共和国未成年人保护法》。根据《中华人民共和国未成年人保护法》第七十条规定，学校应当合理使用网络开展教学活动。未经学校允许，未成年学生不得将手机等智能终端产品带入课堂，带入学校的应当统一管理。这属于对未成年人的网络保护。

3. B 【解析】本题考查2008年修订的《中小学教师职业道德规范》。2008年修订的《中小学教师职业道德规范》中关于“教书育人”方面所规定的具体职业行为要求有以下几点：(1)遵循教育规律，实施素质教育；(2)循循善诱，诲人不倦，因材施教；(3)培养学生良好品行，激发学生创新精神，促进学生全面发展；(4)不以分数作为评价学生的唯一标准。故本题选B项。

4. A 【解析】本题考查说课的特点。说课的特点包括：(1)理论性。(2)合理性。(3)综合性。(4)灵活性。(5)激励性。(6)高层次性。(7)预见性。其中，说课的理论性主要体现在说课过程中，不但要求教师说出“教什么”和“怎样教”，更要求说清楚“为什么要这样教”。

5. B 【解析】本题考查教学过程的基本规律。题干的意思是：传授给人既有知识，不如传授给人学习知识的方法。鱼是目的，钓鱼是手段，一条鱼能解一时之饥，却不能解长久之饥，如果想永远有鱼吃，那就要学会钓鱼的方法。这在教师的教学过程中表现为在学习知识的同时也要重视能力的培养。故答案选B项。

6. D 【解析】本题考查情绪和情感的功能。人对社会的适应是通过调节情绪来进行的，情绪调控的好坏会直接影响到身心健康。情绪和情感的健康功能表现为积极的情绪有助于身心健康，消极的情绪会引起人的各种疾病。“笑一笑，十年少”体现了情绪与情感对人身体健康的影响。故答案选D项。

7. B 【解析】本题考查遗忘的原因。前摄抑制是先学习的材料对识记和回忆后学习的材料的干扰作用；后学习的材料对识记和回忆先学习的材料的干扰作用，则称为倒摄抑制。临睡前只受前摄抑制的影响，因此，学习效果较好。

8. A 【解析】本题考查学习迁移的内涵。学习迁移也称训练迁移，是指一种学习对另一种学习的影响，或习得的经验对完成其他活动的影响。迁移是学习的一种普遍现象，广泛存在于各种知识、技能、行为规范与态度的学习中，平时所说的“举一反三”“触类旁通”等属于典型的迁移形式。A项“杯弓蛇影”属于泛化，不属于迁移。B、C、D三项属于学习态度的迁移。

9. A 【解析】本题考查教师成长的阶段。处于关注生存阶段的一般是新教师，他们非常关注自己的生存适应性，最担心的问题是“学生喜欢我吗”“同事们如何看我”“领导是否觉得我干得不错”等。因而可能会把大量的时间都花在如何与学生搞好个人关系上，想方设法控制学生，而不是更多地考虑如何让学生获得学习上的进步。从题干中的关键词“讨好学生喜欢”可知，教师的成长处于关注生存阶段。

方法技巧：对于教师成长的不同阶段，考生应重点掌握三个词：生存、情境和学生。在关注生存阶段，教师主要关注个人关系、人际处理的相关问题;在关注情境阶段,教师主要关注教学情境的相关问题;在关注学生阶段,教师注重因材施教,关注学生的个体差异。

10. C 【解析】本题考查学习动机的分类。按学习动机产生的诱因来源,可以把学习动机分为内部学习动机和外部学习动机。内部学习动机是指诱因来自学习者本身的内在因素,即学生因对活动本身发生兴趣而产生的动机。外部学习动机是指诱因来自学习者外部的某种因素,即在学习活动以外由外部的诱因激发出来的学习动机。根据学习动机的社会意义,可以把学习动机分为高尚的学习动机和低级的学习动机。如果把学习看成是对社会做贡献和尽义务,则是高尚的学习动机;而把学习看成是猎取个人名利的手段,则是低级的学习动机。题干中,周恩来总理立下"为中华之崛起而读书"的志向,是由外部因素引起的,这是把学习看成是对社会做贡献,故属于外部的、高尚的学习动机。故答案选 C 项。

二、简答题

11. 简述中小学教师选用教学方法时,需遵循的基本依据。

【参考答案】中小学教师选用教学方法时,需遵循的基本依据有:(1)教学目的和任务的要求;(2)课程性质和特点;(3)每节课的重点、难点;(4)学生年龄特征;(5)教学时间、设备、条件;(6)教师业务水平、实际经验及个性特点。

此外,教学方法的选择与运用还受教学手段、教学环境等因素的制约,这就要求我们要全面、具体、综合地考虑各种相关因素,进行权衡取舍。

本题共5分。答出"课程性质和特点""每节课的重点、难点""学生年龄特征"等关键点得满分。

12. 简述中小学生焦虑症产生的原因。

【参考答案】中小学生焦虑症产生的原因:(1)学校的统考和应试教育体制使学生缺乏内在自尊;(2)家长对子女期望过高;(3)学生的个性过于争强好胜,缺乏对于失败的耐受力,知识准备不足,缺乏相应的应试技能等。

本题共5分。答出"学生缺乏内在自尊""家长对子女期望过高""过于争强好胜""缺乏对失败的耐受力"等关键点得满分。

三、材料分析题

13. **【参考答案】**(1)我认为语文老师的做法更好,体现的是一种理想的师生关系类型。

案例中数学老师的领导方式为专制型,这一类型的师生关系缺乏情感因素,教师的专断粗暴、简单随意会引起学生的反感、憎恶甚至对抗,造成师生关系紧张。案例中的数学老师粗暴地命令迟到的小敏把面包扔了,并斥责她"学习不咋地,就想着吃",致使小敏整节课没有心思听课。该数学老师忽视了师生在人格上的平等关系,以命令权威的态度来对待学生,这些做法不利于为学生营造良好的心理气氛和学习条件,难以形成尊师爱生、民主平等、教学相长、心理相容的新型师生关系。

案例中语文老师的领导方式为民主型,这一类型的师生关系模式以开放、平等、互助为其主要心态和行为特征。案例中语文老师并未斥责迟到的小凯,而是恰当地引导小凯先听课,课下及时了解小凯迟到的原因,并与小凯交流应对特殊事情的解决方法,从此小凯再也没有迟到过。该语文老师在处理事情时,表现出了对学生的尊重和关爱,从而换取了学生发自内心的尊敬与信赖。学生对教师的这种尊敬与信赖又可激发教师更加努力地工作,为学生营造良好的心理气氛和学习条件,有利于形成尊师爱生、民主平等、教学相长、心理相容的新型师生关系。

(2)体现王老师"教育机智"的句子如下:正在上语文课的王老师没有责怪小凯,而是拿出干净的纸巾,微笑地递给他:"拿着,把食物放在纸巾上,先上课,等下课后你再吃吧。下课后到我办公室坐着吃会更好。"

(3)王老师主要运用了德育的陶冶教育法。陶冶教育法是教师利用环境和自身的教育因素,对学生进行潜移默化的熏陶和感染,使其在耳濡目染中受到感化的德育方法。陶冶教育法的方式主要有环境陶冶、情感陶冶、人格陶冶(人格感化)、艺术陶冶、科学知识陶冶、各种活动和交往情境陶冶等。具体而言,王老师采用了陶冶教育法中的人格感化,这是教育者以自身的品德和情感为情境对学生进行的陶冶。在这种情况下,教师不是通过说理和要求教育学生,而是以自己的高尚品德、人格、对学生的深切期望和真诚的爱来触动感化学生,促进学生思想转变,积极进取。案例中王老师对迟到的小凯没有简单粗暴地斥责,也没有用班级规范进行说理,而是创设关爱的情境,让小凯去办公室坐着吃,帮助小凯解决生活中的问题,使小凯心怀感激,并从此再也没有出现上课迟到的现象。

本题共10分。(1)答出语文老师的做法更好,得2分;答出该老师的做法好的理由,得6分。(2)答出体现王老师“教育机智”的具体句子,得1分。(3)答出王老师主要采用的教育方法,得1分。

第二部分 体育学科专业知识

一、单项选择题

1. A 【解析】本题考查2021年美洲杯。2021年第47届美洲杯足球赛于7月11日在巴西落幕。阿根廷队以1比0战胜东道主巴西队,夺得冠军。

2. D 【解析】本题考查关节的基本结构。关节的基本结构有关节面、关节囊和关节腔,即关节的三要素。关节内软骨不是关节的基本结构。

3. C 【解析】本题考查缝匠肌。缝匠肌位于大腿前内侧浅层,肌纤维从大腿外上方向内下方斜行,是人体中最长的肌肉,呈梭形。

4. B 【解析】本题考查粗肌丝的组成。细肌丝由肌动蛋白、原肌球蛋白和肌钙蛋白组成。故排除A项、C项和D项。粗肌丝主要由肌球蛋白组成。故选B。

5. A 【解析】本题考查肺活量。最大吸气后尽力所呼出的最大气体量称为肺活量,为潮气量、补吸气量和补呼气量三者之和,或者为深吸气量与补呼气量之和。故选A。

6. B 【解析】本题考查2022年北京冬季奥运会。第24届冬季奥林匹克运动会,又称2022年北京冬季奥运会,计划于2022年2月4日开幕,其举办时间为2022年2月4日至2022年2月20日。

7. C 【解析】本题考查《体育之研究》的作者。1917年,毛泽东同志在《新青年》上发表了《体育之研究》一文,用辩证唯物主义的观点,对我国体育以及学校体育做了深刻的分析和尖锐的批评,并对体育的意义、锻炼的原则做了精辟的论述,强调了学校体育必须德、智、体三育并重。

8. A 【解析】本题考查体重指数。体重指数(BMI) = 体重(千克)/[身高(米)]^2。

9. B 【解析】本题考查现代篮球运动的创始人。篮球运动于1891年诞生于美国,由詹姆斯·奈史密斯博士发明。

10. C 【解析】本题考查学校体育学。第二次世界大战后建立的社会主义国家,一般都按照苏联模式建立了自己的体育体制,各国规定了统一的学校体育大纲,实现了学校体育的规范化,成立了体育学院,加强了体育师资的培训。

二、名词解释

11. 休闲体育

【参考答案】休闲体育是指人们在闲暇时间以增进身心健康、丰富和创造生活情趣、完善自我为目的的身体锻炼活动。

本题共3分。答出“闲暇时间”“增进身心健康”“完善自我为目的”等关键点,得满分。

12. 运动性疲劳

【参考答案】运动性疲劳是指在运动过程中,机体的机能能力或工作效率下降,不能维持在特定水平上的生理过程。运动性疲劳是由运动引起的一种特有生理现象。

本题共3分。答出“在运动过程中”“机能能力或工作效率下降”“生理过程”等关键点,得满分。

13. 兴奋性

【参考答案】兴奋性是指在生物体内可兴奋组织具有感受刺激、产生兴奋的特性。

本题共3分。答出“体内可兴奋组织”“感受刺激”“产生兴奋”等关键点,得满分。

14. 径赛

【参考答案】在田径比赛中,以时间计算成绩的项目称为径赛。

本题共3分。答出“田径比赛中”“以时间计算成绩”等关键点,得满分。

三、填空题

15. 胸锁关节
16. 肌小节
17. 后
18. S
19. 氨基酸
20. 维生素E
21. 肾单位
22. 步长
23. 反射弧
24. 基本部分

四、判断题

25. × 【解析】本题考查2021年欧洲杯。2021年7月12日凌晨结束的欧洲杯，获得冠军的球队是意大利。

26. √ 【解析】本题考查细胞。细胞一般都具有细胞膜、细胞质、细胞核三部分。

27. √ 【解析】本题考查矿物质。人体中含有的各种元素，除了碳、氧、氢、氮等主要以有机物的形式存在以外，其余的60多种元素统称为矿物质。

28. × 【解析】本题考查ATP(三磷酸腺苷)。机体各器官、组织和细胞能利用的直接能源是ATP(三磷酸腺苷)。

29. √ 【解析】本题考查体育的概述。体育(广义的，也称体育运动)是指以身体练习为基本手段，以增强体质，促进人的全面发展，丰富社会文化生活和促进精神文明建设为目的的一种有意识、有组织的文化活动。故题干描述正确。

30. × 【解析】本题考查消化系统。人体消化系统包括消化管和消化腺两部分。其中，消化管由口腔、咽、食管、胃、小肠(十二指肠、空肠、回肠)和大肠(盲肠、结肠、直肠)组成。故题干描述不正确。

31. √ 【解析】本题考查吸气肌。人体固有的吸气肌为肋间外肌和膈肌。

32. × 【解析】本题考查脱水。以细胞外液丢失为主，失水量占体重的2% ~3%为轻度脱水；失水量占体重的3% ~6%为中度脱水。

33. √ 【解析】本题考查跳跃的基本知识。在跳跃项目中，决定腾空高度和腾空远度的主要力学因素为腾起初速度和腾起角。

34. √ 【解析】本题考查体育教学。体育教学是按一定计划和课程标准进行的有目的和有组织的教育过程。体育教学由教师和学生共同参与，其任务是向学生传授体育知识、技术与技能，增强其体质，培养其道德、意志、品质等。体育教学是学校体育实现的基本形式，是体育目标的实施途径之一。

五、简答题

35. 请简答影响骨骼肌力量大小的解剖学因素。

【参考答案】影响骨骼肌力量大小的解剖学因素主要有骨骼肌的生理横断面、骨骼肌的初长度等。

(1)骨骼肌的生理横断面是指横切一块骨骼肌所有肌纤维的横断面之和。它是决定骨骼肌力量大小最重要的解剖学因素。通常骨骼肌的生理横断面积越大，力量也越大。

(2)骨骼肌的初长度是指骨骼肌在收缩之前的长度。在生理范围内，骨骼肌收缩前的初长度越长，骨骼肌收缩的加速度越大，力量也越大。

本题共4分。(1)答出“生理横断面”“骨骼肌的初长度”两个关键点得3分，1个关键点1.5分；(2)分别对“生理横断面”“骨骼肌的初长度”两个关键点进行适当的阐述，得1分。

36. 请简答我国课余体育训练的组织形式。

【参考答案】(1)学校运动队。学校运动队是我国课余体育训练最常见、最普遍的组织形式，也是我国课余体育训练最富有活力的训练组织之一。

(2)基层训练点。基层训练点是以一个或两个运动项目为重点的训练基地。

(3)体育特长班。在部分中小学校对部分有运动天赋的学生进行特殊培训，组成体育特长班，旨在发现和培养他们的体育特长。

(4)体育俱乐部。随着学校体育改革的深入，课外体育活动也更加丰富多彩。学校根据学生的需要，组成了各种形式的体育俱乐部，其中带有运动训练性质的体育俱乐部成了新型的学校课余体育训练形式，这类体育俱乐部由企业赞助，体育和教育行政部门出面组织。

本题共4分。(1)答出“学校运动队”“基层训练点”“体育特长班”“体育俱乐部”4个关键点得2分，1个关键点0.5分；(2)分别对4个关键点进行适当的阐述，得2分。

37. 请简答人体的基本组织。

【参考答案】(1)上皮组织。上皮组织简称上皮，由密集的上皮细胞和少量细胞间质构成，大部分覆盖在身体表面或体内管腔和囊腔(如肠、胃、血管、关节囊)的内表面。其结构特点是细胞排列紧密，细胞间质少。上皮组织具有保护、分泌、吸收、排泄和感受外界刺激等功能。

(2)结缔组织。结缔组织是由细胞和大量细胞间质构成的。与上皮组织相比，其结构特点是细胞成分少，间质成分多，细胞没有极性，分布广泛，结构和功能多样。结缔组织具有连接、支持、防御、营养、修复、运输和保护等多种功能。结缔组织按其形态结构和功能的不同，可分为疏松结缔组织、致密结缔组织、脂肪组织、网状组织、软骨组织、骨组织、血液和淋巴。

(3)肌组织。肌组织是由有收缩能力的肌细胞组成的,肌细胞之间有少量的结缔组织、血管和神经纤维等。肌细胞呈细长的纤维状,又称肌纤维。其主要功能是收缩与舒张,以完成所在器官的各种运动。根据结构与功能的特点,肌组织可分为骨骼肌、心肌和平滑肌三种类型。

(4)神经组织。神经组织由神经细胞(神经元)和神经胶质细胞组成。神经组织遍布全身各个器官组织,调节机体各系统的活动,以适应内外环境的变化。神经细胞又称神经元,是神经组织结构和功能的基本单位,具有接受刺激、产生兴奋和传导冲动的功能。神经胶质细胞无传导冲动的能力,对神经元有支持、保护和营养等作用。

本题共4分。(1)答出"上皮组织""结缔组织""肌组织""神经组织"4个关键点得2分,1个关键点0.5分;(2)分别对4个关键点进行适当的阐述,得2分。

38. 请简答影响投掷远度的因素。

【参考答案】(1)器械出手速度。投掷远度的增加是随器械出手速度的平方值的增加而增加的,这一因素在所有因素中影响最大。

(2)器械出手角度。除掷链球的出手角度略大于40度外,其他投掷项目的出手角度约在30~40度之间。投掷项目的出手角度有减小的趋势,以利于提高出手的速度。

(3)器械出手高度。器械的出手高度与人体的身高、臂长和最后用力的技术动作有关。在其他条件相同的情况下,出手点越高,投掷距离越远。但因人体条件的限定,出手高度对器械飞行的距离产生的影响是有一定限度的,只能在一定的范围内适当提高出手高度。

(4)器械在空中的姿态和气流的影响。由于标枪和铁饼器械形状较为特殊,它们在空中要受到气流的干扰和影响。在逆风情况下投掷标枪和铁饼时,气流对器械的阻力大,升力也大。如果升阻系数比值大,升力占优势时,器械飞行的距离也远,这就是为什么有时在逆风情况下投掷标枪和铁饼比无风或顺风时掷得远的原因。

本题共4分。(1)答出"器械出手速度""器械出手角度""器械出手高度""器械在空中的姿态和气流的影响"4个关键点得2分,1个关键点0.5分;(2)分别对4个关键点进行适当的阐述,得2分。

39. 请简答预防运动性腹痛的措施。

【参考答案】(1)遵守训练的科学原则,要循序渐进地增加运动负荷,加强全面身体训练,提高生理机能水平。在训练和比赛时要调整好动作与呼吸节奏,合理地分配运动速度。

(2)运动前要做好充分的准备活动。

(3)合理安排膳食,在剧烈运动前不要吃得过饱和大量饮水,不要在饥饿状态下参加训练和比赛;餐后经过1小时半才能参加运动。

本题共4分。答出"遵守训练的科学原则""充分的准备活动""合理安排膳食"等关键点得满分。

六、论述题

40. 根据儿童青少年运动系统的解剖生理特点,请论述儿童青少年进行体育锻炼时的注意事项。

【参考答案】(1)注意养成正确的身体姿势

儿童青少年的骨承受压力和肌肉拉力的功能比成人差,在长期处于身体姿势不良的影响下,他们的骨易弯曲变形。其中常见的是脊柱的变形。因此,体育教师必须教育儿童青少年,养成坐、立、走等正确的身体姿势。如果儿童青少年在日常生活中长期不注意保持正确的身体姿势,很容易发生脊柱后凸(驼背)或侧凸(脊柱偏歪)等畸形。

(2)注意身体的全面训练

对于儿童青少年来说,进行训练时,特别要加强对弱侧肢体的锻炼。对于一些基本技术的训练,不要过于集中,应采用分散的办法,用多种形式,交替进行。不然的话,由于肌力发展不平衡,或长期保持某种姿势,也容易发生脊柱的变形或肢体发育的不均衡,造成缺陷。

(3)在进行力量训练时,应注意负荷的大小

儿童青少年进行力量训练时,如果负重过大,或采用静止性力量练习过多,容易导致脊柱变形,提前骨化,影响身高增长等情况。在平时训练时,力量练习不宜过多,而且要与柔韧练习结合,既能增加关节的牢固性,又能保持动作幅度。

(4)注意练习场地的选择

由于儿童青少年骨骼的骨化未完成,易变形;脊柱的生理弯曲较成人小,缓冲作用比成人弱,故不宜在坚硬的水泥地、沥青地上反复进行跑、跳等练习。长期在这些场地上练习跑、跳,对足骨、胫骨的骨化点会产生过大而又频繁的刺激,易引起过早骨化或骺软骨的损伤,影响骨的生长发育。同时由于反作用力大,震动也大的特点,要避免从高处往下跳的练习。因此,进行跑、跳练习时,应选择草地和一般的泥沙地进行。练长跑时,也应尽量不要在柏油路或水泥马路上进行。

(5)注意预防"骺软骨病"的发生

"骺软骨"的损伤是儿童青少年在体育运动中的特有的一种损伤。主要发生在腰椎、膝关节和肘关节。体育教师或教练员安排半蹲位练习时,不要过于集中,每次时间不宜过长。平时应采取积极的手段,来发展儿童青少年股四头肌的力量,这对预防膝关节损伤有良好的作用。在运动中,如发现儿童青少年有腰、膝、肘部的疼痛,应引起重视,并及早进行诊断,作出适当的处理。

(6)适当营养

儿童青少年的骨正处在生长发育的旺盛时期,因此对钙、磷的需要增多。膳食中应注意钙、磷的足够供应,特别是钙的供应。从事体操、乒乓球等专项训练的儿童青少年,长期在室内活动,特别需要增加钙的供应,所以还应适当安排一些户外活动。因为皮肤下面有一种胆固醇物质在阳光紫外线照射下能形成维生素 D,而维生素 D 有助于钙的吸收。

本题共 8 分。(1)答出"注意养成正确的身体姿势""注意身体的全面训练""在进行力量训练时,应注意负荷的大小""注意练习场地的选择""注意预防"骺软骨病"的发生""适当营养"这 6 个关键点得 6 分,1 个关键点 1 分;(2)对每个关键点进行合适的阐述,可酌情给 1~2 分。

2020 年山东省临沂市教师招聘考试中小学体育真题试卷(七)

第一部分　教育理论基础知识

一、单项选择题

1. B 【解析】本题考查个体身心发展的动因。外铄论认为人的发展主要依靠外在的力量,诸如环境的刺激和要求、他人的影响和学校的教育等。"教,上所施,下所效也"即教师、长者施行影响,作出榜样示范,让学生学习、效仿和觉悟;"育,养子使作善也"即培养学生的思想品德。许慎对于教育的理解体现了外铄论的观点。

2. A 【解析】本题考查教育的基本要素。教育者是主导性的因素,是教育活动的组织者和领导者。

3. C 【解析】本题考查泛化的概述。机体对与条件刺激相似的刺激做出条件反应,属于刺激的泛化。泛化是对事物的相似性的反应。例如,某人曾被蛇咬伤,产生了对蛇的恐惧,后来发展到害怕一切与蛇相似的物体。这就是人们常说的"一朝被蛇咬,十年怕井绳"。

4. B 【解析】本题考查孔子的教育教学思想。孔子倡导启发诱导的教育教学思想,他曾说过:"不愤不启,不悱不发。举一隅不以三隅反,则不复也。"

5. D 【解析】本题考查个体身心发展的规律。题干所述现象表明口语学习存在着关键期。关键期是指人的某种身心潜能在人的某一年龄段有一个最好的发展时期。在这一时期内,对个体某一方面进行训练可以获得最佳成效,并能充分发挥个体在这一方面的潜力。错过了关键期,训练的效果就会降低,甚至永远无法补偿。关键期是个体身心发展的不平衡性的表现。

6. B 【解析】本题考查皮亚杰的认知发展理论。自我中心性是前运算阶段的儿童所具有的一个特点。自我中心是指儿童往往只能考虑自己的观点,无法接受别人的观点,也不能将自己的观点与别人的观点协调。儿童还不能设想他人所处的情境,常以自己的经验为中心,从自己的角度出发来观察和理解世界。故选 B 项。

7. A 【解析】本题考查加德纳的多元智力理论。逻辑-数学智力是指数字运算与逻辑思考的能力以及科学分析的能力。科学家、数学家、会计师、工程师、电脑程序员等都具有很强的逻辑-数学智能。

8. D 【解析】本题考查影响个体身心发展的主要因素。个体主观能动性是指人的主观意识和活动对于客观世界的积极作用,包括能动地认识客观世界和改造客观世界,并统一于人们的社会实践活动中。个体的主观能动性是人的身心发展的内在动力,也是促进个体发展从潜在的可能状态转向现实状态的决定性因素。题干所述历史故事反映了人的主观能动性在个体发展中的作用。

9. A 【解析】本题考查教育目的确立的理论。个人本位论认为确立教育目的的根据是人的本性,教育的目的是培养健全发展的人,发展人的本性,挖掘人的潜能,增进受教育者的个人价值,个人价值高于社会价值,而不是为某个社会集团或阶级服务。简言之,教育的根本目的是人的本性和本能的高度发展。个人本位论的代表人物有孟子、卢梭、裴斯泰洛齐、福禄贝尔、马利坦、赫钦斯、奈勒、马斯洛、萨特等。题干中卢梭的观点属于个人本位论。

10. D 【解析】本题考查教师的职业角色。教师应积极地参与教学研究、教学实验与改革,不断地提高自身的教育理论水平和教育质量。教师的研究既包括对科学知识的研究,还包括对教育对象即学生的研究以及对教师和学生交往的研究等。题干所述体现了教师的研究者角色。

11. D 【解析】本题考查感觉适应。感觉适应是指由于刺激对感受器的持续作用而使感受性发生变化的现象。题干描述的是温度觉的适应。

12. B 【解析】本题考查知觉的选择性。知觉的选择性是指个体在面对众多客体时,知觉系统会自觉地将刺激分为对象和背景,并把知觉对象首先从背景中区分开来。题干中,教师声音提高、语速放缓,目的是使重点内容更为突出。这体现了知觉的选择性。

13. A 【解析】本题考查教师劳动的特点。教育机智是教师在教育教学过程中的一种特殊定向能力,是指教师能根据学生新的特别是意外的情况,迅速而正确地作出判断,随机应变地采取及时、恰当而有效的教育措施解决问题的能力。教育机智可以用四个词语概括:因势利导、随机应变、掌握分寸、对症下药。题干所述即体现了教师劳动的创造性特点。

14. B 【解析】本题考查韦纳的成败归因理论。心理学家韦纳把人经历过事情的成败归结为六种原因,即能力、努力程度、工作难度、运气、身心状况、外界环境。又把上述六项因素按各自的性质,分别归入三个维度:内部归因和外部归因、稳定性归因和非稳定性归因、可控制归因和不可控制归因。运气是外部的、不可控和不稳定的因素。

15. C 【解析】本题考查耶克斯－多德森定律。根据“耶克斯－多德森定律”,教师在教学时,要根据学习任务的不同难度,恰当控制学生学习动机的激起程度。所谓“平时如战时,战时如平时”,就是要求在学习较容易、较简单的课题时,应尽量使学生集中注意力,使学生尽量紧张一点,动机激起水平达到中等偏高的最佳状态;而在学习较复杂、较困难的课题时,则应尽量创造轻松自由的课堂气氛,让动机激起水平处于中等稍低的最佳状态。

16. C 【解析】本题考查教师专业发展的途径。教师的自我教育就是专业化的自我建构,它是教师个体专业化发展的最直接、最普遍的途径。故选C。

17. C 【解析】本题考查观察研究法的类型。结构观察是研究者根据研究的目的,事先设计好观察内容和项目,印制好观察表格或卡片,在观察过程中严格按设计要求进行观察和记录。题干中张老师按照听课记录表进行观察记录属于结构观察。

18. D 【解析】本题考查抽样的方法。如果一个总体比较大,所抽样本容量比较小,并且这个总体的内部结构又比较复杂,则必须采用分层抽样才能保证样本对总体的代表性。题干中要初步了解该省不同县市艺术教育开展情况,采用分层随机抽样的方法比较合适。

19. A 【解析】本题考查学校文化的类型及课程类型。学校文化由观念文化、规范文化和物质文化构成。其中,观念文化又叫精神文化,包括办学指导思想、教育观、道德观、思维方式、校风、行为习惯等。隐性课程亦称潜在课程、自发课程,是学校情境中以间接的、内隐的方式呈现的课程。北京大学的校徽蕴含着丰富的精神文化,会给人以潜移默化的影响。

20. C 【解析】本题考查注意的分配。注意的分配是指人在进行两种或多种活动时能把注意指向不同对象的现象。题干中小红一边听音乐,一边打毛衣属于注意的分配。

21. B 【解析】本题考查首因效应。系列位置效应就是指接近开头和末尾的记忆材料的记忆效果好于中间部分的记忆效果的趋势。开头部分和结尾部分的记忆效果较好,分别称为首因效应和近因效应,而效果较差的中间部分被称为渐近部分。题干中,最先背诵的单词较少遗忘,记忆效果好,这体现的是首因效应。

22. D 【解析】本题考查定势的概述。定势(即心向)是指重复先前的操作所引起的一种心理准备状态。在定势的影响下,人们会以某种习惯的方式对刺激情境做出反应。人们一般认为公安局局长都是男性,属于心理定势的现象。

23. B 【解析】本题考查课程目标取向的分类。行为取向的课程目标是期待的学生的学习结果,具有导向、控制、激励与评价功能。它指明了课程结束后学生自身所发生的行为变化。它的基本特点是:目标精确、具体和可操作。题干中编写的侧重于学生需要掌握的基础知识和基本技能的课程目标取向是行为性目标取向。

24. A 【解析】本题考查课程设计的主要模式。泰勒提出了关于课程编制的"目标模式",即泰勒原理。泰勒原理可概括为:目标、内容、方法、评价,即:确定课程目标、根据目标选择课程内容(经验)、根据目标组织课程内容(经验)、根据目标评价课程。泰勒认为一个完整的课程编制过程应包括这四项活动。

25. D 【解析】本题考查教学原则。量力性原则,也称可接受性原则,是指教学的内容、方法、分量和进度要适合学生的身心发展,使他们能够接受,但又要有一定的难度,需要他们经过努力才能掌握,以促进学生的身心发展。经验证明,教学中传授的知识只有符合学生的接受能力才能被他们理解,顺利地转化为他们的精神财富。

26. A 【解析】本题考查合作学习分组的原则。合作学习分组的原则之一是组内异质,组间同质。组内异质的目的是力求小组成员在性别、成绩、能力、背景等方面具有一定的差异,使之具有一定的互补性,以使小组有更多的合作性思维、更多的信息输出和输入,产生更多的观点,提高学生理解问题的深度和推理的质量。组间同质的目的是为全班各小组之间的公平竞争创造条件。

27. B 【解析】本题考查元认知策略的概述。元认知策略是指个体为实现最佳的认知效果而对自己的认知活动所进行的调节和控制。元认知监控策略是指在认知过程中,根据认知目标及时检测认知过程,寻找两者之间的差异,并对学习过程及时进行调整,以期顺利实现有效学习的策略。题干中对作业的浏览、进度的安排以及完成情况的监控主要采用的是元认知策略。

28. B 【解析】本题考查认知风格。沉思型的学生在解决认知任务时,总是谨慎、全面地检查各种假设,在确认没有问题的情况下才会给出答案。这种类型的学生解答认知问题的速度虽然慢,但错误率很低,在解决高层次问题时占优势。

29. D 【解析】本题考查准备律的概述。准备律是桑代克提出的学习三定律之一,指当个体在有准备反应状态下进行反应时,则可产生满足感,这种满足感又会促使个体继续反应,进而使刺激—反应之间的联结得到加强。反之,当个体在无准备反应状态下进行反应时,则可产生反感,进而削弱刺激—反应之间的联结。老师提前告诉学生下一节课所要学习的内容,使学生有所准备,运用了准备律的学习原理。

30. D 【解析】本题考查教学原则。循序渐进原则是指教师要严格按照科学知识的内在逻辑和学生的认知发展规律进行教学,使学生掌握系统的科学文化知识,能力得到充分的发展。优秀的冶匠的儿子,一定是先学习缝制皮衣;好的射手的儿子,一定是先学会用竹条编制器具。比喻学习一定要由浅入深。故题干表述体现了对循序渐进原则的追求。

31. C 【解析】本题考查教学模式。示范-模仿式教学模式是教师有目的地把示范技能作为有效的刺激,以引起学生相应的行动,使他们通过模仿,有效地掌握必要的技能的一种教学模式。它是教学中最基本的教学模式之一,多用于以训练技能为目的的教学。

32. A 【解析】本题考查教学评价的基本类型。绝对性评价又称为目标参照性评价(标准参照评价),是运用目标参照性测验对学生的学习成绩进行的评价。它主要依据教学目标和教材编制试题来测量学生的学业成绩,判断学生是否达到了教学目标的要求,而不以评定学生之间的差异为目的。题干中注重学生是否达到教学目标要求的评价属于绝对性评价。

33. C 【解析】本题考查教学中的手势种类。教学中的手势按其构成方式和功能的不同分为以下几类:(1)指示性手势:是用以具体指明表述中论及的人或事物及其所在位置的手势。这种手势有实指和虚指之分。(2)描述性手势:用来模形状物的手势。这是以手运动的轨迹来勾勒人或事物的外形轮廓,从而给听众具体印象的手势。

其表现在于神似，而不苛求形似，往往只具有示意性。(3)会意性手势：主要通过手势的动作趋向来示意说话人的思想、情感。虽然看起来比较抽象，但用得准确、恰当，就能引起听众心理上的联想，启发思维。(4)象征性手势：这是一种用于表示抽象意念的手势。题干中陈老师把食指竖起来放在嘴上，表示他想让大家安静下来。陈老师的动作反映了他的想法，故其手势属于会意性手势。

34. B 【解析】本题考查提问技能的类型。理解性提问是用来检查学生对已学的知识及技能的理解和掌握情况的提问方式，多用于某个概念、原理讲解之后，或一个完整的课程结束之后。学生要回答这类问题必须对已学过的知识进行回忆、解释、重新组合，对学习材料进行内化处理，组织语言然后表达出来。题干中的物理老师在讲解牛顿力学定律后，结合与力学相关的实例对学生进行提问属于理解性提问。

35. D 【解析】本题考查德育过程的基本规律。从学生思想品德发展的内部动力上看，德育过程是促进学生思想内部矛盾斗争的过程，是教育与自我教育相结合的过程。在德育过程中，对已有积极因素进行巩固和发扬，并在此基础上培养新的积极因素，这属于塑造性质的教育；对已有消极因素进行有针对性的矫正和补救，则属于改造性质的教育。塑造和改造教育是统一的，是德育过程中普遍存在的两个不可分割的有机成分。通过系统地塑造和改造教育，不断地发扬积极因素，克服消极因素，可以促进学生思想品德整体水平的持续提高。在德育过程中，塑造和改造教育虽然很重要，但它毕竟只是一种外部影响。教育者要真正把这些影响转化为学生的思想品德，还必须充分重视发挥学生的主观能动性，培养其自我教育能力。

36. A 【解析】本题考查德育原则。班级平行管理是指班主任既通过对集体的管理去间接影响个人，又通过对个人的直接管理去影响集体，从而把对集体和个人的管理结合起来的管理方式。班级平行管理的理论源于马卡连柯的“平行影响”的教育思想。“平行影响”的教育思想运用在德育上，就是集体教育和个别教育相结合原则，即“平行教育原则”。

37. B 【解析】本题考查德育方法。情感陶冶法是指教育者自觉创设良好的教育情境，潜移默化地使受教育者在道德和思想情操等方面受到感染、熏陶的方法。情感陶冶的方式主要包括人格感化、环境陶冶和艺术陶冶等。题干所述体现的是情感陶冶法。

38. C 【解析】本题考查《国家中长期教育改革和发展规划纲要(2010—2020年)》的工作方针。《国家中长期教育改革和发展规划纲要(2010—2020年)》的工作方针是先发展、育人为本、改革创新、促进公平、提高质量。把教育摆在优先发展的战略地位；把育人为本作为教育工作的根本要求；把改革创新作为教育发展的强大动力；把促进公平作为国家基本教育政策；把提高质量作为教育改革发展的核心任务。

39. D 【解析】本题考查《中华人民共和国未成年人保护法》中关于未成年人概念的规定。根据《中华人民共和国未成年人保护法》第二条规定，未成年人是指未满十八周岁的公民。

40. C 【解析】本题考查《中华人民共和国教师法》中关于教师违反《教师法》的法律责任的规定。根据《中华人民共和国教师法》第三十七条规定，教师有下列情形之一的，由所在学校、其他教育机构或者教育行政部门给予行政处分或者解聘。(一)故意不完成教育教学任务给教育教学工作造成损失的；(二)体罚学生，经教育不改的；(三)品行不良、侮辱学生，影响恶劣的。教师有前款第(二)项、第(三)项所列情形之一，情节严重，构成犯罪的，依法追究刑事责任。

二、案例分析题

41. A 【解析】本题考查教学原则。直观性原则是指在教学活动中，教师应尽量利用学生的多种感官和已有的经验，通过各种形式的感知，使学生获得生动的表象，从而比较全面、深刻地掌握知识。直观手段一般分为三大类：实物直观、模像直观和言语直观。案例中的李老师采用短视频进行导课是借助了模像直观手段。

42. C 【解析】本题考查教学方法。演示法是指教师通过展示实物、教具和示范性的实验来说明、印证某一事物和现象，使学生掌握新知识的一种教学方法。李老师借助学生熟悉的短视频进行导课，运用了演示法。讲授法是教师运用口头语言系统连贯地向学生传授知识、技能，发展学生智力的教学方法。“给学生讲解了我国古代历史上朝代灭亡的一般规律”这个教学过程运用了讲授法。

43. D 【解析】本题考查奥苏贝尔的有意义接受学习理论。奥苏贝尔在其有意义接受学习理论中提出“先行组织者”的概念,即先于某个学习任务本身呈现的引导性学习材料。先行组织者的抽象、概括和综合水平高于学习任务,并与认知结构中的原有观念及新的学习任务相关联。在回答“隋朝快速灭亡的原因是什么?”之前,李老师先给学生讲解了我国古代历史上朝代灭亡的一般规律,然后再引导学生分析隋朝快速灭亡的原因。这运用了先行组织者策略。

44. B 【解析】本题考查先行组织者的相关知识。奥苏贝尔提出“先行组织者”的概念,即先于某个学习任务本身呈现的引导性学习材料。先行组织者的抽象、概括和综合水平高于学习任务,并与认知结构中的原有观念及新的学习任务相关联。在回答“隋朝快速灭亡的原因是什么?”之前,李老师先给学生讲解了我国古代历史上朝代灭亡的一般规律,然后再引导学生分析隋朝快速灭亡的原因。这运用了先行组织者策略。

第二部分 体育学科专业知识

三、单项选择题

45. B 【解析】本题考查挺身式跳远的技术特点。起跳腾空后,起跳腿蹬直自然留在身后,摆动腿膝关节放松,下放后摆到身体的垂直面之后,整个身体充分伸展,形成“挺胸展髋”的挺身姿势。

46. B 【解析】本题考查田径竞赛规则。4×100 米的接力区是 30 米,4×400 米的接力区是 20 米。

47. C 【解析】本题考查篮球高手运球的动作方法。篮球高手运球的动作方法:两脚前后站立,两膝微屈,上体稍前倾,目视前方。以肘关节为轴,运球手臂自然伸屈,用手腕、手指柔和而有力地按拍球的后上方。球的落点控制在身体的外侧前方,球的反弹高度在腰胸之间。

48. B 【解析】本题考查排球“边一二”进攻战术。由前排一名队员在 2 号位担任二传,其他队员将球传给二传队员,再由二传队员将球传给 3 号位或 4 号位队员进行扣球的进攻形式。

49. D 【解析】本题考查 BMI 指数的计算方法。BMI 指数的计算方法为:BMI = 体重(kg)/[身高(m)]^2。

50. C 【解析】本题考查田径运动中的跳跃项目。田径运动中的跳跃项目有跳远、三级跳远、跳高、撑竿跳高。

51. B 【解析】本题考查马拉松的全程距离。马拉松的全程距离是 42.195 千米。

52. A 【解析】本题考查侧向滑步推铅球最后用力的动作要点。滑步推铅球最后用力动作要诀为:蹬、转、送、挺、撑、推、拨。

53. B 【解析】本题考查高中体质健康标准测试的项目。高中体质健康标准测试的项目有:50 米跑、坐位体前屈、立定跳远、引体向上(男)、1 分钟仰卧起坐(女)、1000 米跑(男)、800 米跑(女)。

54. B 【解析】本题考查支撑跳跃。支撑跳跃动作由助跑、上板、踏跳、第一腾空、推手、第二腾空、落地七个技术环节组成。由推手和第二腾空组成的支撑腾空动作及落地的稳定性是评定整个动作质量的主要环节。选项 B 最符合题意。

55. D 【解析】本题考查田径竞赛规则。田径比赛中,400 米及 400 米以下的各径赛项目,规定采用蹲踞式起跑姿势,起跑过程必须经过“各就位”“预备”“鸣枪”三个阶段。

56. B 【解析】本题考查运动与补液。在夏季运动,汗液流失较多,氯化钠丢失较多,应及时补充带有电解质的淡盐水。

57. D 【解析】本题考查“极点”时身体的症状。在进行长时间剧烈运动时,在运动开始的某一阶段,运动者常产生一些难以忍受的生理反应,如呼吸困难、胸闷、头晕、心率剧增、肌肉酸痛无力、动作迟缓不协调,甚至产生停止运动的念头等,这种机能状态称为“极点”。

58. B 【解析】本题考查篮球基本进攻战术配合。策应配合是指进攻队员背对或侧对球篮接球后,通过多种传球方式与外线队员的空切、绕切相结合,借以摆脱防守,创造各种里应外合进攻机会的配合方法。

59. C 【解析】本题考查抑郁症的表现。抑郁症有典型的三个症状,即情绪低落、思维迟缓、意志力活动减退。王浩的表现属于轻度抑郁。

60. A 【解析】本题考查强迫观念。强迫观念是头脑中反复出现某一概念或相同内容的思维,明知没有必要,但又无法摆脱。由于难以自我控制,令人焦虑、痛苦。

61. C 【解析】本题考查队列队形术语。横队:按

"列"组成的队形称为横队,一般横队的宽度大于纵深。纵队:按"路"组成的队形称为纵队,一般纵队的纵深大于宽度。

62. B 【解析】本题考查吸烟的危害。吸烟时产生的烟雾中有近20种有害物质,烟焦油、尼古丁和一氧化碳对身体的危害性最大。烟焦油是由多种物质混合成的物质,在肺中会浓缩成一种黏性物质。尼古丁对中枢神经系统、自主神经系统有先兴奋、后抑制的作用,并且是导致对烟草成瘾的主要化学成分。一氧化碳会使血液运送氧的能力减弱,容易导致缺血性心脏病、心绞痛和呼吸困难。

63. B 【解析】本题考查武术的特点。武术属于民族传统体育运动,从此方面来讲,具有民族性、传统性、群众性、广泛性。武术又以套路的形式出现,具有表演性。

64. A 【解析】本题考查落水施救的处理方法。遇到有人落水时,第一时间要大声呼救,召唤更多的人参与救援;如落水者靠近岸边,并知落水者还清醒时,可借助可用工具将其拉上岸;要判断自己是否有能力下水救人;及时拨打120急救电话和报警电话。

四、多项选择题

65. ABD 【解析】本题考查排球正面双手垫球。排球正面双手垫球的动作要点是压腕、含胸、弯腰、臂伸直,用蹬地、提肩、抬臂的力量将球送出。由于伸直手臂的同时,两肩是向内夹紧的。故选ABD。

66. BCD 【解析】本题考查神经衰弱的治疗方法。神经衰弱的治疗应用心理治疗、行为疗法、配合药物及物理治疗能取得较好的效果。其他治疗如适当的体育锻炼、旅游疗养、合理的生活方式是摆脱烦恼处境、改善紧张状态、缓解精神压力的好方法。尽量不要在治疗过程中进行剧烈的球类运动。

67. ABCD 【解析】本题考查关节脱位的症状。关节脱位时,由于暴力作用往往伴有关节囊及关节周围软组织的损伤,严重者还可伤及神经、血管或伴有骨折。常见的症状有关节疼痛或运动障碍、关节周围明显压痛、关节部位出现明显肿胀、关节部位出现畸形等。由于畸形,肢体形态及位置变移,可出现肢体缩短或延长,故与健康的肢体对比不对称。

68. ABCD 【解析】本题考查急性闭合性软组织损伤的处理原则。(1)早期。早期是指伤后的24~48 h内,处理原则是制动、止血、防肿、镇痛及减轻炎症。伤后可使用冷敷、加压包扎并抬高伤肢。(2)中期。中期是指伤后24~48 h以后,可采用理疗、按摩、针灸、痛点药物注射、外贴或外敷活血、化瘀、生新的中草药等。热疗和按摩在中期的治疗中极为重要。(3)晚期。晚期的处理原则是恢复和增强肌肉、关节的功能,以按摩、理疗和功能锻炼为主,配合支持固定及带中草药的熏蒸等。

69. ABD 【解析】本题考查体育与健康学科核心素养。体育与健康学科核心素养包括运动能力、健康行为、体育品德。

70. ACD 【解析】本题考查体能的概述。体能指人体各器官系统的机能在身体活动中表现出来的能力。体能包括与健康有关的体能和与运动技能有关的体能。与健康有关的体能包括心肺耐力、柔韧性、肌肉力量、肌肉耐力、身体成分等,与运动技能有关的体能包括从事运动所需要的速度、力量、灵敏性、协调性、平衡、反应等。还有一些体能成分既是与健康相关的体能,又是提高运动技能所需要的体能。

71. ABC 【解析】本题考查跳高的姿势。到目前为止,跳高技术共出现了跨越式、剪式、滚式、俯卧式和背越式5种姿势。挺身式属于跳远的一种姿势。

72. ABCD 【解析】本题考查文明参赛和观赛的行为概述。文明参赛行为包括参赛礼仪、遵守比赛规则、尊重对手和志愿者、维护赛场环境卫生等。文明观赛行为包括观赛礼仪、观赛前的准备、观赛后的退场行为等。

73. ABD 【解析】本题考查艾滋病的传播途径。艾滋病的传播途径主要有:(1)经性接触:包括不安全的同性、异性和双性性接触;(2)经血液及血制品:包括共用针具静脉注射毒品、不安全规范的介入性医疗操作等;(3)经母婴传播:包括宫内感染、分娩时和哺乳传播。

74. ABC 【解析】本题考查准备活动的作用及注意事项。准备活动是在比赛前通过人为活动,来预先动员身体机能,从而使机体的调节机能得到改善,内脏器官的生理惰性得到克服,代谢水平增加,运动能力提高,调整运动前的心理状态,预防运动损伤。若准备活动的量过大,身体容易出现疲劳,参加正式运动时,身体的功能水平不是处于最佳状态而是有所下降,此时参加剧烈运动就容易受伤。

75. CD 【解析】本题考查发展心肺耐力的有氧锻炼方法。仰卧起坐、俯卧撑属于无氧运动;球类运动属于有氧无氧混合性运动;瑜伽、中长跑、越野跑、游泳、自行车属于有氧运动。

76. ABC 【解析】本题考查运动损伤的致因。造成运动损伤的主观因素有缺乏运动损伤预防常识、准备活动不合理、技术动作错误、运动量过大、组织方法不当、运动参加者的生理功能或心理状态不良。造成运动损伤的客观因素有对手动作粗野或违反规则、场地器材设备与服装不符合要求、气候原因、人体解剖生理特点与运动项目技战术特点的关系等。

77. ABCD 【解析】本题考查足球运动的特征。足球运动是世界第一大运动,群众基础高,易于开展;足球作为对抗性运动具有非常强的观赏性;足球友谊赛常常被用来两国之间的外交,具有增进友谊振奋人心的作用;足球具有经济功能和丰富的文化内涵。

78. ABCD 【解析】本题考查田径运动技能学习的原则。田径运动技能学习的原则有循序渐进原则、经常性原则、全面发展原则、周期性原则、巩固提高原则、安全性原则、科学性原则、适宜负荷原则。其中,经常性原则是指要经常参加练习,在学习技能的过程中不能间断练习,练习一旦间断,产生的良好效果就会丢失。要坚持经常性原则,不间断地练习,故选项 C 也正确。

79. ABD 【解析】本题考查面对校园暴力应当采取的保护措施。面对校园暴力时,要判断局势,应尽可能避免冲突,如无法避免冲突,也应正面、正直勇敢地面对,冲突过后,应向班主任或校领导及时汇报。

五、简答题

80. 2017 年版体育与健康课程标准的基本理念是什么?

【参考答案】(1)落实立德树人的根本任务和健康第一的指导思想,促进学生健康和全面发展;
(2)尊重学生的学习需求,培养学生对运动的喜爱;
(3)改革课程内容与教学方式,提高学生的综合能力和优良品格;
(4)注重学生运动专长的培养,奠定学生终身体育的基础;
(5)建立多元的学习评价体系,激励学生更好地学习和发展。

本题共 5 分。答出 5 条“基本理念”得满分,1 条 1 分。

81. 世界卫生组织认为:人体的健康 60% 取决于个人,请你结合学到的健康知识,给某一社区居民简写一份体育与健康生活方式有关的宣传内容。

【参考答案】(1)危害健康的生活方式
①不健康的饮食方式;②吸烟;③不健康的饮酒行为;④生活不规律;⑤冒险行为。
(2)促进健康的积极生活方式——合理的体育运动
①合适的体育运动。体育运动作为健康生活方式的重要内容,是维护人们身心健康最有效、最有益的方法之一。
②运动不足的危害。人体长期缺乏运动,人体的新陈代谢功能会下降,容易引起各种肌肉关节疾病;运动缺乏会导致抵抗力下降,易患疾病;运动缺乏,可导致亚健康状态;运动缺乏,加速衰老,增加突然死亡的概率。
③运动过量的危害。过度运动不仅影响运动能力,甚至能严重损害人体免疫系统和身体健康。

本题共 6 分。(1)答出“危害健康的生活方式”得 3 分;(2)答出“促进健康的积极生活方式——合理的体育运动”得 3 分。

六、简述题

82. 请你根据最新体育与健康课程标准的要求,简写一节技术课的上课流程。(要求:语言简练,教学环节清晰,教学理念新颖,教学方法得当)

【参考答案】 **运球急停跳起投篮**

(一)准备部分
1. 体育课堂常规
(1)体育委员整队,报告人数;
(2)师生问好;
(3)教师宣布本节课的内容;
(4)教师检查服装;
(5)教师安排见习生;
(6)教师强调安全。
2. 热身活动
(1)徒手操 4 节;(2)篮球活动游戏。
(二)基本部分
1. 原地定点投篮,巩固原地投篮动作
所有学生分为两队依次进行原地肩上投篮技术动作的复习,教师从旁指导。
2. 运球急停跳起投篮学习
(1)原地接球投篮
教师与学生进行配合,示范原地接球投篮技术动作,学生认真观察教师的技术动作,进行徒手模仿练习。徒手模仿练习结束后每两人一组进行一传一投的投篮练习,教师巡视指导。

(2)运球急停投篮

教师讲解运球急停跳起投篮的技术动作要领,并进行示范,学生每人一球进行运球急停跳起投篮,自抛自接练习。

(3)运球急停跳起投篮

学生自主练习,教师巡回指导。在练习过程中,学生运用正确的技术动作能够初步完成整个投篮技术,教师从旁指导并纠正错误。在练习过程中选出技术动作较标准的学生进行示范。

(三)结束部分

1. 放松整理活动。

2. 教师小结。

3. 收还器材,师生再见。

本题共12分。(1)"准备部分"应包括"课堂常规"和"热身活动"且设计合理,确保能起到整理热身的效果,可酌情给1～2分。(2)"基本部分"应包括"巩固""新授"两部分,其中,新授部分有讲解、示范及练习等环节,可酌情给7～8分。(3)"结束部分"应包括"放松整理活动""教师小结"和"收还器材"3个方面且设计合理,可酌情给1～2分,每少答1个方面可酌情扣0.6分。

2020年江西省教师招聘考试初中体育真题试卷(八)

一、单项选择题

1. A 【解析】本题考查心脏的心肌细胞。心脏的心肌细胞有两类,一类是普通的心肌细胞,普通的心肌细胞包括心房肌和心室肌,含有丰富的肌原纤维,执行收缩功能,故又称为工作细胞。另一类是自动节律性心肌细胞。

2. D 【解析】本题考查骨连结的分类。骨与骨之间借结缔组织形成的连结称为骨连结。根据连结组织和活动情况,骨连结可分为有腔隙骨连结和无腔隙骨连结。

3. A 【解析】本题考查田径跑道分道线的画法。画分道线,应以跑道内突沿外沿为基准,各分道线都是用5厘米的白灰色线画成。标准场地或正规比赛,分道宽应为1.22米或1.25米。

4. B 【解析】本题考查搏斗运动的概述。目前武术竞赛中正在逐步开展的搏斗运动有散打、推手、短兵三项。

5. A 【解析】本题考查人体的躯干肌。人体的躯干肌按分布部位可分为背肌、胸肌、膈肌、腹肌和会阴肌。肱肌属于人体的上臂肌,不属于躯干肌。

6. C 【解析】本题考查呼吸道。呼吸道包括鼻、咽、喉、气管和支气管及其分支。

7. C 【解析】本题考查田径男子十项全能比赛概述。田径男子十项全能比赛第一天的项目有100米、跳远、掷铅球、跳高、400米;第二天的项目有110米栏、掷铁饼、撑竿跳高、掷标枪、1500米。

8. D 【解析】本题考查新陈代谢中的同化作用。新陈代谢是指生物体不断地与其周围环境进行物质与能量交换,实现自我更新的过程。新陈代谢包括同化(又称合成代谢)和异化(又称分解代谢)两个过程。生物体不断地从体外环境中摄取有用的物质,使其合成、转化为机体自身物质的过程称为同化作用(又称合成代谢)。生物体不断地将体内的自身物质进行分解,并把所分解的产物排出体外,同时释放出能量供应机体生命活动需要的过程称为异化作用(又称分解代谢)。

9. A 【解析】本题考查生命活动的基本特征。生物体的生命现象主要表现为以下五个方面的基本特征,即新陈代谢、兴奋性、应激性、适应性和生殖。

10. B 【解析】本题考查侧向滑步推铅球技术。一个完整的侧向滑步推铅球技术包括握球和持球、预备姿势、预摆和滑步、最后用力和维持身体平衡等几个部分。

11. C 【解析】本题考查肌膜的组成。肌膜由细胞膜和基膜组成,两者之间有间隙。在骨骼肌细胞的表面,细胞膜和基膜凹入肌细胞的内部,伸入到每一根肌原纤维之间,分支相互连接在同一平面上形成横小管,又名T小管,小管与肌原纤维成垂直方向。

12. B 【解析】本题考查骨骼肌收缩的爆发能力。物理学中把单位时间所做的功称为功率,通常把力和速度的乘积称为爆发力,因此,功率又称为骨骼肌收缩的爆发能力。

13. D 【解析】本题考查血细胞。血细胞又称"血球",是存在于血液中的细胞,能随血液的流动遍及全身,占全血量的45%～50%,包括红细胞、白细胞和血小板。

14. D 【解析】本题考查中国男子体操的历史发展。在1992年第25届巴塞罗那奥运会上,中国男子体操队获得体操男子团体的银牌。

15. A 【解析】本题考查正常人血浆的 pH 值。正常人的血浆的 pH 值为 7.35～7.45。

16. D 【解析】本题考查排球"心跟进"防守战术。排球"心跟进"防守战术也被称为"6 号位跟进"防守战术。

17. B 【解析】本题考查血液循环。血液在心脏和全部血管所组成的管道系统中的循环流动叫血液循环。根据其循环途径可分为体循环和肺循环,两种循环同时进行。

18. C 【解析】本题考查后负荷。心室肌的后负荷是指心肌收缩之后所受到的阻力或负荷。与之相对的是前负荷。主动脉压和肺动脉压就是左、右心室的后负荷。

19. A 【解析】本题考查 O_2 和 CO_2 在血液中的运输形式。O_2 和 CO_2 在血液中以物理溶解和化学结合两种形式运输,其中以化学结合为主,但气体进入血液进行化学结合需通过物理溶解,气体从血液中分离也需要通过物理溶解。

20. B 【解析】本题考查体育心理学的定义。体育心理学是研究体育运动这一特定情境中的心理和行为的科学。

21. C 【解析】本题考查业余球队运动训练计划。运动训练计划一般包括多年训练计划、年度训练计划、周期训练计划、周训练计划和课训练计划。

22. C 【解析】本题考查运动动机的种类。(1)根据学生参与体育学习和锻炼活动的心理动因是以生物性需要,还是以社会性需要为基础,运动动机可以分为生物性动机和社会性动机。(2)根据学生参与体育学习和锻炼活动的心理动因主要是由自身内在需要转化而来,还是由外界条件诱发而来,运动动机可以分为内部动机和外部动机。(3)根据学生参与体育学习和锻炼活动的心理动因是指向体育活动过程,还是指向体育活动的结果,运动动机可以分为直接动机和间接动机。

23. A 【解析】本体考查体育态度。中小学生体育态度转变包括方向和强度两个方面。

24. C 【解析】本题考查羽毛球的比赛概况。汤姆斯杯赛是世界男子羽毛球团体锦标赛;尤伯杯赛是世界女子羽毛球团体锦标赛;苏迪曼杯赛是世界羽毛球混合团体锦标赛。

25. C 【解析】本题考查体育教学方法中的指导法。在体育教学过程中使用言语指导时,要想实现更有效的指导就必须重视注意与指导线索两个问题。

26. A 【解析】本题考查体育课堂学习过程中的心理评价内容。体育课堂学习过程中的心理评价内容主要有包括评价学生在体育学习过程中的学习态度、情意表现、交往能力、合作精神及其行为等。

27. C 【解析】本题考查体操动作的评定。体操动作技术有着自身的特点,动作以质量为前提,讲究动作的幅度、优美和稳定。

28. B 【解析】本题考查动作技能。动作技能是个体以一定的生理与心理机能为前提条件,通过运动学习而形成的,是一种潜在的能力倾向。

29. D 【解析】本题考查学校体育学的产生与发展。资本主义初期,从 1640 年到 18 世纪初,进步资产阶级教育家充分肯定了体育在教育中的价值,为近代学校体育的发展和繁荣做了重要的舆论准备。

30. B 【解析】本题考查篮球场地器材规格。篮板下沿离地高度为 2.90 米,篮圈上沿离地高度为 3.05 米。

31. C 【解析】本题考查中小学体育教材的发展。1961 年人民教育出版社编辑出版了中小学体育教材,第一次明确提出"学校体育应从增强学生体质出发"的指导思想。

32. A 【解析】本题考查学校体育与大众传播。大众传播效果的表现是对学生的认知结构、价值观念、情感倾向和行为模式的影响。大众传媒中体育信息因其内容的特征,有助于学生体育态度与价值观的形成。

33. D 【解析】本题考查学校体育与国民体育的联系。学校体育既是学校教育的重要组成部分,又是国民体育的重要组成部分,这一固有的特性决定了学校体育的目标必须与学校教育和国民体育目标相一致。所以学校体育的功能与国民体育的功能密切联系。

34. B 【解析】本题考查学校体育的功能。学校体育的本质功能是育人,具体又包括教育功能、健身功能和娱乐功能三个方面。学校体育的其他功能包括文化功能、辐射功能、经济功能。

35. A 【解析】本题考查学校体育目标。学校体育目标是一个多层次、完整的系统,按照不同的分类方法,可以将它划分为不同的层次和类型。按照性质,可将学校体育目标划分为条件目标、过程目标和效果目标。

36. B 【解析】本题考查 110 米栏跨栏跑的全程技

术。110 米跨栏跑的全程跑技术包括起跑至第一栏技术、途中跑技术和终点冲刺跑技术。

37. C 【解析】本题考查体育课程设计概述。体育课程设计指课程结构的编制,应是有计划、有目的地产生课程计划、课程标准及教材的系统化活动。

38. B 【解析】本题考查体育教师必要的条件。良好的身体素质是体育教师终身锻炼的需要,也是进行体育教学、提高运动技术水平、适应社会体育工作的必要条件。

39. C 【解析】本题考查足球竞赛规则。场上队员,未得到裁判许可故意离开比赛场地应被判罚黄牌警告。

40. D 【解析】本题考查细胞进行代谢的内部环境。体液是细胞进行代谢的内部环境,其主要成分是水及各种无机盐。

41. C 【解析】本题考查运动系统中骨的分类。骨按形态结构分类,大致可以分为长骨、短骨、扁骨和不规则骨四类。肱骨和股骨均属于长骨,故排除 A、B、D 三项。

42. B 【解析】本题考查单杠骑撑前回环动作的保护与帮助方法。保护与帮助者站在杠后练习者前腿的同侧,一手从杠下翻握其手腕,当上体回环过杠下垂面后,另一手托其腰背部,或一手扶其前腿或肩,帮助上成骑撑。

43. A 【解析】本题考查人体自由上肢骨的组成。人体的自由上肢骨包括上臂骨、前臂骨及手骨三部分。上臂骨只有一块肱骨;前臂骨包括尺骨和桡骨;手骨包括腕骨、掌骨和指骨。故选 A。

44. C 【解析】本题考查武术运动的特点。武术运动的特点有:(1)寓技击于体育之中;(2)内外合一,形神兼备的民族风格;(3)广泛的适应性。

45. C 【解析】本题考查骨的分类。成年人全身共 206 块骨,按其所在部位可分为中轴骨和附肢骨两部分。

46. B 【解析】本题考查运动对呼吸系统的影响。体育运动对呼吸系统的影响是多方面的,科学适宜的运动对呼吸系统有益。但随着运动强度的增加,呼吸膜厚度有从正常到增厚,再到变薄,最后直到破裂的可能。

47. A 【解析】本题考查乒乓球的基本战术。乒乓球的基本战术主要有接发球战术、发球抢攻战术、对攻战术、拉攻战术和搓攻战术。

48. D 【解析】本题考查合作学习。在体育课堂教学活动中,合作是增加课堂人际互动,促进集体学习活动的有效手段之一。

49. A 【解析】本题考查动作技能的概念。在体育学习过程中,学生通过练习而巩固下来的,自动化的、完善的活动方式是动作技能。

50. B 【解析】本题考查柔韧素质的概念。柔韧素质是指人体各个关节的活动幅度和肌肉、肌腱以及韧带等软组织的伸展能力。

二、简答题

1. 简述体育教学过程中交往的功能。

【参考答案】(1)传递信息、增加学生的知识与经验;(2)调节行为及协调人际关系;(3)心理保健功能;(4)提高自我认识、促进个性发展。

本题共 5 分。答出“传递信息”“增加学生的知识与经验”“协调人际关系”“心理保健功能”“促进个性发展”等关键点得满分。

2. 简述足球个人进攻战术包括哪些。

【参考答案】(1)传球。传球是比赛中运用最多,也是最重要的技战术手段。

(2)射门。射门是一切进攻战术配合的最终目的和进攻得分的唯一手段。

(3)运球突破。运球突破是撕开对手防线,创造以多打少的局面,创造射门和传球机会的有效手段。

(4)跑位。跑位是整体进攻战术的基础,是获得必要进攻时间和空间的重要手段。

本题共 5 分。(1)答出“传球”“射门”“运球突破”“跑位”4 个足球个人进攻战术得 2 分,1 个进攻战术 0.5 分;(2)分别对 4 个进攻战术进行适当的阐述得 3 分。

三、论述题

试述体育设施器材资源的开发与利用。

【参考答案】各地、各校应按照中小学体育器材设施配备标准的规定配齐体育设施和器材。同时,还要大力开发和充分利用其他的体育设施和器材资源,保证体育与健康课程的有效实施。

(1)开发与利用校内外的场地和设施资源。

学校既要充分开发与利用校内的各种场地、设施等开展体育活动,如墙面、树林、食堂、较宽阔的走廊、空地等,也要利用社区的体育场馆、设施和器材等资源辅助教学。

(2)发挥体育器材的多种功能。

体育器材一般都可以一物多用,如栏架可以用来跨栏,也可以用作穿越的障碍、小足球的球门等。

(3)妥善保养场地、设施和器材。

学校要通过优化管理,加强对场地、设施和器材的维护与保养,提高它们的使用效率和寿命。

本题共10分。(1)答出"开发与利用校内外的场地和设施资源""发挥体育器材的多种功能""妥善保养场地、设施和器材"3个关键点得6分;(2)分别对3个关键点进行适当的阐述得4分。

四、案例分析题

【参考答案】(1)①案例中教师的做法符合新课标提倡的"改变教学方式,促进学生积极主动的学习"教学理念,案例中教师发现学生的问题,没有直接说出学生的问题,而是通过侧面练习帮助学生发现问题,学生通过观察发现问题所在,大大降低了犯错率。

②教师充分关注学生体育与健康学习的兴趣和需求,教师在准备部分带领学生进行游戏,通过游戏激发学生的学习兴趣,能活跃课堂气氛。

③教师的做法符合新课标提到的落实"健康第一"的指导思想,促进学生健康全面地发展,教师在上课前带领学生进行准备活动,能够有效减少运动损伤的发生。

④教师在上课中树立了新的知识观,重视学生核心素养的培养,引导学生出现问题时通过观察练习找出原因,学生不仅学会知识而且更重视同学之间的合作与交流,有利于学生核心素养的培养。

⑤教师在上课过程中体现了新课标提倡的建立多元学习评价体系,激励学生更好的学习和发展,教师在学习过程中引导学生进行自评,并在游戏结束后进行终结性评价,体现了多元化的评价体系。

(2)案例中教师的做法非常贴合新课程的教学理念,值得我今后作为教师学习和借鉴。在教学过程中,发现问题后如何解决问题是极其重要的。要根据教学内容、学生特点,选择合适的解决问题的方法,达到事半功倍。在教学过程中应体现学生的主体性,体现教师的主导性,师生互相配合,形成良好的教学效果。

本题共10分。(1)有结合新课程标准倡导的理念对此教案进行评析且评析恰当合理,可酌情给4~5分;(2)答出的启发,言之有理即可,可根据语言表述等酌情给4~5分。

五、教学设计题

【参考设计】

篮球——原地单手肩上投篮(第二课时)

【基本部分】

1."投篮之星"比赛

学生分成4组,各组排成纵队站在罚球线后,教师发令,各组依次进行投篮,计算投篮成功的个数,比赛两次,总进球数高的队获胜。教师巡回观察,指导学生投篮。

2.错误动作的纠正与指导

教师挑选学生进行投篮示范,学生进行互相评价。教师根据错误动作产生的原因进行纠正与指导,并再次示范正确的投篮动作和强调规范的动作要领。

3.学生分组练习

教师让各组设置个人目标和小组目标,如"个人投进20球,小组投进180球"。学生分组练习,教师巡回指导。

4.团队投篮比赛

教师利用标志贴,在球场上设置位置不同的10个投篮点。小组长安排组员站在不同投篮点上,在规定时间内,各个组员依次进行投篮,投篮命中率高的小组获胜。

本题共20分。(1)题干要求仅需对基本部分做出设计,故只写出基本部分的教学步骤可得满分。(2)"基本部分"的设计紧扣教学目标和教学重难点且符合水平五的学生的认知规律,可酌情给4~6分;本课为第二课时,故有复习——"投篮之星"比赛、"错误动作的纠正与指导""学生分组练习"等完整且连贯的教学环节,可酌情给12~14分。

2020年天津市南开区教师招聘考试中小学体育真题试卷(九)

第一部分　教育理论知识

一、单项选择题

1.B　**【解析】**本题考查教学环境的内容。教学环境包括物质环境和社会环境两个方面,前者涉及课堂自然条件、教学设施及学校的硬件资源,后者涉及课堂气氛、同学关系及校风等。

2.A　**【解析】**本题考查教师劳动的创造性。教师劳动的创造性主要表现在以下三个方面:(1)因材施教。(2)教学方法上的不断更新。(3)教师需要"教育机智"。教师对学生进行在线直播教学说明了教师在教学方法上的更新,体现了教师劳动的创造性。

3.D　**【解析】**本题考查负惩罚的内涵。负惩罚又称为移除性惩罚,是通过取消愉快刺激来降低反应频率。小萌的班主任通过取消小萌观看学校文艺汇演的资格来降低小萌在课上睡觉的频率，这是运用了负惩罚的行为塑造原理。

4. A 【解析】本题考查发散思维的概念。发散思维，也叫求异思维、分散思维、辐射思维，是指人们解决问题时，思路朝着各种可能的方向扩散，从而求得多种答案。发散思维的过程是从给予的信息中产生多种信息的过程。要求学生列举“大海”一词所想到的事物，是为了训练学生的发散思维。

5. D 【解析】本题考查学习迁移的种类。正迁移也叫“助长性迁移”，是指一种学习对另一种学习的促进作用。顺向迁移是指先前学习对后继学习产生的影响。“温故而知新”指的是复习已经学会的知识，可以从中得到新的知识。因此，“温故而知新”属于顺向正迁移。

6. B 【解析】本题考查再造想象的概念。再造想象是依据词语或符号的描述、示意在头脑中形成与之相应的新形象的过程。人在阅读文艺作品、历史文献，工人看建筑或机械图纸，学生听教师对课文生动形象的描述时，头脑中出现的有关事物的形象，都属于再造想象。本题所叙述的事例是再造想象的典型事例。

7. B 【解析】本题考查埃里克森的心理社会发展阶段论。埃里克森提出了相当完整的人格发展阶段理论。许多心理学家认为人格到青年阶段已经定型，但埃里克森认为人格的发展持续一生。

8. C 【解析】本题考查模像直观的概念。模像直观指观察与教材相关的模型与图像（如图片、图表、幻灯片、电影、录像、电视等），形成感知表象。

9. A 【解析】本题考查德育原则。知行统一原则是指教育者在进行德育时，既要重视对学生进行系统的思想道德的理论教育，又要重视组织学生参加实践锻炼，把提高认识和行为养成结合起来，使学生做到言行一致。王老师给学生讲述中国科技发展进步的同时，还鼓励学生参加科技展，从而直观地了解科技发展的文化，就体现了知行统一原则。

10. B 【解析】本题考查班级的功能。班级组织既具有社会化功能，又具有个体化功能。班级的个体化功能主要表现在：(1)促进发展的功能；(2)满足需求的功能；(3)诊断功能；(4)矫正功能。小强加入班级后改正了缺点，体现了班级的个体化功能中的矫正功能。

11. C 【解析】本题考查素质教育的基本任务。素质教育的基本任务包括：(1)培养学生的身体素质。(2)培养学生的心理素质。(3)培养学生的社会素质。

12. D 【解析】本题考查学习策略的种类。精细加工策略是指把新信息与头脑中的旧信息联系起来从而增加新信息意义的深层加工策略。它常被描述成一种理解记忆的策略，其要旨在于建立信息间的联系。王莉在学习拼音时利用了事物的形象进行记忆，这属于精细加工策略中的形象联想法。

13. A 【解析】本题考查孔子的教育思想。孔子在论述教育的社会功能时，提出了“庶—富—教”的思想。

14. D 【解析】本题考查德育原则。疏导原则是指进行德育时要循循善诱、以理服人，从提高学生认识入手，调动学生的主动性，使他们积极向上。题干中，教师给学生讲道理，帮助他们提高认识，并发扬他们身上的积极因素，就体现了德育的疏导原则。

15. B 【解析】本题考查《关于加强中小学教师职业道德建设的若干意见》的内容。《关于加强中小学教师职业道德建设的若干意见》的内容包括：(1)充分认识加强中小学教师职业道德建设的必要性；(2)加强中小学教师职业道德建设的基本要求；(3)积极开展多种形式的职业道德教育；(4)加强领导，建立健全中小学教师职业道德建设的保障机制。

二、简答题

1. 什么是合作学习？

【参考答案】合作学习是指学生以小组为单位进行学习的方式。合作学习是相对于“个体学习”而言的。合作学习的展开往往是在自学基础上进行的小组合作学习和小组内讨论。

本题共2分。写出合作学习的概念得1分，对合作学习进行适当的阐述得1分。

2. 桑代克提出的三条学习定律是什么？并作简要说明。

【参考答案】桑代克提出的三条学习定律是效果律、练习律、准备律。

效果律是指刺激和反应之间的联结可因导致满意的结果而加强，也可因导致烦恼的结果而减弱。

练习律是指刺激与反应之间的联结会由于重复或练习而加强,若不重复或不练习,联结的力量就会减弱。

准备律是指联结的加强或削弱取决于学习者的心理准备和心理调节状态。

本题共3分。(1)写出桑代克提出的"效果律""练习律""准备律"3条学习定律得1.5分,1条0.5分;(2)对3条学习定律进行简要说明,可酌情给1~1.5分。

三、论述题

【参考答案】(1)一堂好课的标准包括:要使学生的注意力集中;要使学生的思维活跃;要使学生积极参与到课堂中来;要使个别学生得到照顾。

(2)上好一堂课的要求:①明确教学目的。②保证教学的科学性与思想性。③调动学生的学习积极性。④注重解惑纠错,关注学生是否学会。⑤组织好教学活动,提供好的素材、好的学习任务。⑥布置好课外作业。⑦不断学习,在实践反思中改进教学。

本题共6分。(1)答出"一堂好课的标准"得3分;(2)答出"上好一堂课的要求"得3分。此题考生可结合自身实际加以阐述,言之有理即可。

第二部分　学科专业知识

一、单项选择题

1. A 【解析】本题考查篮球基本技术。行进间单手肩上投篮又称"三步上篮","三步"的动作特点是"一大、二小、三高"。

2. B 【解析】本题考查人体速度素质的发展。7~13岁是提高跑速最快的时期,而10~13岁期间尤为突出,增长值最大。

3. C 【解析】本题考查决定跳远成绩的因素。决定跳远成绩的主要因素是腾起的初速度和角度。

4. A 【解析】本题考查体育教学的三个基本要素。目前关于体育教学过程基本要素有几种不同的观点,但不管是哪种观点,均有三个基本要素,即体育教师、学生和体育教材。

5. A 【解析】本题考查游泳比赛项目。个人混合泳属于个人全能项目,选手按蝶泳、仰泳、蛙泳、自由泳的顺序各游1/4距离。

6. B 【解析】本题考查队列队形。左右排成一条直线称为列,一般由右至左按高矮顺序排列。

7. B 【解析】本题考查双杠的支撑摆动。在双杠的支撑摆动动作中,应以肩为轴摆动。

8. C 【解析】本题考查枪术。枪术是以拦、拿、扎枪为主,兼有崩、点、劈、穿、挑等枪法,配合步型、步法、身法等构成的套路。

9. D 【解析】本题考查"第二次呼吸"。"第二次呼吸"出现在"极点"之后,一般长时间的运动项目容易出现"极点"。故选D。

10. A 【解析】本题考查全程跑的阶段。全程跑主要分为起跑、起跑后的加速跑、途中跑、终点冲刺跑四个阶段。终点冲刺跑是指临近终点的一段加速跑。

11. D 【解析】本题考查反应速度的练习方法。提高田径运动员的反应速度主要利用信号来刺激运动员。枪声、口令、掌声都属于信号。故选D。

12. A 【解析】本题考查球类竞赛规则。羽毛球、排球、乒乓球在没局限的每局比赛中,领先对手至少2分才算胜出。

13. A 【解析】本题考查跳远的力学知识。支撑反作用力是指在跑的后蹬或起跳时,地面通过支撑腿对人体所产生的反作用力。它和后蹬或起跳时人体用力的大小相同,方向相反。跳跃时,脚的用力方向是后下方,地面的支撑反作用力的方向是前上方。

14. A 【解析】本题考查足球竞赛规则。国际足联规定,足球场的边线及底线的外侧垂直向上的空间属于球场范围。当足球从地面及空中完全脱离该空间,视为出界。

15. B 【解析】本题考查体育与健康课程标准中的领域目标。运动技能的目标指出,在小学阶段,要注重体育游戏学习,发展学生的基本运动能力;在初中阶段,要注重不同项目运动技术的学习和应用,鼓励学生参加多种形式的比赛,逐步增强学生的体育与健康学习能力、安全从事运动的能力,加深对体育运动的理解。

16. C 【解析】本题考查篮球比赛中发动快攻的时机。发动快攻的时机,即当获后场篮板球、抢、断、打球和跳球时,以及对方投中后掷端线界外球时都应抓住机遇发动快攻。其中,获后场篮板球后发动快攻的比例最高,抢断球后发动快攻的成功率最高。

17. C 【解析】本题考查动作速度的概念。身体或身体某部分在单位时间内位移的表现称为练习速度。

18. B 【解析】本题考查《国家学生体质健康标准》。《国家学生体质健康标准》从身体形态、身体机能和身体素质等方面综合评定学生的体质健康水平。

19. D 【解析】本题考查排球竞赛规则。排球竞赛规则规定,后排队员可以在进攻线后对任何高度的球完成进攻性击球,但起跳时脚不得踏及或超过进攻线,击球后可以落在前场区。

20. D 【解析】本题考查"极点"。"极点"来的迟早、反应强弱及"第二次呼吸"出现的快慢等,不仅与运动项目、运动强度和训练水平有关,还与准备活动、赛前状态及呼吸方式等因素有关。

二、多项选择题

21. ABC 【解析】本题考查体育教学方法。体育教学中学练方法包括自学法、自练法和自评法。

22. ACD 【解析】本题考查武术的基本腿法。武术的基本腿法:(1)直摆性腿法,包括正踢、侧踢、里合、外摆;(2)屈伸性腿法,包括弹腿、蹬腿、踹腿;(3)击拍性腿法,包括拍脚、里合击响、外摆击响;(4)扫转性腿法,包括前、后扫腿。

23. AB 【解析】本题考查运动负荷。构成运动负荷大小的主要因素有练习的数量、强度、密度、时间和动作质量。

24. ABCD 【解析】本题考查跨栏跑。跨栏跑的成绩,取决于运动员的平均跑速、过栏技术、栏间跑技术、跑与跨的协调配合能力。

25. AC 【解析】本题考查新陈代谢。新陈代谢是生物体自我更新的最基本的生命活动过程。新陈代谢包括同化和异化两个过程。同化过程和异化过程是同时进行和相互依存的两个生理过程,当新陈代谢加强时,同化过程和异化过程也加强。

三、判断题

26. × 【解析】本题考查排球双手上手传球技术。双手上手传球时,用拇指、食指全部,中指的二、三指节触球的中下部,无名指和小指在球两侧辅助控制传球方向。

27. √ 【解析】本题考查体育教学中的保护与帮助。在体育教学中,保护与帮助时首先要选择好站立的位置,才能充分发挥保护与帮助的作用。

28. × 【解析】本题考查队列队形。向右转走的预令和动令都落在右脚上。

29. × 【解析】本题考查长拳。拳、掌、勾属于长拳的基本手型,不属于长拳的手法。弓步、马步、仆步、虚步、歇步属于长拳的基本步型,不属于长拳的步法。

30. × 【解析】本题考查侧向滑步推铅球。侧向滑步推铅球最后用力动作要诀为:蹬、转、送、挺、撑、推、拨。

31. √ 【解析】本题考查篮球竞赛规则。篮球场地的边线或端线属于界外,在持球的同时身体任何部位接触边线或端线均算出界。

32. × 【解析】本题考查田径竞赛规则。径赛项目的距离应从起点线后沿至终点线的后沿。

33. × 【解析】本题考查乒乓球的搓球技术。搓球是近台还击下旋球的一种技术,种类较多,根据击球时间、落点和旋转的不同,分快搓、慢搓、转与不转搓球、侧旋搓球等。

34. √ 【解析】本题考查新课标下体育教学方法的改革。根据新课标要求,体育教学从以前教师的机械化的教以及学生的被动性学习转变为教师是学生学习的指导者和促进者及学生的主动性学习。

35. × 【解析】本题考查接力跑的技术。第一棒和第三棒的运动员跑的是弯道,交接时跑内侧,有助于克服离心力,便于交接成功,增加跑速。

四、填空题

36. 态度;行为表现

37. 耐力;灵敏

38. 背风沙;背干扰

39. 36.5;1.25

40. 支点;动力

五、名词解释

41. 体育教学

【参考答案】体育教学是指在教师指导和学生参加下,按照教学计划和体育课程标准,由教师向学生传授体育知识、技术、技能、发展身体、增强体质和进行思想品德教育的过程。

本题共2分。答出"在教师指导和学生参加下""按照教学计划和体育课程标准""教育的过程"等关键点得满分。

42. 需氧量

【参考答案】需氧量是指人体为维持某种生理活动所需要的氧量。通常以每分钟为单位计算，正常成人安静时需氧量约为250毫升/分。

本题共2分。答出“为维持某种生理活动”“所需要的”“氧量”等关键点得满分。

43. 三分投篮区

【参考答案】某队三分投篮区是指以球篮的中点垂直线与地面的交点为圆心，画半径为6.25米的半圆，弧线以外的区域。

本题共2分。答出“球篮的中点垂直线与地面的交点为圆心”“半径为6.25米的半圆”“弧线以外的区域”等关键点得满分。

六、简答题

44. 组织小型体育比赛前应做好哪些准备工作？

【参考答案】组织小型体育比赛前，应先制定比赛规程，具体内容如下：①比赛名称和任务；②时间与地点；③参赛办法（分组、人数、资格等）；④比赛办法（方法、确定名次等）；⑤比赛规则；⑥奖励办法；⑦报名日期和方法；⑧对参赛单位的要求及注意事项。

本题共5分。答出8条“准备工作”得满分，每少答1条扣0.6分。

45. 体育课程改革的基本思路是什么？

【参考答案】(1)淡化竞技运动的教学模式，牢牢树立“健康第一”的指导思想；(2)重视体育课程的功能开发，增强体育课程的综合性；(3)培养学生的运动兴趣，树立学生终身体育的概念；(4)培养学生的意志品质，提高学生的社会适应能力；(5)以人为本，重视学生的主体地位；(6)关注个体差异与不同需求，确保每一个学生受益；(7)改革体育考试和评价方法，综合评价学生的体育学习。

本题共5分。答出答案中的7点得满分，每少答1点扣0.7分。

46. 什么是运动外伤？请列出其中三种。

【参考答案】运动外伤也称开放性损伤，是指伤后皮肤或黏膜的完整性遭到破坏，受伤组织有裂口与体表相通。常见的开放性损伤有擦伤、刺伤、撕裂伤等。

本题共5分。(1)答出“运动外伤”的概念得3.5分；(2)列出3种运动外伤得1.5分，1种0.5分。

47. 简述前滚翻的动作要领。

【参考答案】前滚翻的动作要领：由蹲撑姿势开始，重心前移，两腿向后下方蹬直离地，同时屈臂、低头、提臀，以头的后部在两手撑地前着地，经后脑、背、腰、臀依次向前滚动，当背部着地时，迅速收腹屈膝，上体紧跟大腿团身抱腿成蹲立。

本题共5分。答出“蹲撑姿势”“重心前移”“屈臂、低头、提臀”“经后脑、背、腰、臀依次向前滚动”“收腹屈膝”等关键点得满分。

七、分析题

48. 推铅球技术教学中常见的错误动作有哪些？试举两例说明其产生原因和纠正方法。

【参考答案】(1)推铅球常见的错误动作有：①推球时手腕、手指用不上力或挫伤手指；②滑步距离过短；③滑步结束后上体抬起过早，身体姿势形成“马步”；④滑步与最后用力之间衔接不好，出现停顿；⑤推球时身体向左倒。

(2)错误动作举例

①滑步距离过短

产生原因：蹬摆动作开始时机不正确；右腿蹬伸力量不够，蹬摆动作不协调；右腿蹬伸结束后回收不积极。

纠正方法：在地上画出标志，反复做徒手或持球滑步，使右脚落在标志点；徒手或持球做蹬摆动作的分解练习和结合练习。

②推球时身体向左倒

产生原因：上体过早用力，没有送髋反弓动作；左臂过度向左后方摆动，身体左侧未能形成一体支撑；左脚落地位置过于偏左。

纠正方法：滑步后保持上体正确姿态；保证左臂和左肩的用力到位并与身体右侧的协调用力；在地上做出相应标志，限制左脚落地的位置。

本题共11分。(1)答出5种“常见的错误动作”得5分，1种1分；(2)列举出1种错误动作的产生原因得1.5分，写出对应的纠正方法得1.5分；(3)列举出另外1种错误动作的产生原因得1.5分，写出对应的纠正方法得1.5分。

2020 年浙江省杭州市教育系统公开招聘考试中学体育真题试卷(十)

一、名词解释

1. 学科核心素养

【参考答案】学科核心素养是学科育人价值的集中体现,是学生通过学科学习而逐步形成的正确价值观念、必备品格与关键能力。体育与健康学科核心素养主要包括运动能力、健康行为和体育品德。

本题共 4 分。答出“学科育人价值的集中体现”“正确价值观念”“必备品格”“关键能力”等关键点得满分。

2. 身体素质

【参考答案】通常人们把人体在肌肉活动中所表现出来的力量、速度、耐力、灵敏及柔韧等机能能力统称为身体素质。

本题共 4 分。答出“肌肉活动中”“机能能力”等关键点得满。

3. 分组轮换

【参考答案】分组轮换是把学生分成若干组,在教师的指导和小组长的协助下,在同一时间内各组分别学习不同性质的教材,并按预定的时间轮换学习的内容。

本题共 4 分。答出“把学生分成若干组”“同一时间内”“分别学习不同性质的教材”“轮换学习”等关键点得满分。

4. 超量恢复

【参考答案】超量恢复是指运动时被消耗的物质在运动后不仅恢复到原来水平,而且在一段时间内出现超过原来水平的现象。

本题共 4 分。答出“被消耗的物质”“恢复到原来水平”“超过原来水平”等关键点得满分。

5. 第二次呼吸

【参考答案】“极点”出现后,经过一定时间的调整,躯体性和植物性动力定型的协调关系得到恢复,机体不良的反应逐渐减轻或消失,动作变得轻松有力,呼吸均匀自如,这种现象称为“第二次呼吸”。

本题共 4 分。答出‘极点’出现后,“动力定型的协调关系得到恢复”“机体不良的反应逐渐减轻或消失”等关键点得满分。

二、单项选择题

1. B 【解析】本题考查田径运动项目细则。田径运动场 100 米跑的距离是从起跑线的后沿至终点线的后沿间的距离。

2. C 【解析】本题考查田径竞赛规则。掷标枪的落地区扇形的夹角约为 29 度。

3. B 【解析】本题考查马拉松跑的距离。全程马拉松的标准跑动距离为 42.195 千米。

4. D 【解析】本题考查晕厥的发病原因。疾跑后突然停止而引起的晕厥称为重力性休克。当运动者突然终止运动时,肌肉的收缩作用骤然停止,使大量血液聚集在下肢,造成循环血量明显减少、血压下降、心跳加快而心搏出量减少,从而导致脑供血急剧减少而造成晕厥。人在疾跑后不应站立不动而应接着慢跑再停下来,这样做是为了防止重力性休克的发生。

5. B 【解析】本题考查运动技能的目标。运动技能是指学生在体育学习和锻炼中完成运动动作的能力,它反映了体育与健康课程以身体练习为主要手段的基本特征,是课程学习的重要内容和实现其他学习方面目标的主要途径。在小学阶段,要注重体育游戏学习,发展学生的基本运动能力;在初中阶段,要注重不同项目运动技术的学习和应用,鼓励学生参加多种形式的比赛,逐步增强学生的体育与健康学习能力、安全从事运动的能力,加深对体育运动的理解。

6. A 【解析】本题考查队列队形的基本术语。被指定为看齐目标者称为基准学生。

7. B 【解析】本题考查支撑反作用力。支撑反作用力是指人体在运动时,地面给予人体的反作用力。反作用力的大小和作用力成正比,也就是说,运动时作用力越大,反作用力也就越大,运动效果也就越明显,反作用力起决定性的作用。

8. A 【解析】本题考查单淘汰赛制比赛场数的计算。单淘汰赛制场数 = 参加队数 - 1 = 13 - 1 = 12(场)。

9. C 【解析】本题考查体育课练习密度的测定。练习密度的单位是以一个学生为准,如单个练习时,一般以开始姿势到结束姿势为一次练习时间。如果是集体练习项目,整个过程都算作练习时间。

10. A 【解析】本题考查三级跳远。三级跳远的技术动作要求是一跳平、二跳远、三跳高,节奏连贯,动作协调。

11. B 【解析】本题考查体育教学过程的基本要素。目前关于体育教学过程的基本要素有几种不同的观点,但不管是哪种观点,均含有三个基本要素,即体育教师、学生和体育教材。在体育课堂教学的构成要素中,学生起主体作用,教师起主导作用,教材起媒介作用。

12. B 【解析】本题考查体育教学的本质。学校体育的本质特点是育人,具体又包括教育功能、健身功能和娱乐功能三个方面。所以,体育教学的本质是育人。

13. A 【解析】本题考查奥林匹克知识。奥林匹克五环标志代表着五大洲的团结和全世界运动员在奥运会上的相聚。它由五个大小一致的圆环组成,从左到右的颜色依次为蓝色、黄色、黑色、绿色、红色。

14. C 【解析】本题考查常见的开放性软组织损伤。受伤后皮肤或黏膜的完整性遭到破坏,受伤组织有裂口与体表相通称为开放性损伤。常见的开放性软组织损伤有擦伤、切割伤、刺伤和撕裂伤。故选 C。挫伤属于闭合性软组织损伤,故排除 A、B、D 三项。

15. D 【解析】本题考查体育课的心率指数。体育课的心率指数的计算方法是课中平均心率 ÷ 课前安静心率,所以体育课的心率指数与课中平均心率和课前安静心率有关。

三、简答题

1. 什么是体育教学中的动作示范法?在运用动作示范法时应注意哪几点?请予简述。

【参考答案】(1)动作示范法是教师(或教师指定的学生)以自身完成的动作为范例,指导学生进行学习的方法。它是体育教学中最常用、最直观的教学方法,它对学生了解所学动作的表象、顺序、技术要点和领会动作特征方面具有独特的作用。

(2)由于技术动作的多样性,因此教师在动作示范时更要注意“示范面”的问题。示范面是指学生观察示范的视角,也包括示范的速度和距离等要素。示范面有正面、背面、侧面和镜面。

①速度:教师要根据情况运用不同的速度进行示范,当为突出显示动作结构的某些环节时应采用慢速示范。

②距离:应根据完成动作示范的活动范围、学生人数和安全需要等恰当地选择学生观察动作示范的距离。

③视线:学生视线与动作示范面越接近垂直越有利于观察。

④视线干扰:要让学生背风沙、背阳光、背干扰,有利于观察。

⑤多种媒介途径配合:示范应与讲解(听的媒介)、学生思维(想的媒介)等紧密结合。

本题共 5 分。(1)答出“动作示范法”的概念得 2 分;(2)答出“示范面”的问题这一关键点得 1 分;(3)答出“速度”“距离”“视线”“视线干扰”“多种媒介途径配合”这几个关键点得 1 分,对这几个关键点进行适当的阐述得 1 分。

2. 什么是体育教学中的讲解法?在运用讲解法时应注意哪几点?请予简述。

【参考答案】(1)讲解法是教师通过简明、生动的口头语言向学生系统地传授体育知识、运动技能的方法。体育教师可以运用逻辑分析、论证、形象的描绘、陈述、启发诱导性的设疑、解疑,使学生在较短的时间内清晰地获得全面而系统的知识。

(2)在体育教学过程中不能过多地使用讲解法,不能形成“满堂说”或“满堂讲”的局面,但是也不能“只练不讲”,要“精讲多练”。“精讲”正是高超的讲解水平的表现。

本题共 5 分。(1)答出“讲解法”的概念得 2 分;(2)答出应注意“精讲多练”并进行适当的阐述得 3 分。

3. 义务教育体育与健康课程的基本理念是什么?请予简述。

【参考答案】(1)坚持“健康第一”的指导思想,促进学生健康成长。

(2)激发学生的运动兴趣,培养学生体育锻炼的意识和习惯。

(3)以学生发展为中心,帮助学生学会体育与健康学习。

(4)关注地区差异和个体差异,保证每一位学生受益。

本题共 5 分。答出 4 条“基本理念”得满分,1 条 1.25 分。

4. 作为一名体育教师，合理调控课的生理负荷可采用哪些方法？请予简述。

【参考答案】(1)改变练习的内容。

(2)改变动作的速度、速率、强度等要素。

(3)改变练习的密度。

(4)改变练习的条件，如活动范围、器械、重量、高度、远度及附加练习条件等。

(5)改变练习的方法和组织教学的方法，如用全班练习、游戏和竞赛方法来提高运动负荷；采用小组练习、讲解示范、提问、分析来降低运动负荷。

(6)改变练习的顺序和组合，合理安排休息时间。

本题共5分。答出"改变练习的内容""改变动作的速度、速率、强度等要素""改变练习的密度""改变练习的条件""改变练习的方法和组织教学的方法""改变练习的顺序和组合"等关键点得满分。

四、能力题

1. 体育教学中，科学合理地设计和布置场地与器材，也是体育教师有别于其他文化课教师应具备的重要教学能力之一，简述中学体育教学中对场地器材布置应注意哪些要求。

【参考答案】(1)所布置的场地器材具有一定的美学空间效果，能有效激发学生的无意注意。

(2)所布置的场地器材具有一定创新性，能合理利用本校的各种资源。

(3)场地器材的布置安全、卫生、整洁。

(4)场地器材布置高效，有利于提高学生的练习密度，促进运动技能的发展。

本题共6分。(1)答出"能有效激发学生的无意注意""具有一定创新性""安全、卫生、整洁""布置高效"等关键点得4分；(2)对每个关键点进行适当的阐述得2分。

2. 体育课的结构，是指组成一堂课的教学过程。一般由哪几个部分组成？各部分的主要任务是什么？请予简述。

【参考答案】(1)一堂课的体育教学过程一般由准备部分、基本部分和结束部分组成。

(2)①准备部分的任务：把学生迅速组织起来，集中注意力，明确课的任务、内容和要求，调动学生学习的积极性，使学生情绪饱满，愉快活泼地开始一节课的学习。做好准备活动，使身体主要肌肉群、关节、韧带等得到充分活动，使各器官系统迅速进入工作状态，为基本部分的学习做好准备。

②基本部分的任务：学习新教材、复习旧教材，使学生掌握体育的基本知识、技术和方法，发展身体素质和基本活动能力，培养良好的道德品质和行为习惯。

③结束部分的任务：有组织地结束教学活动，使学生身体逐渐地恢复到相对安静状态，对课的教学情况进行小结，布置课外作业的任务，预告下次课的内容等。

本题共6分。(1)答出"准备部分""基本部分""结束部分"三个组成部分得1.5分，1个0.5分；(2)分别写出"准备部分""基本部分""结束部分"的主要任务得4.5分。

3. 中暑是夏季常见的现象，尤其是上体育课、在高温环境或烈日下进行长时间、强度大的运动训练和比赛时，由于生理机能发生紊乱或在高温环境下大量排汗，引起盐分丧失过多、体内水盐代谢失调而导致的。请简述中暑的症状及处理的方法。

【参考答案】(1)根据发病机制和表现的不同，中暑可分为热射病、热痉挛和热衰竭。

①热射病：又称中暑高热，高热、无汗和昏迷是本病的特征。一般发病急，体温上升，脉搏及呼吸较快，重者可引起昏迷，体温41℃以上，脉搏极快，而呼吸短促，严重者可因心力衰竭或呼吸衰竭而致死。头部直接受太阳辐射引起的热射病称为日射病。

②热痉挛：大量出汗引起氯化钠丢失过多，导致肌肉兴奋性升高，发生肌肉疼痛和肌肉痉挛，称为热痉挛。患者意识清楚，体温一般正常。

③热衰竭：多发生于饮水不够的老年人、体弱者和婴儿，也见于从事高温下训练的新手、补足盐而饮水不足者。因体内无过量热蓄积，一般无高热。

(2)处理的方法：中暑时应立即停止运动，患者应转移到阴凉通风的地方，头部垫高，补充盐水，物理降温，服用十滴水或藿香正气水，可迅速好转。严重患者，经临时处理后，应迅速转送医院治疗。

本题共6分。(1)答出"热射病""热痉挛"和"热衰竭"3个表现得1.5分，1个0.5分；(2)分别对"热射病""热痉挛"和"热衰竭"3个表现进行阐述得1.5分，1个0.5分；(3)答出"立即停止运动""转移到阴凉通风的地方""补充盐水""物理降温"等处理的方法，得3分。

4. 当学生上体育课在运动中发生一时不明的脚腕扭伤时一般应用哪些处理方法？并告知学生受伤后

需注意哪些事项？请予简述。

【参考答案】(1)处理方法:扭伤以后会有局部的关节囊、韧带以及肌腱的损伤,早期要及时制动、防肿、镇痛及减轻炎症,伤后立刻使用冷敷、加压包扎并抬高伤肢。外敷新伤药可达到消肿、止痛和减轻炎症的效果。亦可服用止痛剂,或清热、活血、化瘀的中药。损伤发生24~48小时以后,可采用理疗、按摩、针灸等方法。如果肿胀较重,而且活动明显的受限,那么可以外用一些活血化瘀的药物对症处理。如果症状仍不能减轻,建议到正规的医院骨科门诊进行就诊。

(2)注意事项:①切记不要施予不当的推拿和按摩,可能反而加重发炎反应。可考虑暂时使用腋下拐杖,以避免走路时足部受力不当,影响复原或再次扭伤。

②场地、鞋子的不当选择、甚至足部的异常构造(如扁平足)都可引起脚踝扭伤。而受伤过的部位,更需加强训练其柔软度、肌力及本体平衡感,才能防止再次的伤害。

③利用弹性绷带包住受伤的关节。

④要把受伤的部位适当抬高至心脏水平部位稍高处,以减轻局部肿胀及瘀伤的症状。当伤处的肿胀得到控制并开始消退时,再进行加温热敷,可以扩张局部血管,促进血肿吸收。

本题共6分。(1)答出“脚腕扭伤时的处理方法”得3分;(2)答出学生受伤后的“注意事项”得3分。

5. 中学生因身心发展尚未完全成熟,在40~45分钟的一堂课中,作为体育教师,在组织学生的教学活动时,必须遵循哪几条教学的基本原则？请予简述。

【参考答案】作为体育教师,在组织学生的教学活动时必须遵循以下几条原则:

(1)合理安排身体活动量原则。在体育教学中既要体现体育教学的本质特点——身体活动性,还要使学生身体所承受的运动负荷有效、合理,以满足学生锻炼身体和掌握运动技能的需要。

(2)注重体验运动乐趣原则。在体育教学中要让学生掌握运动技能和进行身体锻炼的同时,体验运动的乐趣,以使学生喜爱运动并养成运动的习惯。

(3)促进运动技能不断提高原则。在体育教学中要不断提高学生的运动技能,提高学生的运动成绩,实现有效的体育教学。

(4)提高运动认知和传承运动文化原则。在体育教学中通过运动知识和运动技术的学习,培养学生的运动认知能力,提高学生对运动与文化的理解,传承运动文化。

(5)在集体活动中进行集体教育原则。在体育教学中要发挥运动集体的作用,在集体中,特别是在小群体的自主性活动中对学生进行集体教育,培养学生正确的集体意识和良好的集体行为。

(6)因材施教原则。在体育教学中要贯彻“面向全体学生”的精神,根据每一个学生的具体情况,实施各不相同的、有针对性的教育,使每一个学生的运动技能和身心健康都能在各自的基础上得到充分的发展。

(7)安全运动和安全教育原则。在体育教学中要在学生安全地从事运动的同时,对学生进行如何安全运动的教育。

本题共6分。(1)答出答案中的7条“基本原则”得3.5分,1条0.5;(2)对各条“基本原则”进行适当的阐述得2.5分。

预测试卷

教师招聘考试中学体育预测试卷(一)

一、单项选择题

1. B 【解析】本题考查《义务教育体育与健康课程标准》(2022年版)中核心素养的内容。《义务教育体育与健康课程标准》(2022年版)中规定,体育与健康课程要培养的核心素养,主要是指学生通过体育与健康课程学习而逐步形成的正确价值观、必备品格和关键能力,包括运动能力、健康行为和体育品德等方面。

2. A 【解析】本题考查骨的形态。根据不同的形态,骨可分为长骨、短骨、扁骨和不规则骨4类。长骨:多呈长管状,一般位于四肢,如指骨、尺骨。长骨中部稍细且中空,为骨干,主要由骨密质构成,两端膨大,为骨骺。故指骨属于长骨。

3. D 【解析】本题考查膝关节。膝关节是人体中结构最复杂的关节,由股骨下端关节面、胫骨上端关节面和髌骨关节面构成。由于膝关节在人体关节中所处的位置特殊，所以有许多辅助结构来加固该关节。故选 D。

4. B 【解析】本题考查变换训练法的定义。变换训练法是一种对运动负荷、练习内容、练习形式以及条件实施变换，以提高运动员的积极性、趣味性、适应性及应变能力的训练方法。故选 B。

5. D 【解析】本题考查不规则骨的分布。不同部位的骨的形态各异，一般可分为长骨、短骨、扁骨、不规则骨四类。(1)长骨大部分由致密骨组成，多呈长管状，主要分布于四肢。(2)短骨一般呈立方形，主要分布在手腕和脚踝。(3)扁骨主要分布在人体中轴或四肢带部。(4)不规则骨主要分布在躯干、颅部和髋部。

6. B 【解析】本题考查肌肉的分类。人体的肌肉根据存在的部位、结构和功能特性的不同，可分为平滑肌、心肌和骨骼肌三类。平滑肌主要分布于内脏的中空性器官及血管壁，收缩缓慢而持久。骨骼肌主要分布于躯体，收缩快速有力。

7. D 【解析】本题考查细胞器的作用。细胞器有线粒体、内质网、核糖体、溶酶体、中心体等。其中，线粒体是细胞内氧化和产能的场所，被称为细胞的"供能站"和"动力工厂"。故选 D。

8. C 【解析】本题考查心理暗示方法的区分。(1)自我暗示指让学生或运动员自己用一定的暗示语言调节本体植物性神经系统机能，使自己心理和肌肉状态能更好地完成运动任务的要求。故排除 A 项。(2)在体育教学或训练中，体育教师或教练员对学生或运动员，以及学生对学生或运动员对运动员之间具有训练作用的暗示内容被称为他人暗示。故排除 B 项。(3)不同的体育教学与训练的环境直接影响着学生或运动员的学习效果。例如，体育教师或教练员可以用红色等暖色调布置训练场，以提高和调动学生或运动员的情绪唤醒水平。故选 C 项。(4)在体育教学或训练中，标志暗示既可以帮助学生或运动员形成良好的技术动作，提高其技术、战术意识，而且还可以帮助他们产生适宜的心理准备。故排除 D 项。

9. A 【解析】本题考查按竞技能力的主导因素对竞技项目的分类。依据运动项目所需运动能力的主导因素，可将所有的运动项目首先分为体能主导类和技能主导类。继而以各项目体能或技能的主要表现形式或特征作为二级分类标准，把体能主导类项目分为快速力量性、速度性及耐力性三个亚类，把技能主导类项目分为表现难美性、表现准确性、同场对抗性、隔网对抗性、格斗对抗性五大类。800 米跑是耐力性项目，属于体能主导类。故选 A。

10. A 【解析】本题考查最高心率的计算方法。运动最高心率的精确测量，需要专业的方法，但是可用简单的公式来进行粗略估算，最高心率一般是用 220 减去实际年龄。

11. D 【解析】本题考查标准排球比赛场地的长和宽。排球比赛场区为长 18 米，宽 9 米的长方形。其四周至少有 3 米宽的无障碍区，从地面量起至少有高 7 米的无障碍空间，其间不得有任何障碍物。

12. C 【解析】本题考查乒乓球比赛规则。乒乓球比赛规则规定，在一局比赛中，先得 11 分的一方为胜方；比分出现 10 平后，先多得 2 分的一方为胜方。

13. D 【解析】本题考查奥林匹克的格言。奥林匹克的格言是"更高、更快、更强——更团结"。"更壮"不属于奥林匹克格言。

14. B 【解析】本题考查足球防守战术松动盯人。个人防守战术有选位和盯人，其中，盯人又分为紧逼盯人和松动盯人。紧逼盯人也叫贴身紧逼，不给对手从容活动的机会，一般运用于罚球区附近区域和有球的局部区域以及对对方核心球员的防守。松动盯人是与对方队员保持一定的距离，既能盯住对手又能保护同伴，一般用于防守离球较远的进攻队员。

15. C 【解析】本题考查背越式跳高的动作要点。背越式跳高采用背越式过杆，最后以身体的上背部或背部落于海绵包上。故选 C。

16. A 【解析】本题考查运动员的肌纤维类型。从事时间短、强度大运动项目的运动员快肌纤维百分比大，而越野跑、长跑和速度滑雪项目是长时间、远距离的运动，铅球是短时爆发性项目。故选 A。

17. C 【解析】本题考查现代奥林匹克运动的创始人。顾拜旦是现代奥林匹克运动会的创始人，被誉为“现代奥林匹克之父”。

18. C 【解析】本题考查足球的头顶球。头顶球是运动员有目的地用前额把球击向预定目标的动作。由于头顶球技术在比赛中的运用非常广泛，所以被人们称为足球运动员的“第三只脚”。

19. B 【解析】本题考查对网球肘的理解。网球肘又称肱骨外上髁炎。肱骨外上髁炎(网球肘)是肘关节外侧前臂伸肌起点处肌腱发炎疼痛。故选 B。

20. C 【解析】本题考查百米成绩的计算。由“跑速=步长×步频”可知，此人在100米比赛中的平均速度等于“2米/步×4步/秒=8米/秒”。最后成绩也就是他跑完100米所用时间等于“100米÷8米/秒=12秒50”。

21. A 【解析】本题考查运动技能的形成阶段。在粗略掌握动作阶段，不能精确地做出反应，动作僵硬、不连贯、不协调，缺乏节奏感，错误动作比较多，动作易受干扰。

22. C 【解析】本题考查减负荷练习。减负荷练习指减轻外界阻力(或给予助力)的练习，下坡跑属于减负荷练习。

23. B 【解析】本题考查儿童青少年生长发育的一般规律。人体各大系统中神经系统发育最早，生殖系统发育最晚。

24. D 【解析】本题考查运动损伤的处理。开放性软组织损伤的处理原则是及时止血和处理创口，预防感染，先止血再处理伤口。出血性损伤采用拔罐会使出血更多，造成更大损伤，因此不适合采用拔罐疗法。故选 D。

25. B 【解析】本题考查动作的示范面。(1)正面示范是指教师与学生相对站立所进行的示范。正面示范有利于展示教师正面动作的要领，如球类运动的持球动作多用正面示范。(2)背面示范是指教师背向学生站立所进行的示范。背面示范有利于展示教师背面动作或左右移动的动作，以及动作的方向、路线变化较为复杂的动作，以利于教师的领做和学生的模仿，如武术的套路教学就常采用背面示范。(3)侧面示范是指教师侧向学生站立所进行的示范。侧面示范有利于展示动作的侧面和按前后方向完成的动作，如跑步中的摆臂动作和腿的后蹬动作。(4)镜面示范是指教师面向学生站立进行的与学生同方向的示范。镜面示范适用于简单动作的教学，便于教师领做和学生模仿。所以，为方便学生观察仰卧推起成桥的“桥”形和“桥”高，教师采用的最佳示范面是侧面示范。

26. B 【解析】本题考查交感神经。当人体处在应激状态时，交感神经起主导作用，可使心跳加快，血压升高，支气管扩张，瞳孔放大，消化器官抑制。

27. B 【解析】本题考查半月板的结构。半月板是垫在胫骨内、外侧踝关节面上的2个纤维软骨板。内侧半月板呈“C”形，外侧半月板呈“O”形。

28. A 【解析】本题考查体育教师。体育课是学校体育的重要组成部分，上好体育课是增强学生体质的前提和必要条件，是体育教师的首要职责。所以，体育教师应优先做好的工作是体育教学。

29. C 【解析】本题考查武术教学中讲解的方法。武术教学中讲解的方法有术语化讲解、形象化讲解、单词化讲解和口诀化讲解。(1)术语化讲解：指运用动作名称和武术术语进行讲解。动作名称是根据动作结构、形象和运动方法而取名，一般能表达动作的全貌，如“弓步冲拳”“马步架打”等。(2)形象化讲解：指用自然景物和动物来比喻动作，便于理解和记忆。如“提膝亮掌”犹如金鸡独立，将“仆步穿掌”比喻为燕子抄水。(3)单词化讲解：指把动作过程归纳为简明、扼要的几个字进行讲解。如“腾空飞脚”可把蹬地起跳、摆腿、提腰提气、拍手拍脚击响的过程，归纳为“蹬、摆、提、拍”4个字讲解。(4)口诀化讲解：指把动作和动作要领按顺序编成顺口溜进行讲解。如讲弓步，口诀可为“前腿弓、后腿绷、挺胸立腰莫晃动”；讲冲拳、推掌的高度要求，口诀可为“冲拳不过肩，掌指齐眉尖”。故选 C。

30. C 【解析】本题考查擦伤的特征。李同学由于摔倒在地上，手臂与水泥地面摩擦而造成皮肤表皮受损，渗出血液。李同学的手臂属于擦伤。

二、填空题

1. 翼
2. 《黄帝内经》；《八段锦》
3. 慢肌纤维
4. 蛋白质

5. 医疗体育组

6. 腹斜肌;腹横肌

7. 自我感觉法;生理测定法

8. 成反比;成正比

9. 抑制

10. 立德树人;健康第一

三、判断题

1. × 【解析】本题考查状态反射。状态反射是头部空间位置改变时反射性地引起四肢肌张力重新调整的一种反射活动。体操运动员进行后手翻动作时发挥重要作用的是状态反射。

2. √ 【解析】本题考查篮球比赛规则。篮球规则里有明确规定,如果队员故意将球投入本方球篮属于违例,不记得分。

3. × 【解析】本题考查神经细胞。儿童时期,神经细胞的工作能力差,容易疲劳,但恢复较快。

4. × 【解析】本题考查血液的主要成分。血液是一种黏滞的液体,由血细胞和血浆组成。

5. × 【解析】本题考查田径竞赛规则。田径场标枪投掷弧的线宽为7厘米。

6. × 【解析】本题考查排球比赛规则。排球比赛中,只有教练员和场上队长可以请求暂停和换人。

7. √ 【解析】本题考查重复训练法与变换训练法。重复训练法是指多次重复同一练习,两次(组)练习之间安排相对充分休息的练习方法。变换训练法是指变换运动负荷、练习内容、练习形式以及条件,以提高运动员积极性、趣味性、适应性及应变能力的训练方法。题干说法正确。

8. × 【解析】本题考查体育教学方法。分解法教学和完整法教学不能绝对分开,分解是为了掌握完整动作,而完整的训练过程中出现的问题,又需要利用分解法帮助解决。

9. × 【解析】本题考查少年儿童力量训练的注意事项。对少年儿童进行力量训练时,负荷不宜过重,应注意以动力练习为主,少用或不用静力性练习,特别要尽量避免出现憋气动作,以免因胸内压的突然变化而影响心脏的正常发育。

10. × 【解析】本题考查运动损伤的处理方法。手腕扭伤、擦伤并流血属于开放性损伤,这类损伤的处理原则是及时止血和处理创口,预防感染,应先止血再处理伤口。

11. × 【解析】本题考查不同距离跑所采用的起跑方式。中长距离跑和超长距离跑均采用站立式起跑,短距离跑比赛中运动员必须采用蹲踞式起跑,必须使用起跑器。

12. √ 【解析】本题考查制订锻炼计划的要素。制订具体的锻炼计划时,需要充分考虑运动的频率、强度和时间这三个因素,使体育锻炼更加有针对性和时效性。

13. × 【解析】本题考查体操教学中的保护与帮助。在保护与帮助时,应该适时脱保。过早脱保容易造成伤害事故,脱保过晚又会使练习者产生依赖性而延缓完成动作的时间。脱保时的措施要落实,高难度动作第一次脱保的成败,往往直接影响练习者继续攻克该动作的信心和勇气,甚至影响对体操的兴趣。因此,要根据练习者的思想、体力、技能等要素进行适时脱保。

14. × 【解析】本题考查生长激素对人体骨骼生长的影响。生长激素的主要功能是促进骨和软骨组织的生长。若生长激素分泌过多,会出现"巨人症",成年期则只能促进短骨生长而出现"肢端肥大症"。幼儿期,若生长激素分泌不足,可导致"侏儒症"。所以,生长激素并不是分泌得越多越好。

15. × 【解析】本题考查运动性腹痛的处理方法。运动中出现腹痛,可适当减慢速度,并做深呼吸,调整呼吸与动作的节奏;必要时用手按压疼痛部位,弯腰跑一段距离,一般疼痛即可消失;如仍然疼痛,应暂停运动,进行治疗。

四、简答题

1. 简述体育运动对骨骼肌的影响。

【参考答案】体育运动对骨骼肌的影响:(1)肌肉体积增大;(2)肌纤维中线粒体的数目增多、体积增大;(3)肌肉中的脂肪减少;(4)肌肉内结缔组织增多;(5)肌肉内化学成分的变化;(6)肌肉中毛细血管增多。

2. 简述传接球、原地跳起投篮、单手肩上投篮的易犯错误与纠正方法。

【参考答案】

动作	易犯错误	纠正方法
传接球	动作衔接不流畅,时机不对	加强熟悉球性的练习,增强手对球的感应能力和控制、支配球的能力;先慢速进行,再逐渐增加速度
单手肩上投篮	持球手法不正确,肘关节外展,抬肘伸臂不够,上下肢配合不协调	重复讲解和示范投篮的动作要点,明确动作结构概念;多做徒手练习,体会协调用力和掌握动作节奏;利用语言信号提示"抬肘、伸臂、压腕"等易犯错误的动作
原地跳起投篮	跳起投篮动作不协调、身体前冲、投篮时机把握不准	多做徒手练习,体会协调用力和掌握动作节奏;逐渐增加跳起投篮时的离地高度

3. 请简述准备活动的生理作用。

【参考答案】(1)调整赛前状态,提高中枢神经系统的兴奋性,增强内分泌腺的活动,为使正式练习时生理功能迅速达到最适宜的程度做好准备。

(2)增强氧运输系统的活动,使肺通气量、吸氧量和心输出量增加,心肌和骨骼肌中毛细血管网扩张,工作机能获得更多的氧供应。

(3)提高机体的代谢水平,使体温升高。体温升高可产生以下几方面的生理效应:①降低肌肉的黏滞性,提高肌肉收缩及舒张的速度,增加肌肉的收缩力量,并能提高肌肉及韧带的伸展性,预防运动损伤;②可增强体内代谢酶的活性,提高机体物质代谢水平,保证运动中有充足的能量供应。

(4)通过准备活动还可增强皮肤的血流量,有利于散热,防止在正式比赛时体温过高而影响运动成绩。

4. 什么是重力性休克?解释造成重力性休克的原因,并提出预防措施。

【参考答案】(1)疾跑后突然停止运动而引起的晕厥称为重力性休克。多见于径赛运动员,尤以短跑、中跑为多见,有时在自行车和竞走运动员中也可见到。

(2)造成重力性休克的原因:运动员在进行运动时,外周组织内的血管大量扩张,血流量比安静时增加多倍,这时依靠肌肉有节奏地收缩和舒张以及胸腔负压的吸引作用,血液得以返回心脏。当运动者突然停止运动时,肌肉的收缩作用骤然停止,使大量血液聚积在下肢,造成循环血量明显减少、血压下降、心跳加快而心搏出量减少,从而导致脑部供血急剧减少而造成晕厥。

(3)预防措施:①坚持科学系统的训练原则,避免过度疲劳、过度紧张等状况;②运动员在疾跑后不要立即站立不动,而应继续慢跑并调整呼吸,然后再停下来。③运动员应进行定期体格检查,尤其在重大比赛和大强度训练前。

五、案例分析题

【参考答案】(1)①刚开始上课时,伍老师采用了传统的集体练习模式,这样只片面地发挥了教师的主导性,却没有充分发挥学生的主体性;过分注重教师的教,不关注学生的学;只把教学理解为传授技能,忽略了学生的"知、情、意、行";过分地注重教学的结果,忽略了学生的个性差异与特殊要求。

②伍老师的教学方法没有遵循注重运动乐趣原则。注重运动乐趣原则是指在体育教学中,要让学生掌握运动技能和进行身体锻炼的同时,体验运动的乐趣,使学生喜爱运动并养成参加运动的习惯。伍老师的教学方法使学生感到枯燥、单调,没有让学生体会到运动的乐趣。

③伍老师的教学方法没有遵循因材施教原则。每个学生的身体发展状况各不相同,这就要求老师要全面地分析学生的身体条件、兴趣爱好和运动技能方面存在的个体差异,应在此基础上客观地区别对待。

(2)伍老师采用异质分组的方式,把体能、运动技能等处于不同水平的学生分到同一组进行教学,能缩小各组之间的差距,以利于开展游戏和竞赛活动,能够激发学生进行体育运动的兴趣;练习的方式符合课程标准所倡导的自主、合作、探究的学习方式;在教学中采用了尝试性练习—讨论—练习的方法,很好地体现了探究式的教学思想;将学习的主动权交给学生,体现了学生的主体地位。这一系列教学方法的改变和使用,显著提高了教学效果。

六、论述题

以立定跳远动作教学为例,论述分解法的几种形式;选择最恰当的一种形式并说明理由;写出该教学环节中的易错点及纠正方法。

【参考答案】(1)分解法分为单纯分解训练法、递进分解训练法、顺进分解训练法和逆进分解训练法四种形式。因为以立定跳远动作教学为例,而逆进分解训练法不适用于这种教学内容,所以具体论述前三种形式的教学具体内容。①单纯分解训练法,需首先把立定跳远分成四个部分,分别学习、掌握预摆、起跳、腾空和落地部分的内容,再综合四个部分进行整体学习。②递进分解训练法,需把立定跳远动作分成四个部分,先训练预摆;掌握后,再训练起跳;掌握后,将预摆和起跳合起来训练;掌握前两部分后,再训练腾空;掌握后,将前三部分合起来训练;掌握前三部分后,再训练落地;掌握后,将四个部分合起来训练。③顺进分解训练法,需把立定跳远分成四个部分,先训练预摆;掌握后,再训练预摆和起跳;掌握后,再训练预摆、起跳、腾空;掌握后,再训练预摆、起跳、腾空和落地。

(2)顺进分解训练法较为恰当。立定跳远技术动作由预摆、起跳、腾空和落地四个部分组成,而腾空又是一个十分特殊的技术动作,不宜单独练习。而顺进分解训练法后一步骤的练习内容包括前一部分的内容,符合立定跳远技术动作的特殊性,所以最为合适。

(3)①蹬摆配合不协调。蹬地起跳的一瞬间,两臂由后快速向前摆动,主要是把身体带起来,向远处跳出。存在的主要原因是两臂摆不起来。可以通过原地蹬腿摆臂配合练习来纠正,让学生做两臂前后自然摆动和两腿做弹性屈伸练习。

②踝、膝部位伸展不充分。这种错误一是腿部力量弱,二是概念不清楚或急于向前跳引起的。可以通过跳上高物、单腿交换跳等练习来增加腿部力量,提示讲清楚概念、动作要领来纠正。

③见高不见远,即向上跳不向前跳。应该从上体姿势是否太直,摆臂是否充分向前等方面找原因,并根据具体情况予以纠正。应随时注意学生在做练习时是否按照预备姿势的动作要领,要杜绝随随便便就起跳的现象。

④因身体素质原因而做不好立定跳远。这类学生要多做一些跳的练习,如跳短绳、跳上跳下、双脚夹甩布包、单脚跳、双脚跳、跨步跳,增强腿部力量,提高爆发力。

七、教学设计题

【参考设计】

多种方式接力跑练习

一、教学目标

1. 通过练习,熟练掌握接力跑的传接棒技术。

2. 通过接力跑的练习,提高奔跑能力、身体的协调性和灵敏性,发展腿部肌肉的爆发力。

3. 通过比赛,培养学生良好的团结合作意识和积极进取、乐观开朗的生活态度。

二、教学重点和难点

教学重点:在快速移动中完成接力比赛。

教学难点:接力赛中的随机应变。

三、场地器材

场地:平整干净的篮球场一块。

器材:粉笔、4 种不同颜色的纱巾各 3 条、答题卡片 8 套、秒表 1 块。

四、教学过程

(一)准备部分

1. 课堂常规:体育委员整队,报告人数,师生问好,教师介绍本节课学习内容,检查服装,安排见习生。

2. 准备活动:(1)绕篮球场慢跑 4 圈;(2)徒手操;(3)全身拉伸。

(二)基本部分

1. 基本接力赛。

比赛目的:活跃课堂气氛,发展腿部力量;为接下来的接力赛做准备。

场地器材:平整的篮球场一块、秒表。

比赛方法:学生抽签,5 人一组,共 8 组。各组之间相距 2 米,站在同一边线后。比赛开始,教师发令,排头出发,摸到对面边线后立即返回,与第二名队员击掌后站于队尾,第二名队员随即出发。依次进行,先完成比赛的小组获胜。

比赛规则:出发时,不能越线,否则被判犯规,罚停 2 秒;队员必须完成击掌交接后才能出发;每人只能跑一次,不能替跑。

2. 学生休息,教师点评,并介绍连直线接力赛的比赛规则。

3. 连直线接力赛。

比赛目的:发展运动中的思维能力和应变能力,培养果断的处事风格,提高奔跑能力和团队合作能力。

场地器材:在各半场距离边线 6 米处画边长为 1.2 米的九宫格各一个;秒表;纱巾。

比赛方法:学生分成 8 组,抽签进行两两对决,每次 4 组参加。各组前三名队员各拿一条纱巾,全队站在边线后。比赛开始,教师发令,排头出发,将手中纱巾放入任意一个九宫格中,然后迅速返回,与第二名队员击掌后站于队尾;第二名队员出发,同样将纱巾放入九宫格中;依照此方法,第三名队员出发,力争使九宫格内的纱巾连成直线;本方队员要利用纱巾防止对方连成直线;之后再出发的队员,任意调整九宫格内的一条纱巾,使本方纱巾连成直线或阻击对方完成任务。依照此方法进行,率先使本队纱巾连成直线的组获胜,并晋级下一轮。

比赛规则:依照次序进行接力,否则算犯规,罚停 2 秒;不能对对方人员进行人身攻击或辱骂,不能影响比赛正常进行;胜者晋级冠军赛,输者进行排位赛,最后决出名次为 1 至 8 名的小组。

4. 学生休息,教师点评,并介绍答题卡接力赛的比赛规则。

5. 答题卡接力赛。

比赛目的:发展学生的思维能力和应变能力,提高奔跑能力和团队合作能力。

场地器材:平整的篮球场一块;边线后画 4 个相距 2 米的边长为 60 厘米的正方形,正方形内摆放答题卡 1 套;秒表。

比赛方法:学生分成 8 组,每次 4 组参赛。比赛开始,排头出发,从答题卡片中找出对应的题和答案后放入正方形的左上角后迅速返回,与第二名学生击掌后站到队尾;第二名学生出发,找出对应的题和答案放入正方形中后返回。依照此方法进行,最好成绩的 4 个小组晋级冠军赛,另外 4 个小组进入排位赛。

比赛规则:依照次序进行接力,否则算犯规,罚停 2 秒;不能对对方人员进行人身攻击或辱骂,不能影响比赛正常进行。

6. 学生休息,教师点评,并对学生做出鼓励。

(三)结束部分

1. 放松按摩,整理活动。

2. 分享比赛体会,教师点评,学生互评。

3. 安排收还器材。

4. 宣布下课。

五、教学预设

1. 练习密度:65% 以上;

2. 练习强度:中等偏上;

3. 预计平均心率:130 ~ 150 次 / 分钟。

教师招聘考试中学体育预测试卷(二)

一、单项选择题

1. D 【解析】本题考查视杆细胞的功能。视锥细胞能感受强光和色光的刺激。视杆细胞能感受弱光的刺激,但不能辨别颜色。故选 D。

2. A 【解析】本题考查运动动机的概念。运动动机是指由运动目标引发的,推动学生参与体育学习与身体锻炼活动的内部心理动因。

3. A 【解析】本题考查间接指压止血法止血点的应用。(1)头部前额、颞部出血,要压迫颞浅动脉止血点,故排除 B 项;(2)肩部和上臂出血可压迫锁骨下动脉止血点,故排除 C 项;(3)前臂出血可压迫肱动脉止血点,故排除 D 项;(4)面部出血应压迫颌外动脉,其压迫点在下颌角前面约 1.5 厘米处,用手摸到搏动后将该血管压迫在下颌骨上。故选 A。

4. C 【解析】本题考查奥林匹克之都。瑞士洛桑被称为“奥林匹克之都”,国际奥委会总部现设在此处。

5. A 【解析】本题考查循环训练法。循环训练法是一种根据训练的具体任务,建立若干练习站(点)后,运动员按照既定顺序、路线,依次循环完成每站(点)所规定的练习内容和要求的训练方法。循环训练法按组织方式的不同可进行不同的分类,从循环训练法的练习过程上,可分为流水式、轮换式和分配式三种。(1)流水式是按一定的顺序,一个接一个、一站接一站地单向进行练习。(2)轮换式是将全队分成若干个组,各组同时开始在不同的站做不同的练习,然后按规定的时间和顺序进行轮换的方法。(3)分配式是指在一个由较多练习站组成的循环练习场中,运动员分别按预先分配好的练习内容,逐站地完成练习的方法。

6. A 【解析】本题考查磷酸原系统。磷酸原系统,又称非乳酸供能系统,该系统主要由结构中带有磷基团的物质(包括 ATP、ADP、CP 等)构成,由于在供能代谢中均发生磷的基团的转移,故称为磷酸原。肌肉在运动中由 ATP 直接分解供能,为维持 ATP 水平,保持能量供应的连续性,CP 在肌酸激酶的作用下,再合成 ATP。故选 A。

7. A 【解析】本题考查固有反馈的概述。在运动技能学中,反馈可划分为固有反馈和非固有反馈。固有反馈指由所要完成动作练习本身所提供的信息的反馈,如篮圈、箭靶等给练习者提供瞄准信息。非固有反馈指练习者在进行练习过程中或练习后,为了更准确地完成动作,由外部提供信息的反馈,如教师用语言、动作来提示练习者如何完成或改进动作。在生理学中,根据反馈可划分为正反馈和负反馈。正反馈的作用是通过反馈信息加强控制部位的活动。负反馈的作用是通过反馈信息抑制控制部位的活动。

8. C 【解析】本题考查左侧下旋球的动作要领。正手发左侧下旋球的技术要领(以右手持拍为例):向右上方引拍,左斜下方挥拍,击球的中下部并向左下方摩擦。故选 C。

9. C 【解析】本题考查脚背正面踢球的特点。脚背正面踢球的特点是踢球腿的摆幅相对较大,摆速快,踢球的力量大,出球的性能变化小,出球方向比较单一。比赛中,适用于远距离的发球和大力射门。故选 C。

10. D 【解析】本题考查篮球的基本进攻战术。篮球进攻战术的基本配合方法主要包括传切配合、突分配合、掩护配合、策应配合。夹击配合指两个以上的防守者采取突然的行动,封堵和围夹持球者的一种配合方法,属于篮球的防守战术,不属于进攻战术。

11. C 【解析】本题考查跳远的概述。跳远落地时,收腹,举腿,小腿往前伸,同时双臂用力往后摆动,然后落地缓冲。脚跟接触沙面后,紧接着前脚掌下压,两腿迅速屈膝,骨盆前移,两臂积极前摆,使身体重心迅速移过落点,避免后倒坐于沙坑中。

12. A 【解析】本题考查踢球的动作要点。足球踢球技术的动作结构包括助跑、支撑脚站位、踢球腿摆动、脚击球和踢球的随前动作五个环节。在这五个环节中又以支撑脚站位、踢球腿摆动和脚击球三个环节为决定踢球的力量、性质及准确性的重要环节。

13. D 【解析】本题考查单轴关节。单轴关节只能绕一个运动轴在一个平面内运动。单轴关节包括滑车关节(如肱尺关节、指间关节等)和车轴关节(如桡尺近侧和远侧关节)。髋关节、肩关节属于单关节,桡腕关节属于多轴关节。

14. A 【解析】本题考查影响运动技能形成的内部因素。影响运动技能形成的内部因素有:(1)经验与成熟度;(2)智力;(3)个性;(4)运动能力。技能的指导与示范属于影响运动技能形成的外部因素,不属于影响运动技能形成的内部因素。

15. C 【解析】本题考查排球扣球的动作要点。排球扣球时,击球点的位置和高度应在击球臂同侧的肩的稍前上方,肘关节充分伸直的位置上,如果击球的位置在肩后方,则加大肩的负担,击球速度也会减慢。故选 C。

16. A 【解析】本题考查羽毛球基本技术中杀球的特点。羽毛球的杀球是把对方击来的球在尽量高的击球点上斜压下去。这种球力量大、弧线直、落地快、威胁大,是进攻的重要技术。B 项高远球的特点是球的弧线高、滞空时间长。C 项吊球的特点是具有欺骗性、迷惑性,使对方难以接到球。D 项勾对角球的特点是飞行路线相对较长。

17. A 【解析】本题考查混合游泳接力赛的顺序。混合泳接力赛由四人分别按照仰泳—蛙泳—蝶泳—自由泳的顺序进行。故选 A。

18. C 【解析】本题考查跳远比赛中裁判员的旗示含义。跳远比赛中,起跳点的裁判员判断起跳是否成功并测量成绩。起跳点裁判员携带两面旗子——举白旗表示试跳成功,成绩有效;举红旗表示试跳失败，成绩无效。

19. A 【解析】本题考查田径竞赛规则。田径竞赛规则规定，铅球运动员只有双手可以使用镁粉。

20. C 【解析】本题考查维生素的功能。维生素C是一种重要的抗氧化剂。大运动量训练会使人体维生素C的代谢加强。运动后补充维生素C有利于缓解肌肉的酸痛，减轻疲劳，增强体能及保护细胞免于自由基损伤。但不宜过量补充。

21. C 【解析】本题考查踢球技术中的支撑脚站位。支撑脚站位是指支撑脚与球的方位关系，它对踢球动作的质量和出球状态都有一定的影响。一般来说，支撑脚与球的左右位置会影响踢球腿的摆动速度和击球的准确性；支撑脚的前后位置则会影响踢球腿的摆幅以及出球的角度和高度。在一定范围内，站位越靠后，踢球腿的摆幅越大，出球角度越大，高度越高。因此，支撑脚的选位应根据踢球方法、球的起始状态以及出球的目标与目的来确定。

22. C 【解析】本题考查山羊分腿腾越。山羊分腿腾越的学习要点是起跳后，两臂快速主动撑山羊，同时含胸提腰，推手要有力，且肩不超过支撑点。无第二腾空或第二腾空展体不充分的主要原因是，肩超过支撑点或推手无力。故选C。

23. C 【解析】本题考查足球的概述。足球运动是世界上开展最广泛、影响最巨大的体育运动项目之一，被称为“世界第一体育运动”。

24. D 【解析】本题考查《义务教育体育与健康课程标准》（2022年版）。《义务教育体育与健康课程标准》（2022年版）中规定，根据学生的身心发展规律、运动技能形成规律和课程的育人特点设计各水平的教学单元。在1～2年级，重点通过体育游戏发展学生的基本运动技能，让学生在玩中学、玩中练，激发学生的运动兴趣；在3～6年级，在重点发展学生各种体能的基础上发展多项运动技能，以满足学生多样化的运动需求；在7～8年级，在继续发展学生体能的基础上重点发展专项运动技能；在9年级，学校可以让学生根据兴趣爱好自主选择1个运动项目进行为期1年的学习，保证学生初中毕业时掌握1～2项运动技能。

25. A 【解析】本题考查学生合作精神评价的内容。学生合作精神评价的内容主要包括学生的交往能力、合作精神和社会责任感。

26. B 【解析】本题考查随机分组。随机分组是指按照某种特定的方法或标志，将学生随机分成若干小组。例如：利用报数的形式将全班分成若干小组。

27. C 【解析】本题考查综合课的定义。综合课是新授内容和复习内容合理搭配的一种课型，即学生在课中既要学习新内容，又要复习已学过的内容。故选C。

28. C 【解析】本题考查运动中的内部归因。在运动情境中，倾向于内部归因的人常常将自己体育运动成绩归因于自己运动能力或努力。故选C。

29. A 【解析】本题考查体育课程资源的分类。体育课程资源根据来源分类，可分为校内课程资源和校外课程资源；根据存在方式分类，可分为显性课程资源和隐性课程资源；根据功能与特点分类，可分为素材性课程资源和条件性课程资源；根据形态分类，可分为课程内容资源、课程场地器材资源和课程人力资源。

30. B 【解析】本题考查初中学生体质健康标准的毕业成绩的计算方法。学生毕业时的成绩和等级，按毕业当年学年总分的50%与其他学年总分平均得分的50%之和进行评定。故该学生初中体质健康标准的毕业成绩 $=(75+85)\div2\times50\%+92\times50\%=40+46=86$（分）。

二、多项选择题

1. AD 【解析】本题考查肌肉痉挛产生的原因。肌肉痉挛产生原因：(1)寒冷刺激；(2)电解质丢失过多；(3)肌肉连续过快收缩而放松不够；(4)身体疲劳。冬天游泳容易引起腿部肌肉痉挛的主要原因是寒冷刺激和疲劳。

2. AC 【解析】本题考查蛙泳和蝶泳的姿势来源。蛙泳和蝶泳是模仿动物动作而得名的泳姿。游泳发展至今，出现了多种多样的运动姿势，其中有的是因模仿动物的动作而得名，如蛙泳、蝶泳、海豚泳等；有的是按人体在水中的姿势而得名，如仰泳、侧泳等；有的是按动作的形象而得名，如爬泳、踩水等。

3. AC 【解析】本题考查出血的概述。出血可分为外出血和内出血。外出血按照受伤的血管不同，可分为动脉出血、静脉出血和毛细血管出血。内出血可分为组织内出血、体腔出血和管腔出血。

4. AB 【解析】本题考查消化系统的组成。消化系统由消化管和消化腺两大部分组成。消化管主要包括口腔、咽、食管、胃、小肠(十二指肠、空肠、回肠)和大肠(盲肠、结肠、直肠、肛管)等。消化腺主要包括肝、胰和3对唾液腺(腮腺、下颌下腺、舌下腺)。

5. AC 【解析】本题考查太极拳的动作特点。太极拳是结合阴阳五行变化、中医经络学、古代的引导术和吐纳术形成的一种内外兼修、柔和、缓慢、轻灵、刚柔相济的拳术。故选AC。

6. ACD 【解析】本题考查耐力素质的分类。根据能量代谢特征,耐力素质分为有氧耐力和无氧耐力。无氧耐力又可分为乳酸无氧耐力(糖原无氧酵解供能)和非乳酸无氧耐力(磷酸原供能)。

7. ABCD 【解析】本题考查体操队列队形术语。间隔:学生或成对彼此之间左右的间隙称为间隔。基准学生:被指定作为看齐目标者称为基准学生。距离:学生或成对彼此之间前后的间隙称为距离。列:左右排成一条直线称为列。

8. ABCD 【解析】本题考查影响关节运动幅度的因素。关节运动幅度是指一个动作从开始到结束,该关节处相邻的两环节间运动范围的极限角度。关节运动幅度与关节灵活性和稳固性有关,它受以下因素的影响:(1)构成关节的两关节面面积大小的差别;(2)关节囊的厚薄及松紧度;(3)关节韧带的多少和强弱;(4)关节周围的肌肉状况;(5)关节周围的骨突起。另外,关节运动幅度大小还与年龄、性别、体育运动等有关。故选ABCD。

9. CD 【解析】本题考查有氧耐力训练方式。长时间持续训练方法有三种变化形式:匀速持续练习、变速持续练习、法特莱克训练。但匀速持续跑不利于提高运动兴趣,所以,变速跑和法特莱克跑是提高运动兴趣,推迟疲劳的有氧耐力训练方式。

10. CD 【解析】本题考查"极点"和"第二次呼吸"。在进行长时间剧烈运动时,在运动开始的某一阶段,运动者经常产生一些难以忍受的生理反应,如呼吸困难、胸闷、头晕、心率剧增、肌肉酸痛无力、动作迟缓不协调,甚至产生停止运动的念头等,这种机能状态称为"极点"。"极点"出现后,经过一定时间的调整,躯体性和植物性动力定型的协调关系得到恢复,机体的不良反应逐渐减轻或消失,动作变得轻松有力,呼吸均匀自如,这种现象称为"第二次呼吸"。所以,中长跑比赛中经常会出现"极点"现象和第二次呼吸。

三、填空题

1. 第二次呼吸
2. 10.2
3. 挺身式;走步式
4. 骨连结;骨骼肌
5. 极点
6. 反应速度
7. 烟焦油
8. 收胸式停球;挺胸式停球
9. 绕环
10. 间接兴趣
11. 间接任意球;直接任意球
12. 股四头肌
13. 分组轮换;分组不轮换
14. 合理运用的总时间
15. 毛泽东

四、简答题

1. 简述长期从事耐力性和力量性训练会对人体心脏形态结构产生的影响。

【参考答案】(1)长期从事耐力性和力量性训练,可使心脏的重量和体积增大,心肌纤维增粗,其内所含收缩蛋白和肌红蛋白增多,这种由于适应运动需要所发生的心脏增大,称为功能性增大或称为"运动心脏"。

(2)通过体育锻炼可使心肌收缩力量增大,心腔容量增大,使心脏的每搏输出量和每分输出量增加。

(3)长期耐力训练会使运动员的心脏形态、结构发生变化,以心室扩大和心壁增厚为主要标志。

2. 简述铅球教学中产生"滑步距离短"的原因及纠正方法。

【参考答案】(1)产生原因:①蹬摆动作开始时机不正确。②右腿蹬伸力量不够,蹬摆动作不协调。③右腿蹬伸结束后回收不积极。

(2)纠正和预防:①在地上画出标志,反复做徒手或持球滑步,使右脚落在标志上。②徒手或持球做蹬摆动作的分解练习和结合练习。

3. 简述影响运动兴趣水平的主要因素。

【参考答案】(1)运动需要的满足。运动需要会促使学生对所渴求学习或参与的体育运动产生极其浓厚的兴趣,表现出极大的学习热情。

(2)现有的运动技能水平。在体育教学中,应注意提高学生的运动技能水平,培养学生的运动爱好与专长,从而达到提高学生运动兴趣水平的目的。

(3)运动内容的新奇性与适合性。在体育教学中,趣味性、娱乐性和竞争性越强的内容越具有魅力,越能吸引学生兴趣盎然地参与学习或练习。

(4)成功体验的获得。在体育教学中,有成功希望的、符合自己能力水平的体育运动更加容易激发学生的运动兴趣。

(5)融洽的师生关系。融洽的师生关系直接影响着学生的学习情绪。如果教师能够与学生建立一种友好合作的关系,而且共同解决问题和承担任务,就会增进相互间的感情,提高学生的学习兴趣。

4. 简述发生晕厥后的处理方法。

【参考答案】发生晕厥后应让患者平卧,足部略抬高,头部稍低,松开衣领;注意保暖,防止受凉;针刺或掐点人中、百会、合谷、涌泉穴,一般能很快恢复知觉;患者清醒后可服用热糖水和维生素 C 及维生素 B_1 等,并注意休息;必要时,应送医院做进一步处理。

5. 简述武术的特点和作用。

【参考答案】(1)武术运动的特点:①技击性;②内外合一、形神兼备;③适应性。

(2)武术运动的作用:①壮内强外的健身作用;②提高防身自卫能力;③培养道德情操;④丰富文化生活;⑤增进交流。

五、教学设计题

【参考设计】

“排球正面双手垫球”教学设计

一、教学重难点

(1)教学重点:夹臂、提肩、压腕、垫球的部位准确。

(2)教学难点:判断准确,上下肢协调用力。

二、教学过程

(一)准备部分

1. 课堂常规

体育委员整队,报告人数,师生问好,教师宣布教学内容,检查服装,安排见习生,强调安全。

教学组织:四列横队。

2. 热身活动

(1)绕操场跑

方法:一路纵队绕着排球场跑,在跑的过程中听老师口令进行起跳摸高纵跳、交叉步、滑步等练习。

(2)徒手体操

头部运动、伸展运动、下蹲运动、体侧运动、体转运动、全身运动、跳跃运动、整理运动。

组织教学:四列横队成体操队形散开,教师边做示范,边提示动作要领,语言激励学生,及时表扬鼓励。

要求:动作到位,节奏感强。

(二)基本部分

1. 动作示范

组织教学:双列式队形。

2. 讲解

(1)准备姿势:两脚左右开立稍比肩宽,双膝弯曲,上体自然前倾,全身放松。

(2)垫球手型:正面双手垫球的基本手型有抱拳式、叠掌式和互靠式。叠掌式为两手掌根紧靠,手指重叠合掌互握,两拇指平行,手腕稍下压,两臂夹紧外翻形成一个平面。

(3)击球部位:用前臂腕关节上方约 10 厘米处的桡骨内侧平面击球的中下部。

(4)击球动作:击球时,两臂夹紧,插入球下,向前上方蹬地跟抬臂,迎击来球,灵活控制球的方向和力量。

3. 练习

(1)无球动作的练习,教师口令引导学生练习。

(2)两人一组垫固定球练习。

(3)两人一组,一人抛球,一人垫球。

(4)两人一组,相距 3 米 ~5 米对垫练习。

4. 检验——排球友谊赛

方法:将学生分为 4 组,第 1 组对第 3 组,第 2 组对第 4 组。

规则:一球 1 分,先得 6 分的小组为胜利。

(三)结束部分

(1)放松活动:做放松操。

(2)课堂小结:①学生回忆本节课的学习内容并提出问题,教师进行解答。②教师总结学练情况,表扬先进,激励全体学生。

(3)宣布下课,师生再见,收还器材。

三、场地器材

场地:排球场;

器材:排球、网兜、标志杆。

四、预计负荷

练习密度:45%;

练习强度:中等偏上;

平均心率:125~135次/分。

教师招聘考试中学体育预测试卷(三)

一、单项选择题

1. B 【解析】本题考查《义务教育体育与健康课程标准》(2022年版)的内容。《义务教育体育与健康课程标准》(2022年版)中规定,每节课群体运动密度应不低于75%,个体运动密度应不低于50%。

2. D 【解析】本题考查关节的分类。指间关节和桡尺近侧关节属于单轴关节,桡腕关节属于双轴关节,髋关节属于多轴关节。

3. B 【解析】本题考查分层教学贯彻的教学原则。分层教学(又称分组教学、能力分组),就是教师根据学生现有的知识、能力水平和潜力倾向把学生科学地分成几组各自水平相近的群体并区别对待,这些群体在教师恰当的分层策略和相互作用中得到最好的发展和提高。分层教学法实际上体现了因材施教、以人为本的教学原则。

4. A 【解析】本题考查平衡能力。反应能力是指人体对各种信号刺激(声、光、触等)的快速应答能力。故排除B项。灵敏素质指人体在各种突然变化的条件下,能够迅速、准确、协调、灵活地完成动作的能力。故排除C项。速度素质指人体快速运动的能力,分为反应速度、动作速度和位移速度。故排除D项。平衡能力是指维持身体姿势的能力。故选A。

5. B 【解析】本题考查附肢骨的分类。成人全身共有206块骨,根据其存在的部位,可分为中轴骨和附肢骨两部分。中轴骨包括颅骨和躯干骨,共有80块,故排除A项;附肢骨包括上肢骨和下肢骨,共有126块。故选B项。按骨的形态分类,大致可以分为长骨、短骨、扁骨和不规则骨四类。故排除C项和D项。

6. C 【解析】本题考查健美操队形设计的原则。健美操队形设计的原则:(1)构图清晰;(2)丰富新颖;(3)对比鲜明;(4)变化流畅;(5)显示动作。其中,构图清晰是最基本、最首要的原则。

7. C 【解析】本题考查维生素的作用。维生素D能促进肠对钙和磷的吸收,缺乏时体内钙、磷减少,影响骨的钙化,在儿童期可造成佝偻病,在成年时则可导致骨质疏松。

8. A 【解析】本题考查人体运动的供能形式。磷酸原系统(又称ATP-CP系统)主要是通过ATP和CP的相互转化对身体进行供能,它作为极量运动的主要能源物质,虽然维持运动的时间仅仅6~8 s,但却是不可替代的快速能源。短跑、投掷、跳跃、举重等项目,都依靠磷酸原系统供能。故选A。

9. A 【解析】本题考查体育心理学的研究对象。体育心理学的主要研究目的是提高教与学的效果,其主要研究对象是学生,也包括教师。体育心理学侧重研究体育教学过程中的心理现象,特别是学生在学习过程中的心理特点和变化。故选A。

10. B 【解析】本题考查乒乓球直拍握法的特点。直拍握法的主要特点是出手较快,正手攻球快速有力;相比横拍,直拍握法应用方便,灵活;攻斜线、直线球时拍面变化不大,对手不易判断。但反手攻球因受身体阻碍,较难掌握,防守时照顾面积较小,对步法和移动要求较高。

11. A 【解析】本题考查运动项目的类型。跳绳和游泳属于有氧运动项目,足球属于混合运动项目,广播体操属于伸展性运动项目。故选A。

12. D 【解析】本题考查运动性病症。运动性病症是由于运动或比赛的安排不当而出现的疾病或异常。运动性疲劳是指在运动过程中出现了机体(运动)能力暂时性降低,但经过适当的休息和调整以后,可以恢复原有机能水平的一种生理现象,是运动训练过程中常见的生理现象,不属于运动性病症。故选D。

13. D 【解析】本题考查靶心率的算法。靶心率是指通过有氧运动提高心血管循环系统的机能时有效而安全的运动心率。发展心肺耐力的靶心率=(220-年龄)×65%~80%,其中220-年龄=最大心率。

14. C 【解析】本题考查慢性闭合软组织损伤的类型。闭合性软组织损伤是指局部皮肤或黏膜完整,无裂口与外界相通,损伤时的出血积聚在组织内。挫伤和腰肌劳损属于闭合性软组织损伤,其中,腰肌劳损属于慢性闭合软组织损伤。刺伤和擦伤属于开放性软组织损伤。

15. D 【解析】本题考查队列队形练习的类别。立正、跑步走、向后转都属于队列练习,只有圆形行进属于队形练习。

16. B 【解析】本题考查头手倒立的动作要领。头手倒立的动作要领:由蹲撑姿势开始,手指自然分开在体前撑地;用头的前额上部与两手成等边三角形处撑地,身体重心前移,同时提臀,一腿上摆,一脚蹬地;接近倒立时,两腿并拢上伸,身体挺直成头手倒立。

17. B 【解析】本题考查跳远竞赛规则。出现以下情况,均判试跳失败:(1)在起跳过程中,运动员身体任何部位触及起跳线以前的地面;(2)从起跳板两端之外起跳,无论是否超过起跳线的延长线;(3)起跳后,在第一次触及落地区前,运动员触及了助跑道、助跑道以外地面或落地区以外地面。运动员在抵达起跳板之前起跳(不是从起跳板两端之外起跳)不应判试跳失败。

18. B 【解析】本题考查单杠支撑后回环练习时"髋打杠"的原因。单杠支撑后回环的要领:由支撑开始,两腿先前摆,上体稍前倾,接着两腿向后上方积极后摆,直臂顶肩撑杠。回摆时,上体稍前移,直臂直体下落,当腹部接近杠时上体迅速后倒并直臂拉压杠。当回环至杠前水平时,制动两腿上体迅速抬起,挺身翻腕成支撑。在进行单杠支撑后回环练习时,学生经常出现"髋打杠"的主要原因是收腹过大、无速度,倒肩过晚。故选B。

19. A 【解析】本题考查网球比赛中术语的概念。爱司球是网球比赛中的术语,是指对手没有接到而直接得分的发球。穿越球是指当一记回球从站在网前的对方球员身边任一侧经过并导致接球失误的球。挑高球和下旋球属于网球的技术名称。

20. A 【解析】本题考查单循环赛制的比赛场数的计算。单循环赛制比赛场数=[队数×(队数-1)]÷2,代入队数=12,经计算,比赛场数为66场。故选A。

21. A 【解析】本题考查踢球的动作要点。足球踢球技术环节中,踢球的力量主要源于踢球腿的摆动,摆动幅度越大,摆动速度越快,力量就越大。故选A。

22. B 【解析】本题考查小脑的作用。小脑的功能主要是协调躯体运动、调节骨骼肌张力和维持身体平衡。故选B。

23. A 【解析】本题考查武术中"十二型"的内容。武术中的"十二型"即动如涛、静如岳、起如猿、落如鹊、立如鸡、站如松、转如轮、折如弓、轻如叶、重如铁、缓如鹰、快如风。故排除B项、C项和D项,答案选A。

24. C 【解析】本题考查封闭性运动技能。封闭性运动技能的环境背景特征是稳定的,即环境背景特征在技能操作过程中不会发生位置上的变化。例如,固定靶射击、投掷铅球和篮球的罚球等。故选C。

25. A 【解析】本题考查体育游戏的创编方法。体育游戏的创编方法有变化法、组合法、移植法、程序法和提炼法。

26. A 【解析】本题考查运动性腹痛的概述。运动性腹痛在中长跑、马拉松、篮球、足球等运动项目中发生率较高。

27. A 【解析】本题考查"新体育"学说。"新体育"学说是在实用主义教育学说和卢梭自然教育思想的基础上由美国学者托马斯·伍德和赫塞林顿提出的,也称为自然体育学说,是通过身体进行的一种教育运动,意味着整个机体的活动,不仅是只有智力才是教育的手段,而且要发展因教育活动而实现的人类的一切能力,体育应包括机体教育、神经肌肉活动教育、品德教育和智力教育四个方面。

28. C 【解析】本题考查排球比赛规则。排球比赛规则规定,后排队员不得参与拦网。

29. B 【解析】本题考查比赛中设置种子队的目的。篮球比赛通常采用的比赛制度有淘汰制、循环制和混合制三种。单淘汰是指在比赛中失败一次即被淘汰,获胜者继续比赛直到决出冠亚军为止。为了避免水平高的队过早相遇而被淘汰,可设种子队,把种子队安排在不同的位置上,使之最后相遇。

30. B 【解析】本题考查武术功法。武术的内容丰富而且分类方式很多,一般按其运动形式可分为功法运动、套路运动和搏斗运动。其中,传统的功法运动按其形式与功用又可进一步分为内功、硬功(外功)、柔功和轻功。

二、判断题

1. √ 【解析】本题考查体育的定义。广义的体育也称体育运动,是指以身体练习为基本手段,以增强人的体质,促进人的全面发展,丰富社会文化生活和促进精神文明为目的的一种有意识、有组织的社会活动。题干描述信息符合体育的定义,故正确。

2. √ 【解析】本题考查脑震荡的相关知识。脑震荡是脑损伤中最轻而又最多见的一种,可发生于体操、足球、垒球和棒球等运动中,也是日常工作、生活中的常见损伤。伤后即刻有短时间的意识障碍属于脑震荡的主要表现。故题干描述正确。

3. × 【解析】本题考查运动训练与肌纤维的关系。通过体育运动和训练,可以使肌肉体积增大。肌肉体积的增大是肌纤维增粗的结果。运动训练不会使肌纤维增多。

4. √ 【解析】本题考查运动量。运动量指体育运动所给予人体的生理负荷量,由强度、密度、时间、数量及运动项目的特点等因素构成。

5. × 【解析】本题考查健康的概念。1948 年,世界卫生组织明确指出:“健康不仅仅是免于疾病或虚弱,而是保持身体上、精神上和社会适应的完好状态”。1989 年,WHO 又提出“身体健康、心理健康、道德健康、社会适应良好”四个方面的健康标准。

6. × 【解析】本题考查足球场地的规格。足球比赛是在比较平坦的长方形场地内进行,长 90 ~ 120 米,宽 45 ~ 90 米(标准国际的比赛场地长 100 ~ 110 米,宽 64 ~ 75 米);国际足联规定世界杯比赛的场地长 105 米,宽 68 米。

7. × 【解析】本题考查蛙泳的动作和呼吸配合技巧。在正常蛙泳中,蹬夹、划臂和呼吸的配合技术比例为 1:1:1。

8. × 【解析】本题考查仰卧起坐的作用。仰卧起坐可以测试学生的腹肌耐力。长跑能有效改善心肺功能,发展人体耐力。

9. √ 【解析】本题考查排球竞赛规则。排球比赛中队员身体任何部位都可触球(包括用脚踢球),但接触时要短促地将球清晰击出,不得有捞、捧、携带等较长时间停留现象。

10. √ 【解析】本题考查标准羽毛球场地。羽毛球场为一长方形场地,长度为 13.40 米,双打场地宽为 6.10 米,单打场地宽为 5.18 米。

三、简答题

1. 简述耐力素质的生理学基础及其特点。

【参考答案】耐力素质通常理解为人体长时间进行肌肉工作的运动能力或抗疲劳的能力。从运动生理学角度,耐力素质一般分为无氧耐力和有氧耐力。

(1)无氧耐力性运动项目中,无氧耐力的高低主要取决于肌肉内糖无氧酵解的供能能力、缓冲乳酸的能力以及脑细胞对血液 pH 值变化的耐受力。无氧耐力的主要特点:供能时间短、速率快、供能总量少、有乳酸产生。

(2)有氧耐力性运动项目中,充分的氧供应及糖和脂肪的有氧氧化能力是影响有氧耐力的关键因素。有氧耐力的主要特点:供能时间长、速率慢、供能总量大、不产生乳酸等中间产物。

2. 简述短跑加速跑阶段上体抬起过早产生的原因和纠正方法。

【参考答案】(1)产生原因:①躯干前倾不够,腿部力量差;②抬头过早,摆臂无力,怕跌倒;③蹬离起跑器时后蹬角过大。

(2)纠正方法:①注意起跑时两臂动作的配合;②采用推肩起跑等辅助性练习手段;③发展腿部力量。

3. 简述出血的急救处理方法。

【参考答案】出血的急救处理原则是及时止血和处理伤口、预防感染。止血的方法一般采用伤口局部压迫止血。止血后用酒精或生理盐水以伤口为中心,环形向四周冲洗,彻底洗净伤口,并用碘酒等进行消毒处理。必要时,用消毒纱布或干净布块,覆盖保护伤口,然后用绷带包扎或胶布固定。

四、案例分析题

1.【参考答案】(1)事故产生的原因:①最主要的原因

是教师没有做好“课前常规”工作，对场地没有进行相应的安全检查，造成场地不符合上课的要求；②运动技术水平较低。开始学习阶段，学生还没能掌握跳远“落地缓冲”这一技术环节；③教师安全意识淡薄，没有意识到体育与健康实践课安全问题的重要性，对预防运动损伤的意义认识不足。

(2)预防措施：①教师在课前一定要做好“课前常规”，准备好相应的场地器材，对场地器材进行对应的安全检查，确保上课时学生运用场地器材时的安全；②涉及安全问题的动作技术，教师在讲解时要注意强调，并要求学生掌握；③作为一名体育教师，一定要意识到体育实践课中安全问题的重要性，学校等相关部门可对体育教师进行一些相应的安全知识培训，提高教师注重安全问题的意识和安全保护工作的能力，避免安全事故的发生。

2.**【参考答案】**(1)韩老师的分组不正确，应根据李同学的身体基础进行正确分组，应把李同学分入基本组。健康分组应依据学生的健康状况、身体发育状况、生理功能状况、运动史和身体素质状况分为基本组、准备组和医疗体育组。

①基本组。凡是身体发育及健康状况无异常者，或身体发育和健康有轻微异常(如龋齿、轻度扁平足等)，而功能检查良好，且有一定锻炼基础者，可编入基本组。

②准备组。身体发育和身体健康状况有轻微异常，功能状况虽无明显不良反应，但平时较少参加体育活动且身体素质较差者，可编入准备组。

③医疗体育组。凡身体发育不良或健康状况明显异常者(如病残者等)，虽能参加文化学习，但不能按体育教学课程标准的要求进行活动者，可编入医疗体育组。

(2)韩老师的处理措施正确。踝关节扭伤(崴脚)属于闭合性软组织损伤，这类损伤的处理原则和措施是制动、即刻冷敷(损伤早期)、加压包扎、抬高上肢，24 小时或 48 小时后热敷、理疗消肿，后期加强功能锻炼，逐渐恢复伤肢功能。

五、教学设计题

【参考答案】

一、教学内容

足球——脚内侧运球(第一课时)。

二、教学目标

1. 了解脚内侧运球的动作方法，掌握其动作要领。

2. 学生通过模仿、分组、交流等方法探索学习；在学练中，学会互助合作和自主探究的学习方法。

3. 培养认真的学习态度，养成不怕困难、敢于挑战的意志品质。

三、教学重难点

1. 教学重点：支撑脚站位，触球部位。

2. 教学难点：控球能力及身体协调性。

四、教学过程(基本部分)

1. 讲解示范

(1)教师示范脚内侧运球的完整动作。学生认真观看，建立动作表象。

(2)教师讲解脚内侧运球的动作要领。学生认真听讲，注意动作要点。

组织：四列横队，分列两边，面对面站立。

要求：认真听讲，仔细观察。

2. 学生练习，教师巡回指导

(1)无球模仿练习

组织：四列横队成体操队形散开。

要求：跟教师口令练习，体会动作要领。

(2)右脚运球练习

组织：学生分成四组，每人一球，依次进行行进间右脚脚内侧运球练习，练习距离为 10 米。练习 3 次。

要求：体会脚内侧发力，运球速度要求慢。

(3)右脚运球绕杆练习

组织：学生分成四组，每人一球，依次进行行进间右脚脚内侧运球绕杆练习，练习距离为 10 米。练习 3 次。

要求：控制好身体，注意触球的位置。

3. 游戏：“运球接力”

游戏方法：学生分成四组站于出发点后，排头持球，教师发令后，排头迅速出发，以脚内侧运球的方式前进，到目的点后返回，回到起点后将球交给第二名学生并站于队尾。依照此方法进行，率先完成比赛的组获胜。

要求：服从裁判，听从指挥，注意安全。

五、场地器材及预计负荷

场地器材：足球场 1 块，足球 40 个，标志杆 16 根。

预计负荷：平均心率为 120~135 次/分。

教师招聘考试中学体育预测试卷(四)

一、单项选择题

1. B 【解析】本题考查《义务教育体育与健康课程标准》(2022 年版)课程理念的内容。《义务教育体育与健康课程标准》(2022 年版)的课程理念:(1)坚持“健康第一”;(2)落实“教会、勤练、常赛”;(3)加强课程内容整体设计;(4)注重教学方式改革;(5)重视综合性学习评价;(6)关注学生个体差异。

2. A 【解析】本题考查学习效果不好的原因。利用挂图分组探索学习是自我探究与分组学习的结合方式。组内人数过多,可能导致学生探究的时间过短,影响学习效果;不主动探索学习,探究不认真,对动作不理解,影响学习效果;技术动作较难,不易于练习掌握,学生失去信心,影响学习效果。在利用教学挂图的分组探索学习中,教师少讲解,目的是促使学生主动积极地探索学习。

3. B 【解析】本题考查骨的发生方式。骨的发生有膜内成骨和软骨内成骨两种。在结缔组织膜的基础上经过骨化而成的骨为膜内成骨,如颅顶骨等。在软骨的基础上经过骨化而成的骨则为软骨内成骨,如四肢骨。

4. B 【解析】本题考查 5 秒发球违例的概述。进攻球员持球后,球员必须在 5 秒钟之内掷界外球出手,否则为 5 秒违例。

5. B 【解析】本题考查《国家学校体育卫生条件试行基本标准》中体育老师的配置内容。《国家学校体育卫生条件试行基本标准》中规定,学校应当在核定的教职工总编制数内,根据体育课教育教学工作的特点,按照教学计划中体育课授课时数和开展课外体育活动的需要,配备体育教师。小学 1 ~2年级每 5 ~6 个班配备 1 名体育教师,3 ~6 年级每6 ~7 个班配备 1 名体育教师;初中每6 ~7 个班配备 1 名体育教师;高中(含中等职业学校)每 8 ~9 个班配备 1 名体育教师。

6. C 【解析】本题考查发展灵敏素质的练习方式。慢跑可有效发展心肺耐力,平板支撑可有效发展核心力量,坐位体前屈可有效发展柔韧素质。灵敏素质指人体在各种突然变化的条件下,能够迅速、准确、协调、灵活地完成动作的能力。“8”字跑能有效发展灵敏素质。

7. C 【解析】本题考查器械体操的概述。体操中,握器械的方法有正握、反握、正反握、扭臂握、反扭握、交叉握、深握、从内握、从外握、全握、窄握、宽握。

8. A 【解析】本题考查新陈代谢的概述。新陈代谢是指生物体不断地与其周围环境进行物质与能量交换,实现自我更新的过程。新陈代谢包括同化(合成代谢)和异化(分解代谢)两个过程。

9. A 【解析】本题考查 4 × 100 米接力跑的棒次安排。在 4 × 100 米接力跑中,安排起跑能力突出、反应速度快、善于弯道跑、整支队伍中速度第 2 快的运动员跑第 1 棒,专项耐力好、途中跑能力强、传接棒技术熟练的运动员安排在第 2 棒,除具备第 2 棒的长处外,还善于弯道跑的运动员安排在第 3 棒,把全队成绩最好、冲刺能力最强的运动员安排在第 4 棒便于冲刺和决胜。

10. B 【解析】本题考查武术虚步的动作要领。虚步的动作要领:两脚前后开立,重心放在后腿;后腿屈蹲,脚尖外展约 45°,前腿微屈膝,脚尖绷直稍内扣,虚点地面;挺胸塌腰。左脚在前为左虚步,右脚在前为右虚步。

11. A 【解析】本题考查快肌纤维的特征。快肌纤维收缩速度快,直径较粗,抵抗疲劳的能力较弱,易疲劳。

12. D 【解析】本题考查健美操的基本步伐。脚尖前点地和侧交叉步属于低冲击力步伐,故排除 A 项和 B 项;弹动属于无冲击力步伐,故排除 C 项;小马跳属于健美操高冲击力步伐。故选 D。

13. B 【解析】本题考查足球运动中的二过一配合。二过一配合是指在局部地区两名进攻队员通过两次连续传球配合,越过一名防守队员的配合方法。根据传球和跑位的路线二过一配合的形式有:斜传直插二过一、直传斜插二过一、斜传斜插二过一、回传反切二过一。当防守队员身后有一定空当,防守队员距插入队员较近时,采用斜传直插二过一配合效果较好。故选 B 项。当防守队员身后空隙较小或采用连续二过一时,采用斜传斜插二过一配合效果较好。故排除 C 项。当接应队员与控球队员有一定的纵深距离,而且防守队员贴身逼抢时,可主动向后扯动,拉出空当,采用回传反切二过一配合。故排除 D 项。当防守队员身后有较大空当或防守队员移向接应队员时,采用直传斜插二过一配合效果较好。故排除A项。

14. C 【解析】本题考查足球的停球技术。(1)脚掌停球在比赛中常用于接迎面地滚球或反弹球,故排除A项。(2)脚背正面停球适用于接下落球,故排除B项。(3)胸部接球在比赛中能接高球和空中平直球。故排除D项。(4)大腿接球技术主要是大腿股四头肌群,其特点是接触球部位面积大,且肌肉丰厚有弹性,该动作简单易做,适用于接有一定弧度的高球。故选C。

15. A 【解析】本题考查排球中扣球的概念。(1)扣球是排球的基本技术之一,是跳起在空中将高于球网上沿的球有力地击入对方场区的一种击球方法。故选A。(2)通过手臂或身体其他部位的迎击动作,使来球从垫击面上反弹出去的击球动作,称为垫球。故排除B项。(3)传球是排球的基本技术之一,是利用手指手腕的弹力和全身的协调力量将球传至一定目标的击球动作。故排除C项。(4)发球是1号位队员在发球区内自己抛球后,用一只手将球直接击入对方场区的一种技术动作。故排除D项。

16. B 【解析】本题考查影响体育学习策略获得和运用的内部因素和外部条件。学生的动机水平属于影响体育学习策略获得和运用的内部因素。

17. B 【解析】本题考查运动性疲劳原因的理论学说。(1)代谢产物堆积学说认为,运动过程中某些代谢产物在体内大量堆积而又不能及时清除,从而造成运动能力的下降。(2)能量耗竭学说认为,疲劳是由于运动过程中体内能源物质的大量消耗并且得不到及时补充而产生的。(3)保护性抑制学说认为,运动性疲劳是由于大脑皮层产生了保护性抑制。(4)突变理论认为,运动性疲劳是多因素的综合,一个或同时几个因素的变化相互作用,导致疲劳的出现。

18. D 【解析】本题考查憋气与运动。憋气的不良影响有:长时间憋气压迫胸腔,使胸内压上升,造成静脉血回心受阻,进而心脏充盈不充分,输出量锐减,血压大幅下降,导致心肌、脑细胞及视网膜供血不全,产生头晕、恶心、耳鸣和眼黑等感觉,影响和干扰了运动的正常进行。

19. D 【解析】本题考查肩肘倒立—前滚成蹲立的动作要领。肩肘倒立—前滚成蹲立动作要领:向后倒肩时,同时要举腿、翻臀;向上伸腿时,两臂伸直压地,同时伸髋;倒立时,两手撑腰的后侧,低头、立腰、夹臀、展髋,眼视脚面;前滚时,经肩、背、腰、臀依次滚动。

20. A 【解析】本题考查运动兴趣的概述。运动兴趣的倾向性是指运动兴趣总是指向一定的体育项目或体育事件。

二、填空题

1. 400
2. 下压式
3. 16
4. 运动目的;运动类型;运动强度
5. 撕裂伤
6. 毛细血管
7. 单轴;双轴
8. 1—2
9. 个性心理特征;个性倾向性
10. 肝糖原;肌糖原

三、名词解释

1. 体能

【参考答案】体能是指人体各器官系统的机能在身体活动中表现出来的能力。体能包括与健康有关的体能和与运动技能有关的体能。前者包括心肺耐力、柔韧性、肌肉力量、肌肉耐力、身体成分等,后者包括从事运动所需要的速度、力量、灵敏性、协调性、平衡、反应等。

2. 运动负荷

【参考答案】运动负荷是指机体从事身体练习时所承担的运动的量与强度的总称,是身体练习对机体刺激程度的反映,它包括负荷量和负荷强度。

3. 休克

【参考答案】休克是人体遭受体内外各种强烈刺激后所发生的严重的全身性综合征。

4. 最大摄氧量

【参考答案】最大摄氧量是指在人体进行有大量肌肉群参加的长时间剧烈运动中,当心肺功能和肌肉利用氧的能力达到本人极限水平时,单位时间内(通常以每分钟为计算单位)所能摄取的氧量称为最大摄氧量。

5. 步频

【参考答案】步频是指单位时间内跑的步数。

四、判断题

1.× 【解析】本题考查肌肉拉伤的早期处理方法。肌肉拉伤属于常见的闭合性软组织损伤。在损伤早期处理原则是制动、止血、防肿、镇痛及减轻炎症。伤后早期可使用冷敷、加压包扎并抬高伤肢。24 小时后才可采用按摩、热敷的方法处理。

2.× 【解析】本题考查技能迁移。俯卧式跳高属于急行跳高,是一种身体各部位在空中以俯卧姿势依次越过横杆的跳高方式。背越式跳高是一种以杆上背弓姿势、向上甩腿越过横杆后以背部落垫的跳高方式。俯卧式跳高对背越式跳高的学习没有起到积极作用,所以学会俯卧式跳高再学背越式跳高不属于正迁移。

3.× 【解析】本题考查运动动机和运动兴趣的概述。运动兴趣是指人们积极地认识、探究或参与体育运动的一种心理倾向。运动动机是由运动目标引发的,推动学生参与体育学习与身体锻炼活动的内部心理动因。

4.× 【解析】本题考查接力跑。4×100 m 接力跑的第 1 棒运动员采用蹲踞式起跑,第 2、3、4 棒运动员多采用半蹲式或站立式起跑。

5.× 【解析】本题考查肌肉的工作形式。四肢肌肉工作时,定点在近侧为近固定,定点在远侧为远固定。两臂侧平举后慢慢放下,三角肌在近固定条件下做退让工作。

6.√ 【解析】本题考查反射的概述。反射是神经系统活动的基本方式。反射活动的形态学基础是反射弧。

7.√ 【解析】本题考查武术谚语。题干中的谚语强调初学武术时,练习者应力求动作规范,方法正确。

8.× 【解析】本题考查耐力跑的作用。耐力跑是提高学生有氧代谢能力的有效手段,而不是提高无氧代谢能力的有效手段。

9.× 【解析】本题考查向心等张练习。负重蹲起、卧推属于向心等张练习,蹲马步不属于向心等张练习。

10.× 【解析】本题考查行进间转法。学生听到“向后转——走”口令后,左脚向前迈出约半步,脚尖稍向右,以两脚的前脚掌为轴,自右向后转 180 度,出左脚向新方向行进。所以,行进间向后转走,转向后应先迈左脚。

11.× 【解析】本题考查排球竞赛规则。在排球比赛中,后排队员或后排自由防守队员完成拦网或参与了集体拦网,为后排队员拦网犯规。

12.× 【解析】本题考查竞技体操项目。竞技体操男子项目有自由体操、鞍马、吊环、跳马、双杠、单杠六项,平衡木属于女子项目。

13.× 【解析】本题考查篮球的撤步技术。篮球的撤步技术是指前脚向后撤回的一种方法。

14.× 【解析】本题考查篮球原地跳起单手肩上投篮。篮球原地跳起单手肩上投篮是在原地单手肩上投篮的基础上的一种投篮方式,也是现代篮球运动普遍应用的主要投篮方式,具有突然性强、出手快、出手点高和不易防守的优点。

15.√ 【解析】本题考查同质分组的概述。同质分组是指分组后同一个小组内的学生在体能和运动技能方面大致相同。

五、简答题

1. 简述排球正面双手垫球的教学重难点及练习方法。

【参考答案】(1)教学重点:夹臂、提肩、压腕、垫球的部位准确。

(2)教学难点:判断准确,上下肢协调用力。

(3)练习方法:①多进行徒手模仿练习,体会垫球动作的用力顺序;②抛垫球练习;③对墙垫球练习;④两人或三人一组,一人抛球,另一人或两人轮流向各个方向移动垫球练习;⑤三人一组跑动垫球或四人一组三角移动垫球练习;⑥两人一组相距 8 米,先一抛一垫练习,再过渡到一人下手或上手发球,一人接发球练习。

2. 跨越式跳高的动作要领(以左脚起跳为例)。

【参考答案】(1)助跑:直线助跑,助跑动作轻松自然有弹性,最后一步稍小,迈步起跳,速度快;

(2)起跳:制动,左脚起跳迅速,蹬伸髋、膝、踝关节,躯干伸展充分;

(3)过杆:两臂和右腿快速摆动协调配合,左脚充分蹬伸;

(4)落地:过杆后右脚先着地,屈膝缓冲。

3. 体育教师的动作示范中,常用的示范面有哪几种?请你选择一种加以表述。

【参考答案】常用的示范面有正面、背面、侧面和镜面四种。

侧面示范:教师侧向学生站立所进行的示范是侧面示范,侧面示范有利于展示动作的侧面和按前后方向完成的动作,如跑步中的摆臂动作和腿的后蹬动作。

六、论述题

1. 亚健康是一种处于健康和疾病之间的状态,是引起多种慢性非传染性疾病的根源之一,在对待亚健康的问题上,请从体育与健康的角度,阐述如何克服亚健康状态。

【参考答案】(1)提高身体机能水平

经常参加体育运动有益于全身各个系统,可改善肌肉、心血管、呼吸系统机能水平,提高神经、内分泌和免疫调试能力,改善亚健康状况,使人精力更加充沛,工作效率提高。

(2)保持良好的心理状态

经常参加体育锻炼可以培养良好的心理素质,减轻或消除紧张、焦虑和抑郁,消除亚健康状态。

(3)建立健康积极的生活方式

经常参加体育活动,有助于建立健康积极的生活方式,是身体健康的基本保证。世界卫生组织(WHO)提出健康医学模式,该模式主要以合理营养、经常性的体育锻炼、调节和诱导心理适应能力和开展加强自我保健、初级保健等方式来维持和促进健康。

2. 在体育教学中如何体现"精讲多练"?在不同任务的不同课堂教学阶段中,教师的讲解与学生练习的比例应如何安排?

【参考答案】(1)在体育教学中体现"精讲多练"主要表现在:

①在不同的教学目标下的不同课型中,讲解和练习的比例不一样;

②在不同任务的不同课堂教学阶段中,讲解和练习的比例不一样;

③在学习不同的教学内容时,讲解和练习的比例不一样。

(2)在不同任务的不同课堂教学阶段中,教师的讲解与学生的练习的比例应安排如下:

①在课的开始部分,教师主要向学生说明本次课的任务、目标,并安排准备活动。此阶段教师讲解相对较少,准备活动则需要有必要的练习量。

②在课的基本部分的前半段,一般是技术学习,教师的讲解比较重要,而练习则是模仿性、尝试性的,练习量不是很大。在后半段一般是技术熟练,此阶段练习比较重要,而讲解则是针对性、画龙点睛性的,讲解量不大。

③在课的结束部分,教学任务是使学生身心得到放松和进行总结。在身心放松阶段是以放松性身体活动为主,在总结阶段则是以教师的讲评为主。

七、教学设计题

【参考设计】

羽毛球单元教学计划

课次	教学内容	教学重难点
1	握拍法;熟悉球性	重点:掌心不接触把柄 难点:手腕控制
2	正手发高远球	重点:挥拍的方向 难点:击球时的手腕鞭击
3	正手击打高远球	重点:挥拍发力节奏 难点:击球时机
4	移动步法	重点:各种移动步法的动作要领 难点:步法的合理使用
5	正反手平抽球	重点:手臂和手腕的控制 难点:击球时机
6	正反手挑球	重点:击球时身体的控制 难点:移动到最好的位置进行击球
7	反手发球	重点:手指手腕的发力 难点:击球时机和击球角度
8	考评:正手发高远球 教学比赛:男子单打、女子单打	重点:发球的成功率 难点:发球的弧度和落点的精准度

教师招聘考试中学体育预测试卷(五)

一、单项选择题

1. A 【解析】本题考查白细胞的作用。血液由血细胞和血浆组成。血细胞包括红细胞、白细胞和血小板。其中,白细胞的主要功能是保护机体,抵抗外来微生物的侵害和免疫作用。

2. B 【解析】本题考查《中共中央国务院关于加强青少年体育增强青少年体质的意见》的内容。《中共中央国务院关于加强青少年体育增强青少年体质的意见》要求确保学生每天锻炼一小时。

3. C 【解析】本题考查"六艺"的概述。"六艺"即礼、乐、射、御、书、数六种基本技能。其中,射指射箭的技能教育,御指以驾驭战车的技能为主的教育,射和御属于体育范畴。

4. B 【解析】本题考查奥林匹克文化。奥林匹克精神是"互相了解、友谊、团结和公平竞争"。奥林匹克的格言是"更高、更快、更强"。

5. B 【解析】本题考查体育游戏的教学原则。体育游戏教学的原则主要有:(1)教师主导性原则;(2)教育性原则;(3)锻炼性原则;(4)娱乐性原则;(5)安全性原则。

6. B 【解析】本题考查赛前心理状态。竞赛开始以前,运动员对竞赛的认识及由此而产生的情绪体验,使身体功能发生某些条件反射性变化,这称为运动员的赛前状态。运动员赛前心理状态分为四种:赛前过分激动、赛前淡漠、赛前盲目自信和赛前战斗准备状态。其中,赛前战斗准备状态的特点是运动员对比赛任务有清楚的认识,情绪饱满,渴望参加比赛,而且知觉精确、注意力集中、思维敏捷、动作反应快,是适宜的赛前心理状态。

7. C 【解析】本题考查骨骼肌的收缩形式。(1)当肌肉收缩力小于外力时,肌肉虽然在收缩,但却被拉长,这种收缩形式称为离心收缩。故排除A项。(2)在整个关节运动范围内,肌肉以恒定的速度进行的最大用力收缩,且肌肉收缩产生的力量始终与阻力相等的肌肉收缩称为等动收缩。故排除B项。(3)骨骼肌运动时,先做离心式拉长,再做向心收缩的复合式收缩形式为超等长收缩。故排除D项。(4)当肌肉收缩力等于外力时,肌肉虽在收缩但长度不变,这种收缩形式称为等长收缩。等长收缩是肌肉静力性工作的基础,在人体运动中对运动环节固定、支持和保持某种身体姿势起重要作用。"站桩"就是我们所说的马步动作,故选C。

8. D 【解析】本题考查有氧供能系统。有氧供能系统是长时间运动的主要能源。1500 m跑、3000 m跑、5000 m跑需要供能的时间较长,因此同属于以有氧供能系统为主的运动项目。故选D。

9. A 【解析】本题考查课外体育活动组织形式。小团体是指有共同体育兴趣爱好和特长的学生自发组成的体育锻炼的集体。小团体活动的成员有可能是本班的同学,也有可能有其他班级或者其他年级的同学。小团体活动的组织比较松散、自由、经济,成员多少视具体情况而定,而且相对不固定。

10. B 【解析】本题考查运动损伤的处理方法。急性闭合性软组织损伤最初要进行冷敷,24~48小时后进行热敷或消肿。

11. A 【解析】本题考查动脉血压的测量方法。动脉血压是指主动脉、肱动脉、股动脉等较大动脉血管中的血压。测量血压的方法可分为直接法与间接法两种,通常多选用间接法,如临床上用测定肱动脉压代替主动脉压。所以,临床上常用于测量血压的动脉是肱动脉。

12. C 【解析】本题考查力量素质的训练方法。力量素质指人的机体或机体的某一部分肌肉工作(收缩和舒张)时克服内外阻力的能力。发展力量素质的常用手段有仰卧起坐、立定跳远、引体向上和高抬腿跑等。故选C。

13. B 【解析】本题考查排球正面上手传球技术。排球正面上手传球时,两臂弯曲,肘关节自然下垂;两手张开,手腕稍后仰;两手自然张开呈半球状,两拇指相对成"一"字形;以拇指、食指、中指负担球的压力,无名指和小指帮助控制球。

14. B 【解析】本题考查体育教学评价。形成性评价又称过程性评价,是在教学过程中进行的评价,是为引导教学过程正确、完善地前进而对学生的学习结果和教师教学效果采取的评价。

15. C 【解析】本题考查出血的分类。(1)动脉出血:血色鲜红,血液自伤口的近心端呈间歇性、喷射状流出,出血速度快,出血量多,危险性大。(2)静脉出血:血色暗红,血液自伤口的远心端呈持续性、缓慢地向外流出,危险性小于动脉出血。

(3)毛细血管出血:血色介于动脉血和静脉血之间,血液在创面上呈点状渗出并逐渐融合成片,最后渗满整个伤口,常常能自行凝固,一般没有危险性。(4)微动脉出血:微动脉是毛细血管前的阻力血管,通常采用按压的方法止血,一般5~10秒就可以达到止血的效果,危险性小。

16. D 【解析】本题考查羽毛球比赛场地。羽毛球比赛场地长13.40米,双打比赛场地宽6.10米,单打比赛场地宽5.18米。故选D。

17. C 【解析】本题考查篮球移动步伐。滑步是防守移动中的一种主要手段。滑步易于保持身体平衡,可向任何方向移动。最常用的滑步有侧滑步、前滑步、后滑步等。

18. A 【解析】本题考查足球的踢球。足球踢球准确性主要取决于击球点(击球的部位),作用力的方向(摆腿的方向)和击球作用力的大小(摆腿的幅度和速度)。当击球点在足球中后部时,作用力通过球心,作用力方向朝着正前方,此时踢出的球向前平直飞行。

19. C 【解析】本题考查"坐着跑"的产生原因。"坐着跑"的产生原因:跑时上体前倾太大,含胸塌腰,后蹬不充分,送髋不够且急于高抬摆动腿,或髋关节灵活性差等。

20. D 【解析】本题考查持球突破的定义。持球突破指持球队员将合理的脚步动作与运球技术相结合,快速超越防守队员的一项攻击性很强的进攻技术。故选D。

21. B 【解析】本题考查支撑摆动前摆挺身下的动作要领。支撑摆动前摆挺身下,当向前摆动到接近最高点时,两手推杠,使身体向杠外平移。

22. A 【解析】本题考查致密结缔组织的相关知识。致密结缔组织是一种以纤维为主要成分的固有结缔组织,排列致密,细胞和基质成分少,以支持、连接和保护为其主要功能。根据纤维的性质和排列方式,可分为规则和不规则致密结缔组织两种。规则致密结缔组织主要构成肌腱和韧带;不规则致密结缔组织主要分布于皮肤的真皮和某些器官的被膜等处,具有很强的抗拉力特性。

23. D 【解析】本题考查方位术语。方位术语是指描述人体结构相对位置关系或运动中人体各部位之间的空间位置关系的术语。以解剖姿势为标准,规定了一些相对的方位术语,如内侧与外侧、近侧与远侧、尺侧与桡侧、胫侧与腓侧等。

24. C 【解析】本题考查爬泳的技术动作。进行爬泳时,手臂入水的顺序:手——前臂——上臂。

25. B 【解析】本题考查标志暗示。(1)自我暗示:指让学生或运动员自己用一定的暗示语言调节本体植物性神经系统机能,使自己心理和肌肉状态能更好地完成运动任务的要求。故排除A项。(2)他人暗示:在体育教学或训练中,体育教师或教练员对学生或运动员,以及学生对学生或运动员对运动员之间具有训练作用的暗示内容被称为他人暗示。故排除C项。(3)环境暗示:体育教学与训练的环境直接影响着学生或运动员的学习效果。故排除D项。(4)标志暗示:在体育教学与训练中,标志暗示既可以帮助学生或运动员形成良好的技术动作,提高其技术、战术意识,又可以帮助他们产生适宜的心理准备。所以,题干所述运用了标志暗示。故选B。

26. A 【解析】本题考查竞赛体制。常用的竞赛体制包括循环制、淘汰制和混合制三种类型。其中,淘汰制又分单淘汰制和双淘汰制。淘汰制一般在比赛时间短、参加队数多、经费不足的情况下采用,能节省时间。故排除B项和D项。循环制包括单循环、双循环和分组循环三种。循环制能使所有参赛队都有相遇机会,产生的名次比较客观。但竞赛场次多,时间较长。这种竞赛方法一般在参赛队不太多,而竞赛时间较长时采用。故选A。

27. B 【解析】本题考查前庭器官。前庭器官具有维持身体姿势和平衡的功能,所以人体做加速度或旋转运动时,通过前庭器官引起的感觉是平衡觉。

28. A 【解析】本题考查口令的概述。队列口令根据其发音特点可分为短促口令、断续口令、连续口令和复合口令四种。连续口令的特点:预令的最后一个字的拖音与动令相连,如"向左——转""向右看——齐""向前——看""齐步——走""向左转——走""立——定"等。

29. B 【解析】本题考查足球进攻战术。足球个人进攻战术包括传球、射门、运球突破、跑位。选位不属于足球个人进攻战术。

30. D 【解析】本题考查《义务教育体育与健康课程标准》(2022年版)中的运动能力。运动能力是指学生在参与体育运动过程中所表现出来的综合能力。运动能力包括体能状况、运动认知与技战术运用、体育展示或比赛三个维度,主要体现在基本运动技能、体能、专项运动技能的掌握与运用。

二、多项选择题

1. AC 【解析】本题考查骨髓的概述。骨髓分为红骨髓和黄骨髓。红骨髓具有造血功能。黄骨髓没有造血功能,但当大量失血或贫血时,黄骨髓又部分地转化为红骨髓而执行造血功能。
2. BCD 【解析】本题考查人体基本轴。运动解剖学规定人体有三个互相垂直的基本轴,即矢状轴、冠状轴和垂直轴。描述人体或环节运动时一般都绕这三个轴进行转动。
3. CD 【解析】本题考查体育课程的分类。从课程设计、开发和管理角度来说,体育课程类型包括国家课程、地方课程和校本课程。
4. AB 【解析】本题考查羽毛球比赛规则。羽毛球在一场比赛开始前,采用挑边的方法(抛硬币)来决定比赛开始时的发球方和场区。
5. AD 【解析】本题考查膳食纤维的功能。膳食纤维的功能有:(1)预防便秘;(2)控制体重,防止肥胖;(3)降低血液中胆固醇浓度。
6. BCD 【解析】本题考查背越式跳高的特点。现代背越式跳高的技术特点是快速助跑、快速起跳、快速过杆,能充分利用弧线助跑的有利因素,提高助跑速度,动作结构自然。
7. AB 【解析】本题考查肩部损伤的检查方法。肩部损伤的检查方法有杜格征、痛弧试验、反弓试验、肩关节内旋试验。抽屉试验属于膝部运动损伤的检查方法,米拉试验属于肘部运动损伤的检查方法。
8. BCD 【解析】本题考查速度素质。速度素质是指人体进行快速运动的能力,分为反应速度、动作速度和位移速度。
9. ABCD 【解析】本题考查体育教学工作计划的概述。体育教学工作计划一般包括学年教学工作计划、学期教学工作计划、单元教学工作计划、课时教学工作计划。
10. ABC 【解析】本题考查免疫器官。骨髓和胸腺属于中枢免疫器官。淋巴结、脾脏和扁桃体等属于外周免疫器官。

三、简答题

1. 简述双手胸前投篮的动作要点。

【参考答案】双手胸前投篮的动作要点:双手持球于胸前,肘关节自然下垂,两脚左右或前后开立,两膝微屈,重心落在两脚之间,目视瞄准点;投篮时,两脚蹬地,上肢随着脚蹬地向前上方伸展,两手腕同时外翻,拇指下压,手腕前屈,食指、中指用力拨球,使球通过拇指、食指、中指指端投出。球出手后,两手自然向下向外翻,脚跟提起,身体随投篮出手方向自然伸展。

2. 简述跨越式跳高教学中,场地器材方面存在的安全隐患。

【参考答案】(1)跳高垫面积小,学生容易摔倒在地面上;
(2)跳高垫硬且薄,容易扭伤脚踝和摔伤;
(3)助跑场地不平整、有异物,学生容易绊倒、滑倒;
(4)跳高架破旧老损,碰触后易倒,容易砸伤、刮伤学生;
(5)跳高垫摆放位置不适,容易摔伤。

3. 什么是"极点"现象?怎么克服"极点"现象?

【参考答案】(1)在进行长时间剧烈运动时,在运动开始的某一阶段,运动者常产生一些难以忍受的生理反应,如呼吸困难、胸闷、头晕、心率剧增、肌肉酸痛无力、动作迟缓不协调,甚至产生停止运动的念头等,这种机能状态称为"极点"。
(2)克服"极点"现象的主要措施包括:①继续坚持运动;②适当降低运动强度;③调整呼吸节奏,尤其要注意加大呼吸深度。

四、案例分析题

1.【参考答案】原因:(1)跳山羊是体操器械技术动作中比较难的技术动作,并且在练习过程中需要进行正确的保护与帮助。在这个案例中,教师自己没有对学生进行保护与帮助,而让其他同学代替,从而造成了保护不正确,出现受伤情况。(2)学生保护与帮助的技术动作学习得不扎实,不能采用正确的保护与帮助的方法也是造成伤害的主要原因。

预防措施:(1)加强安全教育,树立安全意识。首先体育教师要具有高度的安全意识,要坚持对学生进行"安全意识"的教育。(2)课前要认真准备,考虑要细致周到。要对教学过程中易发生的安全事故有预见性,并做好相应的防范措施。(3)教学策略要合理。在学习体操技术时,保护与帮助的动作是必须学习并掌握的,这样学生在练习时,才能避免受到伤害。

2.【参考答案】(1)面对球网,两脚前后开立,膝微屈,上体稍向前倾;一手托球于体前腰腹之间,击球臂后摆。发球时,持球手臂向击球手臂前约一臂距离将球抛起30厘米左右高度,击球手臂略向后引。当球下落时,击球臂由后向前直臂前摆,用全掌、虎口或掌根击球的后中下部,用力将球击出,身体随重心前移进入场内。

(2)影响学生运动兴趣水平的因素有以下几个方面：

①运动项目的新奇性与适合性；

②现有的运动技能水平；

③运动需要的满足；

④成功体验的获得；

⑤融洽的师生关系。

五、论述题(参考答案)

论述关节运动的幅度及其影响因素。

【参考答案】关节运动幅度是指环节绕某一关节的运动轴从动作开始到结束所能转动过的最大角度。关节运动幅度是评价柔韧素质的重要指标之一。关节运动幅度与关节的灵活性和稳固性有关，而每个关节的灵活性与稳固性好坏主要受本身结构和关节以外结构的制约。影响关节运动幅度的因素如下。

(1)关节面积大小的差别：构成关节的两个关节面面积差别越大，则关节的运动幅度越大，如肩关节；反之，关节运动幅度越小，如髋关节。

(2)关节囊的厚薄和松紧度：关节囊薄而松弛，则关节运动幅度较大；反之，则关节运动幅度较小。

(3)关节韧带的多少与强弱：关节韧带多而强劲有力，则关节稳固性好，但关节运动幅度较小；反之，关节运动幅度则较大。

(4)关节周围肌肉的伸展性和弹性：肌肉的伸展性和弹性越大，则关节运动幅度大；肌肉收缩力强，则关节稳固。因此，发展肌肉的伸展性和收缩力，对提高关节运动幅度和稳固性有重要意义。

(5)关节周围的骨结构：关节周围的骨性突起小，则关节运动幅度较大；反之则较小。

(6)其他因素：如年龄、性别和体育锻炼等因素，对关节的运动幅度也有一定的影响。

六、教学设计题

写一份以"蹲踞式起跑"为主题的教学设计。

【参考答案】

蹲踞式起跑

一、教学目标

1. 知道蹲踞式起跑的动作要领，初步掌握蹲踞式起跑的技术动作，提高反应速度，发展身体的协调性。

2. 通过模仿、分组、交流等方法探索学习；在学练中，学会互助合作和自主探究的学习方法。

3. 养成良好的竞争意识和积极进取的精神；在学练中，培养良好的交往与合作能力，提高对安全教育的意识。

二、教学重难点

1. 教学重点

手臂推离，腿部蹬摆，重心前移。

2. 教学难点

上下肢协调用力，蹬摆配合连贯。

三、教学过程

1. 准备部分

(1)课堂常规

①体育委员整队，报告人数；

②师生问好；

③教师宣布本节课的内容及目标；

④教师检查服装；

⑤教师安排见习生；

⑥教师强调课堂纪律与安全。

(2)热身活动

①绕操场慢跑两圈；

②徒手拉伸运动，活动膝关节、脚踝关节和手指手腕关节。

2. 基本部分

(1)学生展示，教师点评

教师通过提问"奥运会最紧张刺激的比赛项目是什么"，引出本节课的主要教学内容——蹲踞式起跑。教师邀请学生模仿蹲踞式起跑的技术动作，并做点评。

(2)教师示范并讲解动作要领

教师示范正确的蹲踞式起跑动作，并出示挂图，通过分解法讲解蹲踞式起跑的动作要领。

(3)学生原地练习，教师纠正指导

学生成体操队形散开，在教师口令下统一做蹲踞式起跑的原地准备姿势练习。教师观察并做纠正和指导。

(3)学生分组练习，教师纠正指导

教师喊口令，学生分组依次进行3~5米的蹲踞式起跑练习，教师观察学生的技术动作。

(4)学生展示，教师纠正指导

教师挑选不同水平的学生进行蹲踞式起跑的动作示范，并做点评和指导。

(5)学生分组自主练习，教师巡回指导

各组在组长的带领下进行练习，教师巡回指导。

(6)反应速度练习

学生分组，教师喊口令，做蹲立起跑、蹲立向相反方向起跑、转身起跑、原地跳跃起跑等练习。

3. 结束部分

(1)教师组织学生做放松操。

(2)课堂小结，并对个别同学提出表扬。

(3)教师安排学生收还器材。

(4)宣布下课,师生再见。

四、场地器材

田径场、口哨。

五、预计效果

1. 平均心率:120 ~ 140 次/分钟。

2. 练习密度:50% ~ 60%,中等强度。

教师招聘考试中学体育预测试卷(六)

一、单项选择题

1. A 【解析】本题考查人体基本轴。运动解剖学规定人体有三个互相垂直的基本轴,即垂直轴、矢状轴和冠状轴。(1)垂直轴:呈上下方向并与地面相垂直的轴,如肱骨在肩关节可绕垂直轴做旋内或旋外运动。(2)矢状轴:呈前后方向并与垂直轴呈垂直交叉的轴,如肱骨在肩关节可绕矢状轴做外展或内收运动。(3)冠状轴:呈左右方向并与垂直轴、矢状轴相互垂直的轴,如肱骨在肩关节可绕冠状轴做屈或伸运动。所以,前滚翻主要围绕的人体基本轴是冠状轴。

2. A 【解析】本题考查止血的方法。止血带止血法,主要是用橡皮管或胶管止血带将血管压瘪而达到止血的目的。这种止血方法较牢固、可靠,多用于四肢动脉大出血。

3. B 【解析】本题考查乳酸供能系统。乳酸供能系统是剧烈运动中骨骼肌含有的糖原或葡萄糖在无氧条件下酵解,生成乳酸并释放能量供肌肉利用的能源系统。故乳酸供能系统的能源物质是糖类。

4. D 【解析】本题考查口令。(1)短促口令只有动令而没有预令,如"集合""解散""稍息""立正"等。故排除A项。(2)连续口令就是预令和动令之间有拖音或有时有微歇的口令,如"向左——转""向右看——齐""齐步——走""向左转——走""立——定"等。故排除B项。(3)断续口令是预令和动令之间有微歇或有停顿的口令,如"第一排,报数""全体,集合""第一、三、五名,出列"等。故排除C项。(4)复合口令具有断续口令和连续口令二者综合的特点,如"以排头为基准,向右看——齐""左转弯,齐步——走""前排第一名,向前一步——走"等。故选D。

5. A 【解析】本题考查牵张反射。(1)当骨骼肌受到外力牵拉时就会产生反射性收缩,这种反射称为牵张反射。牵张反射的反射弧特点是感受器和效应器在同一块肌肉中。通过"引枪"动作能够在肌肉收缩前,快速牵拉肌肉,刺激被牵拉肌肉的肌梭,通过肌梭的传入纤维,将兴奋冲动传到中枢,加强支配该肌肉的收缩力量。所以,掷标枪的"引枪"动作遵循的生理学原理是牵张反射。故选A。(2)当人和动物处于不正常体位时,通过一系列动作将体位恢复常态的反射活动称为翻正反射。故排除B项。(3)状态反射是头部空间位置改变时反射性地引起四肢肌张力重新调整的一种反射活动。故排除C项。(4)在身体活动过程中,中枢不断地调整不同部位骨骼肌的张力,以完成各种动作,保持或变更躯体各部分的位置,这种反射活动总称姿势反射。故排除D项。

6. D 【解析】本题考查体育游戏的创编原则。体育游戏的创编原则有目的性原则、趣味性原则、教育性原则、新颖性原则、适应性原则、安全性原则。趣味性是体育游戏的一个显著特点,也是体育游戏能够带给人们欢乐的重要因素。教师利用设置障碍创编体育游戏"野外爬行比赛",依据的创编原则是趣味性原则。

7. B 【解析】本题考查运动技能的形成。在体育心理学中,运动技能的形成可划分为以下三个阶段:认知定向阶段、动作的联结阶段、协调完善阶段。

8. A 【解析】本题考查2022年冬奥会主题口号。(1)"同一个世界,同一个梦想"是2008年北京奥运会的主题口号,故排除B项。(2)奥林匹克的格言是"更高、更快、更强——更团结"。故排除C项。(3)中国在申办2008年北京奥运会时提出三个响亮的口号:绿色奥运、科技奥运和人文奥运,这是中国人对奥林匹克运动的理解。故排除D项。(4)2022年北京冬奥会主题口号是"一起向未来"。故选A。

9. D 【解析】本题考查单手肩上投篮球的飞行特点。单手肩上投篮时,手腕、手指的最后用力决定球的飞行,食指和中指用力拨球,将球投出,球出手后成后旋飞行。

10. D 【解析】本题考查田径赛道的测量方法。放射丈量法只要有一个丈量的基准点,就可以计算和向外丈量各条分道上所需要的位置。放射丈量法是田径场跑道弯道丈量法中,一种简单、高效且广为采用的方法。

11. C 【解析】本题考查体循环。在体循环中,当心室收缩时,含氧较高和营养物质丰富的动脉血,自左心室射入主动脉，所以直接与左心室相连的血管是主动脉。

12. C 【解析】本题考查体育教学评价的功能。体育教学评价功能主要有：(1)诊断功能；(2)导向功能；(3)调控功能；(4)激励功能。

13. C 【解析】本题考查缩短收缩的定义。缩短收缩是指肌肉收缩所产生的张力大于外加阻力时，肌肉缩短，并牵引骨杠杆做相向运动的一种收缩形式。故选C。

14. D 【解析】本题考查学校体育学的常识。(1)中国共产党中央委员会党校，简称中共中央党校，是党中央培训党的高中级领导干部和马克思主义理论骨干的最高学府，是党的哲学社会科学研究机构。故排除A项。(2)苏维埃是指俄国无产阶级于1905年革命时期创造的领导群众进行革命斗争的组织形式。故排除B项。(3)抗日军政大学一般指中国人民抗日军事政治大学，是土地革命战争和抗日战争时期，中国共产党为培养抗日干部而设立的学校。故排除C项。(4)延安大学体育系于1941年成立，是抗战时期我国革命根据地第一个培养体育专业人才的高等学府。故选D。

15. B 【解析】本题考查维生素。维生素D可以促进小肠对钙、磷的吸收和利用。故选B。

16. C 【解析】本题考查消化系统。(1)心脏属于心血管系统，故排除A项。(2)脾脏属于淋巴系统，故排除B项。(3)肾脏属于泌尿系统，故排除D项。(4)人体消化系统包括消化管和消化腺两部分。其中，消化腺由大、小消化腺组成。大消化腺包括口腔腺、肝和胰。所以肝脏属于消化系统的器官。

17. A 【解析】本题考查酸痛肌肉的处理方法。对酸痛的局部肌肉进行热敷，可以促进血液循环及代谢过程，有助于损伤组织的修复及痉挛的缓解。故选A。

18. B 【解析】本题考查不同供能系统的特点。(1)磷酸原供能系统特点：供能总量少，持续时间短，功率输出最快，不需要氧，CP在肌酸激酶的作用下，再合成ATP。(2)有氧氧化供能系统特点：ATP生成总量很大，但速率很低，持续时间很长，需要氧的参与。(3)乳酸能供能系统特点：供能总量较磷酸原系统多，持续时间较短，功率输出次之，不需要氧。

19. C 【解析】本题考查排球比赛规则。排球比赛中，得分一方同时取得发球权，发球队员必须按顺时针方向轮转一个位置，如果一方连续得分则不用轮换。

20. B 【解析】本题考查篮球基本进攻配合。题干所述为篮球传切配合中的一传一切配合，即持球队员传球后，利用起动速度或假动作摆脱防守，向篮下切入接回传球投篮的配合。

21. D 【解析】本题考查乒乓球。乒乓球落到己方球台弹起后飞行轨迹大致可分为：上升期、高点期和下降期三个阶段。如果进一步细化可分成上升前期、上升后期、高点期、下降前期、下降后期5个部分。在这几个阶段进行击球都是有效回击。一般来说，上升前期、上升后期和高点期适合攻球；高点期、下降前期适合前冲弧圈球；下降后期适合加转弧圈球或削球。故选D。

22. B 【解析】本题考查单杠骑撑后倒挂膝上。单杠骑撑后倒挂膝上的动作要领：由两手正握右腿骑撑开始，直臂撑杠将身体提起，左腿后举身体后移，前腿屈膝勾杠，上体后倒前摆。当前摆腿接近杠前水平时，制动摆动腿。当身体回摆臀部过杠下垂直部位后，摆动腿加速后摆，屈膝腿压杠，同时两臂快速压杠直臂撑起上体抬起，前腿前伸抬上体成骑撑。

23. D 【解析】本题考查体操比赛项目的分类。女子体操独有的项目是艺术体操。

24. B 【解析】本题考查队列队形术语。(1)列指左右并排成一条直线。(2)路指前后重叠成一条直线。(3)翼指队列的左右两端。(4)伍指成数列(路)队形时，前后(左右)排成一行(列)的学生。故选B。

25. A 【解析】本题考查维生素的功能。维生素A又称视黄酮，主要参与视网膜视紫质的合成与再生，维持正常暗适应能力，维持正常视觉；维持上皮细胞的正常结构和功能；促进蛋白质的合成和骨细胞的分化；防癌作用。人体缺乏维生素A时会出现暗适应能力下降、“夜盲症”、结膜角化、皮肤干燥等。

26. B 【解析】本题考查足球踢球技术。足球踢球技术的动作结构包括助跑、支撑脚站位、踢球腿摆动、脚击球和踢球的随前动作五个环节。(1)助跑是为了获得身体前移的速度和调整人与球的位置与方向的关系，以选择适当的支撑脚的位置，为准确地踢球和增大踢球力量创造条件。故排除A项。(2)支撑脚站位的主要作用是维持身体在踢球过程中的平衡，保证摆踢发力动作的顺利完成。故排除C项。(3)踢球腿摆动是踢球的主要力量来源，摆动的幅度越大，摆动速度越快，力量就越大。故排除 D 项。(4)脚击球是踢球技术的核心，是决定出球质量的关键，它包括击球部位、击球时间和击球动作等因素。故选 B。

27. A 【解析】本题考查坐位体前屈的测试目的。坐位体前屈是大、中、小学体质健康测试项目，它的测试目的是测量在静止状态下的躯干、腰、髋等关节可能达到的活动幅度，主要反映这些部位的关节、韧带和肌肉的伸展性和弹性及身体柔韧素质的发展水平。

28. C 【解析】本题考查足球裁判员手势。足球比赛中，罚令球员出场的裁判员手势：一手持红牌直臂上举，面向被处罚的队员。故选 C。

29. C 【解析】本题考查体操的帮助方法。(1)直接帮助：指在体操技术类动作的练习中，帮助者为了使练习者更快地建立正确的动作感应，更好地掌握、改进和提高动作技术质量而直接助力于练习者的措施。直接帮助的手法主要有托、顶、送、挡、拨、搓、扶、提、推。故排除 A 项、B 项和 D 项。(2)间接帮助：指帮助者不直接助力于练习者身上，而是通过信号、标志物和限制物等，帮助练习者正确掌握动作的用力时机、节奏和所在的空间、方位，尽快地掌握和完成动作的一种手段。故选 C。

30. A 【解析】本题考查超等长收缩练习。超等长收缩练习是指先使肌肉做离心收缩，然后做向心收缩。其特点是利用肌肉弹性和牵张反射，加大肌肉收缩力量，以达到提高力量的目的。如跳深、多级跳、击掌俯卧撑、快速接传实心球、投掷前的预拉长等。

二、判断题

31. × 【解析】本题考查学校体育的历史发展。夸美纽斯被誉为“近代学校体育之父”。

32. × 【解析】本题考查淘汰制比赛方法概述。淘汰赛又称淘汰制，是指在竞赛过程中逐步淘汰成绩差的，最后决出优胜者的一种方法。淘汰赛一般分为单淘汰和双淘汰两种形式。双淘汰赛是按编排的比赛顺序进行比赛，失败两场就被淘汰，最后的胜利者为冠军。

33. √ 【解析】本题考查排球比赛规则。排球比赛规则规定，替补队员每局只能上场比赛一次，替换开始阵容的队员，而且他只能由被他替换下场的队员来替换。自由人除外。

34. × 【解析】本题考查外部注意的特征。题干描述的现象属于外部注意。外部注意是指个体对周围刺激物的注意。

35. √ 【解析】本题考查抬高伤肢法。抬高伤肢法：将受伤肢体抬至高于心脏，使出血部位压力降低，此法适用于四肢小静脉或毛细血管出血的止血。

36. × 【解析】本题考查田赛远度规则。所有田赛远度项目，测量成绩时应以 0.01 米为测量单位，不足 1 厘米不计。

37. × 【解析】本题考查学生伤害事故。学生伤害事故的出现主要有三种因素：教师自身因素、学生自身因素以及场地器材因素。由于学生自身的不稳定性因素导致的学生伤害事故无法完全避免和消除。

38. √ 【解析】本题考查体操的分类。根据体操目的与任务的不同，可以将体操分为基本体操、竞技体操和表演体操三类。

39. × 【解析】本题考查田径竞赛章程。在投掷圈内进行田径比赛项目，落地区标志线内沿延长线夹角为 34.92°。

40. × 【解析】本题考查单淘汰赛制。单淘汰赛制的场数 = 参加队数 - 1。由题目可知，参加队伍为 15，经计算可得采用单淘汰赛制决出冠军共需 14 场比赛。

41. √ 【解析】本题考查武术。中国武术是以攻防技击为主要技术内容，以功法、套路和搏斗为运动形式，注重内外兼修的民族传统体育项目。武术动作所具有的攻防技击性是武术的本质特性。

42. √ 【解析】本题考查田径比赛计时员的裁判方法。计时员主要的裁判方法是当运动员接近终点线时，应主要盯住终点线后沿垂直面，用余光看运动员，当运动员躯干的任何部分到达终点线后沿垂直面的瞬间停表。

43. × 【解析】本题考查体操单杠项目的概述。男子单杠的高度应为 2.55 米。

44. × 【解析】本题考查排球竞赛规则。在排球比赛中，进攻限制线距离中线 3 米。

45. √ 【解析】本题考查足球踢球的动作过程。踢球脚法很多，动作要领和方法也不尽相同。但不论哪一种踢球技术，其完整的动作过程都包括助跑→支撑脚站位→踢球腿摆动→脚击球→随前动作五个技术环节。其中，支撑脚站位→踢球腿摆动→脚击球三个环节是决定踢球力量及准确性的重要环节。

46. × 【解析】本题考查身体素质。通常人们把人体在肌肉活动中所表现出来的力量、速度、耐力、灵敏及柔韧等机能能力统称为身体素质。

47. × 【解析】本题考查脂肪代谢的特点。运动中脂肪代谢与糖代谢相比，动员慢、耗氧量大、效率低。

48. × 【解析】本题考查队列训练时口令的使用方法。队列训练中，齐步走的动令在左脚上，立定的动令落在右脚上。

49. × 【解析】本题考查体育课的练习密度和运动负荷的概述。体育课的练习密度反映的是一节课的时间是否被合理利用，而体育课的运动负荷反映的是身体练习对机体刺激的程度。

50. × 【解析】本题考查排球比赛的站位规则。在发球队员击球时，双方队员（发球队员除外）必须在本场区内各站两排，每排3名队员。前排位置为4、3、2号位，后排位置为5、6、1号位。

四、简答题（参考答案）

51. 什么是超量恢复？超量恢复的作用是什么？

【参考答案】(1)超量恢复是指运动时消耗的物质及各器官、系统的机能在运动后不仅恢复到原来水平，而且在一段时间内出现超过原来水平的现象。超量恢复保持一段时间后又回到原有的水平。

(2)超量恢复的作用：超量恢复是客观存在的规律。实践证明，运动员在超量恢复阶段参加训练或比赛，能提高训练效果和比赛成绩。

52. 简述肌肉的物理特性、生理特性。

【参考答案】(1)肌肉的物理特性

①伸展性：肌肉在外力的作用下可被拉长的特性。

②弹性：当拉长肌肉的外力取消后，肌肉又能恢复原状的特性。

③黏滞性：肌肉被拉长或撤销力后回弹的难易程度。

(2)肌肉的生理特性

①兴奋性：骨骼肌受到刺激后能产生兴奋的特性。

②收缩性：肌肉兴奋后，立即产生收缩反应的特性。

③传导性：肌细胞某一点受到刺激引起的兴奋迅速传播到整个肌纤维的特性。

53. 简述长期中长跑运动对心血管系统的促进作用。

【参考答案】长期坚持适量的中长跑运动，可使心脏的重量和体积增大，心肌纤维粗大，心肌内的收缩蛋白和肌红蛋白增多。长期的中长跑锻炼可使心肌的形态结构发生适应性变化，从而使心功能也随之增强。对血管也有一定影响，可使动脉管壁中膜增厚，弹性纤维和平滑肌增厚，血管壁的弹性增加，搏动有力，有利于血液流动。还可以改变毛细血管在器官内的分布和数量。

54. 简述排球正面上手发球的动作要点。

【参考答案】(1)准备姿势

面对球网两脚左右开立，左手持球（以右手发球为例），注视发球方向。

(2)抛球引臂

左手将球平稳地抛至额前上方的同时，右臂屈肘上举后引，上体稍右转，挺胸展腹。

(3)挥臂击球

击球时，手指自然张开，利用上体左转和收腹带动右臂向前上方加速挥动，用全手掌击球的后中下部，并向前上方推送，使球呈上旋飞行。

四、案例分析题

55. **【参考答案】**(1)①以问题为中心，注重解决问题的过程；②探究教学法可以体现“实践本位”的教学观，注重将思考权、发言权、实践权交给学生，使学生在参与的过程中发挥和锻炼自己的能力；③重视培养学生的独立探索精神，注意挖掘学生的集体智慧；④可以充分体现以平等合作为基础的师生观；⑤通过探究教学法可以改变体育教师示范、学生机械模仿练习的教学模式，培养学生主动参与学习，在学习过程中培养动手解决问题的实践能力，从而较好地掌握所学内容。

(2)学习方法：发现法、小群体教学法、问题探究法。

手段：设置问题、分组讨论。

(3)①提出问题：体育教师应根据学生已经学习与掌握的知识理论，结合所学的具体内容为学生提出具有多种可能性的问题。

②分组讨论，提出假设与方案：在体育教师提出问题后，将学生分成若干个学习小组各自提出假设与解决问题的方案。

③验证方案：各组根据教师的指导与要求，将假设与方案运用于体育与健康学习活动的实践中，验证假说与方案。

④评价与提高：在小组探究的基础上进一步对解决问题的过程与效果进行评价，激发学生的探索热情，提高学生的创造性思维能力。

56. **【参考答案】**(1)A教师采取行政班的组织形式。其优点是形式固定，组织简单方便，学生相互了解；缺点是学生之间的性别、体质健康等方面存在差异，难以做到区别对待，不利于针对性教学。

B教师采取男女分班的组织形式。其优点是有利于教师根据男女不同的生理和心理特点，有针对性地制订教学目标、选择与安排教学内容、采取合理的教学方法；缺点是学生不能相互了解，不便于组织教学。

C教师采取按兴趣爱好分班的组织形式。其优点是有利于提高学生的积极性，促使学生自觉从事体育活动；缺点是组织难度比较大，对教学资源的要求比较高。

(2)如果我是该校的老师，我将会采用分组教学的组织形式。根据学生的特点进行分组，发挥学生小组内主动学习的能动性，促进学生之间的交流，形成组间的竞争关系，提高集体合作精神。

五、教学设计题

57.【参考设计】

篮球——体前变向换手运球

一、教学目标

1. 知道体前变向换手运球的动作要领，80%的学生能够基本做出该动作；提高身体的协调性，发展上肢力量和核心力量。

2. 通过模仿、练习、纠错，掌握学习技术动作的正确方法；通过学习，学会自主练习和合作探究的学习方法。

3. 提高参与篮球运动的兴趣，养成良好的合作意识，建立和谐的人际关系。

二、教学重难点

1. 教学重点：按拍球的部位；控制球的落地反弹点。

2. 教学难点：人与球的协调配合。

三、教法学法

1. 教法：讲解法、示范法、纠正错误法、问答法、游戏竞赛法。

2. 学法：通过教师的示范引导及讲解纠正，学生在观察、模仿、思考、练习、合作交流中，对动作要领进行领会，对动作技能不断地学习并掌握。

四、教学过程

【基本部分】

1. 示范

教师示范动作并提问：老师完成的动作的要领是什么？

学生回答：转体探肩，蹬地突然。

组织教学：四列横队，前两排蹲下。

2. 讲解

动作要点：变向时重心降低，转体探肩，蹬地突然，超越快速有力。按拍球的正确部位，控制球的落地反弹点。

3. 练习

(1)原地体前变向换手运球练习

组织教学：四列横队，在原地练习。

(2)行进间的体前变向换手运球（无防守，可设置障碍）

组织教学：在规定地点设置障碍物，四列横队要依次运用体前变向换手运球绕过障碍物。

(3)体前变向换手运球突破练习（一对一突破）

纠错：在练习过程中，教师要巡视指导，强调学生在运球时要特别注意抬头不看球，注意转体探肩。

4. 检查——优生展示

5. 在规定范围内进行运球抢球游戏

组织教学：教师根据场地大小设置4个规定游戏场地，每人1球分成4组，分别在4个规定范围内进行运球抢球游戏，每个人在保护自己篮球的同时要打掉其他人的篮球，篮球出界者淘汰。

五、场地器材

篮球40个、障碍物10个、播放器1台、篮球场1块。

六、预计负荷

练习密度：55% ~70%；

平均心率：120 ~130次/分；

运动强度：中等偏上。

教师招聘考试中学体育预测试卷(七)

一、单项选择题

1. C 【解析】本题考查半月板的概述。膝关节内有月牙状的关节盘，叫半月板，其内侧大，外侧小，是两个半月状纤维软骨，可支持膝部的旋转动作，协助侧副韧带管制关节的侧方运动及帮助关节的旋转运动。故选C。

2. C 【解析】本题考查人体运动的生理变化。800米跑，能量供应以糖酵解系统为主。在学生完成800米测试后，心率与呼吸频率的指标均上升，肌肉和血液中乳酸大量堆积，血液pH下降。

3. D 【解析】本题考查奥林匹克文化。奥林匹克标识系统中，具有独特标志和代表意义的纪念品是吉祥物。

4. A 【解析】本题考查呼吸形式。胸式呼吸是以肋间肌活动为主的呼吸运动，如仰卧起坐、“两头起”

动作、体转运动；腹式呼吸是以膈肌活动为主的呼吸运动，如体操中的手倒立、肩肘倒立、杠上倒立、吊环十字悬垂、下“桥”动作。故选 A。

5. D 【解析】本题考查肌紧张。当骨骼肌受到外力牵拉时就会产生反射性收缩，这种反射称为牵张反射。牵张反射分为腱反射和肌紧张。腱反射是由于快速牵拉肌腱时发生的牵张反射。肌紧张是指缓慢、持续牵拉肌肉时产生的一种牵张反射。故选 D。

6. C 【解析】本题考查髌骨软骨病的检查方法。单足半蹲试验：患者单足支撑，逐渐下蹲，出现膝痛、膝软为阳性，提示髌骨周围腱止装置损伤或髌骨软骨病。所以，髌骨软骨病的检查方法是单足半蹲试验。

7. A 【解析】本题考查体育手段的基本内容。身体运动是体育手段的最基本内容，是针对人体运动系统而言的一种有意识、有组织的运动，是实现体育目的并体现体育本质功能的最基本的手段。故选 A。

8. B 【解析】本题考查交感神经。交感神经在人体处于应激状态时起主导作用。当人体运动加强时，交感神经兴奋，使心跳加快、血压升高、支气管扩张、呼吸增快、瞳孔开大、消化器官抑制等。故选 B。

9. B 【解析】本题考查中国乒乓球运动员容国团。容国团在第 25 届世界乒乓球锦标赛男子单打决赛中胜出，为新中国夺得第一个世界冠军，这场改写中国体育史的胜利振奋人心。他大声呐喊出的“人生能有几回搏！此时不搏，更待何时！”也随着乒乓球的广泛传播而传遍我国大江南北，激励了无数国人。

10. D 【解析】本题考查排球的发球技术。排球比赛中，跳发球是发球的一种，是在端线附近助跑起跳的大力上手发球，因采用跳起后在空中发球而得名。

11. D 【解析】本题考查课外体育活动的概述。俱乐部活动指学生根据各自的兴趣爱好等需求自愿加入俱乐部，参加符合自己特长和要求的体育锻炼活动。其特点是有组织、有管理、有专人指导、有经费支持、具有一定的导向性、活动效果好且深受学生欢迎。

12. B 【解析】本题考查结缔组织。结缔组织按其形态结构和功能的不同，可分为疏松结缔组织、致密结缔组织、脂肪组织、网状组织、软骨组织、骨组织、血液和淋巴。其中，致密结缔组织按纤维性质和排列方式，可分为规则致密结缔组织和不规则致密结缔组织两种。规则致密结缔组织主要构成肌腱和韧带。故选 B。

13. B 【解析】本题考查甲状腺激素。甲状腺激素是正常生长和发育所必需的激素，对脑和长骨的发育尤其重要。

14. C 【解析】本题考查蛋白质的功能。蛋白质是一切生命的物质基础，其主要生理功能有：(1) 维持细胞组织的生长、更新与修复；(2) 参与多种重要的生理活动，肌肉的收缩、物质的运输、血液的凝固也由蛋白质来实现；(3) 氧化功能，蛋白质分解产生氨基酸，供能是蛋白质的次要生理功能。脂肪能够促进脂溶性维生素的吸收，如维生素 A、D、E、K 只能脂溶。故 C 项描述不正确。

15. B 【解析】本题考查队列队形练习。听到跑步换齐步走的口令后，应继续向前跑两步，然后换齐步行进。

16. D 【解析】本题考查对不同运动项目的认知。跳远与举重属于体能主导类运动项目，故排除 A、C 项。体操与篮球属于技能主导类运动项目，而篮球又拥有同场对抗性，运动员比赛时的自身表现受对手影响最大。故排除 B 项，选择 D 项。

17. B 【解析】本题考查《大教学论》。捷克教育家夸美纽斯在他的专著《大教学论》中，提出了“班级授课制”。

18. B 【解析】本题考查篮球的背后运球。当对手堵截运球一侧，距离较近，不便运用体前变向运球时，运球队员可采用背后运球，改变方向突破防守。

19. A 【解析】本题考查排球易发生的运动损伤。髌骨劳损是髌骨软骨病和髌骨周缘腱止装置慢性损伤的统称。主要是膝关节(尤其是半蹲位姿势)长期负荷过度或反复微细损伤的积累而成。此伤在排球、篮球、体操、举重等运动中较多见。

20. A 【解析】本题考查篮球原地右手肩上投篮动作。学生做原地右手肩上投篮时，右手五指自然分开，翻腕持球的后部稍下部位，左手扶在球的左上方。

21. B 【解析】本题考查田径运动项目细则。铅球的重量标准：男子铅球重量为 7.26 千克，直径为 11 ~ 13 厘米；女子铅球重量为 4 千克，直径为 9.5 ~ 11 厘米。故选 B。

22. C 【解析】本题考查营养物质的氧热价。氧热价是指体内生物氧化某种营养物质时每消耗1 L氧所产生的热量。因为不同营养物质的含氧量不同,所以氧热价也不同。糖的氧热价为21.09 kJ/L,脂肪为19.62 kJ/L,蛋白质为20.17 kJ/L。故选C。

23. C 【解析】本题考查排球比赛规则。排球比赛规则规定,后排队员不可参与拦网。

24. D 【解析】本题考查篮球、排球和足球的竞赛规则。篮球、排球和足球的竞赛规则规定,一场比赛各方上场人数分别是5人、6人和11人。

25. C 【解析】本题考查肌纤维与运动能力的关系。快肌纤维的生理特点是收缩力量大,收缩速度快,但易疲劳。因此腿部肌肉中快肌纤维占优势的人比较适宜短距离跑。

26. B 【解析】本题考查脑震荡的诊断要点。脑震荡的明显表现为:(1)头部有明确的外伤史;(2)伤后即刻有短时间的意识障碍;(3)意识清醒后出现逆行性健忘;(4)神经系统检查和血压、脉率、呼吸均为正常。

27. D 【解析】本题考查足球竞赛规则。足球竞赛规则规定,在比赛中进攻方队员发任意球时,防守方队员距球不得近于9.15米。

28. A 【解析】本题考查排球上手发飘球的动作要领。上手发飘球的动作要领:准备姿势同正面上手发球,但抛球较低较靠前。抛球的同时,右臂屈肘后引,上体稍后仰。击球前,手臂自后向前做直线挥动。击球时,五指并拢,手腕稍后仰,用掌根平面击球的中下部,作用力通过球体重心。击球瞬间手指、手腕紧张,不做推压动作,手臂挥动有突停动作。击球发力突然、快速而短促。

29. B 【解析】本题考查篮球传切配合。传切配合是指队员之间利用传球和切入技术所组成的简单配合。它包括一传一切和空切两种。

30. A 【解析】本题考查武术"踢"的拳谚。(1)"拳是两扇门,全凭腿打人"表明腿法在武术中的重要性。(2)"练拳不练腰,终究艺不高"指腰部的核心训练非常重要。(3)"出手不见手,拳打人不知"强调武术对打中出拳速度的重要性。(4)"未习打,先练抗"是指武术搏击中的抗击打能力和技术。

二、多项选择题

1. ABC 【解析】本题考查有氧运动和无氧运动的分类。常见的有氧运动项目有步行、徒步、慢跑、竞走、滑冰、长距离游泳、骑自行车、打太极拳、跳健身操、跳绳、登山等。常见的无氧运动有短跑、举重、投掷、跳高、跳远、拔河、俯卧撑等。

2. ABC 【解析】本题考查影响步幅的因素。影响步幅的主要因素:(1)肌力(肌肉力量的大小);(2)下肢的长度(腿长);(3)髋关节的柔韧性。

3. CD 【解析】本题考查与运动技能有关的体能。体能包括与健康有关的体能和与运动技能有关的体能。与健康有关的体能包括心肺耐力、柔韧性、肌肉力量、肌肉耐力、身体成分等,与运动技能有关的体能包括从事运动所需要的速度、力量、灵敏性、协调性、平衡、反应等。

4. AB 【解析】本题考查耐力素质的分类。根据肌肉工作的力学特征,耐力素质可分为静力性耐力和动力性耐力。根据器官系统的机能,耐力素质可分为肌肉耐力、心血管耐力。根据运动中氧代谢的特征,可分为有氧耐力、无氧耐力及有氧-无氧混合耐力。

5. ACD 【解析】本题考查骨折的症状表现。骨折的症状包括疼痛、肿胀和皮下淤血、功能障碍和畸形。

6. ABC 【解析】本题考查排球的比赛规则。球触及比赛场区的地面包括界线,为界内球。

7. AC 【解析】本题考查人体运动的供能系统。酵解能供能系统与磷酸原供能系统共同为短时间高强度无氧运动提供能量。中距离跑等运动持续时间在2 min左右的项目,主要由酵解能系统供能;划船、自由泳1500米等运动持续时间较长的项目,主要由氧化供能系统供能;体操、排球等项目在运动中的能量主要由磷酸原和酵解能供能系统提供。

8. BC 【解析】本题考查构成身体运动的要素。身体运动一般认为由七个要素构成,分别是身体姿势、运动轨迹、运动时间、运动速度、运动速率、运动力量和运动节奏。

9. ABC 【解析】本题考查技术类体操的分类及概述。前滚翻、手倒立、俯平衡属于体操技巧动作,侧腾越属于体操跳跃动作。

10. BC 【解析】本题考查攻击性行为的分类。根据攻击时是否有愤怒的情绪表现,可将运动员的攻击性行为分为敌意性攻击和工具性攻击。根据个体的人格特点的不同,可将运动员的攻击性行为分为特质性攻击和状态性攻击。

三、填空题

1. 角度;高度
2. 离心工作

3. 股直肌
4. 牵张反射
5. 腾空
6. 1.8
7. 推铅球;掷标枪
8. 连续短声
9. 补位意识
10. 理论课;实践课
11. 运动技能
12. 教;学
13. 右
14. 单项分散
15. 蝶泳;蛙泳

四、简答题

1. 常见的学生产生错误动作的原因有哪几个方面?

【参考答案】(1)因对技术动作概念认知不清楚而产生错误动作;
(2)因学生身体素质较差而产生错误动作;
(3)因学生心理因素而产生错误动作;
(4)因学生对完成动作不认真,敷衍了事而产生错误动作;
(5)学生在疲劳的情况下进行学练导致错误动作。

2. 请简述足球技术中的原地额正面顶球的动作要领。

【参考答案】原地额正面顶球的动作要领:
原地顶球时,身体正对来球,两脚前后站立或平行站立,膝关节微屈,两眼注视来球,上体稍后仰,两臂自然张开,挺胸展腹,下颌收紧。顶球时,蹬地、收腹、摆体、顶送发力,当头摆至身体垂直部位时,用前额正面顶击球的后中部。顶击球瞬间,颈部肌肉保持紧张,顶球后继续前送,以便于控制出球的方向。

3. 请简述如何预防体育活动中发生运动损伤?

【参考答案】(1)加强思想教育;(2)合理安排运动负荷;(3)认真做好准备活动;(4)合理安排教学、训练与比赛;(5)加强易伤部位的练习;(6)加强医务监督工作。

4. 请简述儿童少年力量训练应注意的事项。

【参考答案】(1)掌握儿童少年力量发育的趋势,以便科学地安排力量训练。
(2)儿童少年骨骼系统中软组织多,骨组织内的水分和有机物较多,无机盐少,骨骼弹性好,不易折断;但坚固性差,易弯曲,因此儿童少年不可进行大强度训练。在此期间应多做发展力量耐力的训练,通过小负荷,特别是克服自身体重的练习,如做俯卧撑、仰卧起坐、反复下蹲等练习,使全身肌肉力量得到发展,增加肌肉中毛细血管和肌红蛋白的数量,改进输氧功能。
(3)儿童少年力量训练应以动力练习为主,少用或不用静力性练习。特别要尽量避免出现憋气动作,以免因胸内压的突然变化而影响心脏的正常发育。
(4)儿童力量训练,不要过早强调与专项运动技术相结合,应着重身体全面发展的力量训练。

5. 简述骨的结构和功能。

【参考答案】(1)骨的结构:骨由骨膜、骨质、骨髓、血管及神经等构成。
(2)骨的功能:①支架作用:骨与骨相连结,构成人体的支架,支持人体的软组织,承担全身的重量。
②保护作用:骨骼构成颅腔、胸腔、腹腔和盆腔的框架,对脑、心脏、大血管以及消化、呼吸、泌尿、生殖等器官起着重要的保护作用。
③杠杆作用:骨为骨骼肌提供附着面,同时成为人体各种机械运动的杠杆。
④造血作用:骨髓腔中的红骨髓有造血功能。
⑤储存钙磷:骨中富含钙、磷离子,是人体的钙磷储备仓库。

五、教学设计题

【参考答案】

篮球竞赛规程

为了推动学校体育运动的开展,提高班级凝聚力,提高学生的身体素质,培养学生勇敢、顽强的意志品质和团结协作精神,经年级组和体育组研究决定,报学校批准,拟定在体育节期间举行八年级班级篮球赛,具体安排如下:

一、比赛时间

9月11日~9月15日(如遇特殊情况时间顺延)

二、比赛地点

校篮球场(具体比赛场地见附表)

三、报名办法

1. 各班限报12人,教练1人,领队1人。队员可兼任教练,名单于本周五交到体育组。

2. 参赛运动员以报名为准,且只能代表本班球队参加比赛。

3. 各班体育委员于周五下午第八节课到体育组参加抽签分组。

四、竞赛办法

1. 比赛第一轮采用分组单循环制,8个班抽签分为A、B两组,每组4队,每组组内实施单循环比赛,决出第一、二名;第二轮采用交叉淘汰赛制,决出冠亚季军。

2. 比赛采用国家体育总局最新审定的《篮球竞赛规则》。

3. 各队队员须提前15分钟到场,赛前10分钟将上场队员名单交裁判组,以保证比赛准时进行。

4. 比赛时间:比赛由4节组成,每节10分钟。每一决胜期为5分钟。中场休息10分钟,每节之间休息2分钟。

5. 每节比赛中本队犯规次数累计达到4次,从第5次犯规对方开始进行罚篮。

6. 队员累计犯规5次将被罚出场,并取消该场比赛资格。对不服从裁判判罚的、在场上有不文明语言或过激行为的将判为技术犯规,2个技术犯规则禁赛一场;如对裁判判罚有异议,可由领队(或教练员)与裁判交流,其他队员无权提出异议。

7. 每队每场比赛各有8次暂停机会,包括6次短暂停和2次长暂停。短暂停时间为25秒,长暂停时间为60秒。最后两分钟不允许暂停。

8. 若遇风雨天气,比赛次序顺延,各队应按时到场准备比赛。以当天通知的比赛时间为准。

9. 胜一场得3分,输一场得1分,弃权不得分。

五、竞赛要求

1. 比赛开始后15分钟未到比赛场地的参赛队,按弃权处理,比分0比20。如遇两队积分相同,胜者列前。如遇三队或以上积分相等,则以相互间得失分率排定名次,高者列前。

2. 各班的篮球队队服必须统一,并且有清晰的号码,队员号码不能重复。比赛主队服装为浅色,客队服装为深色。

3. 各班啦啦队须站在指定位置,并注意言谈举止。

4. 因篮球比赛而引发打架等恶性事件者,取消该班的参赛资格,并对参与打架的同学按照《中学学生违纪处分条例》的相关规定进行处分。

5. 尊重裁判,服从裁判的判罚,严重者将取消该队本场比赛资格,直至取消所有比赛资格。

6. 比赛器材、物品由体育组安排学生志愿者搬运摆放,请比赛组组长协助。

7. 比赛结束,参赛班级队长签名确认比赛结果。

8. 未尽事宜,另行通知。

六、奖励办法

奖励方法(略)。

教师招聘考试中学体育预测试卷(八)

一、单项选择题

1. D 【解析】本题考查胫骨。胫骨为粗大的长骨,位于小腿内侧,分为一体两端。胫骨上端的内侧髁和外侧髁之间有髁间隆起,两髁上面各有光滑的关节面,与股骨内、外侧髁相关节。上端前面的粗糙隆起称为胫骨粗隆,为髌韧带附着处。故选D。

2. C 【解析】本题考查消化液的作用。(1)唾液是由口腔周围的唾液腺所分泌的,它具有润滑口腔黏膜、溶解食物、便于吞咽、消化淀粉和杀菌等作用。(2)胃液可以促进食物的吸收,胃蛋白酶可以消化蛋白质。(3)胰液由胰腺分泌,胰液内含有胰脂肪酶、胰蛋白酶和胰淀粉酶等物质,这些酶可促使三大营养物质的分解。

3. C 【解析】本题考查肺的概述。肺位于胸腔中而不是胸膜腔中。

4. A 【解析】本题考查体育运动对骨骼肌的促进。负重扩胸、负重侧上举等练习可发展斜方肌,俯卧撑、持哑铃仰卧飞鸟等练习可发展胸大肌,直立垂重颈屈伸等练习可发展胸锁乳突肌,仰卧起坐主要锻炼的是腹直肌。

5. D 【解析】本题考查武术套路的教学手段。(1)喂招,即通常所讲的打活靶,它是教师或同伴使用手靶、脚靶或其他辅助器材给练习者喂递动作,帮助练习者练习的一种方法。(2)递招是为提高某单个或组合动作的运用能力,由教练或助手使用规定的方法反复地向练习者"喂靶",而练习者则根据递招的具体情况做出相应的攻防动作的一种方法。(3)应招是回应对手攻击招式的一种方法。(4)将套路中的技击技术拆解出来,反复练习到纯熟,这就是传统武术中的拆招。故选D。

6. A 【解析】本题考查股骨。股骨是人体中最长的长骨,分为一体两端,其上端有一球形的股骨头,向内上方突起,与髋臼相关节。

7. A 【解析】本题考查分组轮换。体育教学中,常用的分组轮换形式:(1)两组一次等时轮换,适用于难度较高的新教材和较复杂的复习教材的教学,故选A;(2)三组两次等时轮换,适用于比较简易的新教材和复习教材的教学,故排除C项;(3)先合组后分组或先分组后合组,适用于集中练习与分组练习的教学,故排除B项和D项。

8. D 【解析】本题考查2022年俄勒冈世界田径锦标

赛跳远项目冠军。(1)刘翔曾是110米栏的冠军,故排除A项。(2)苏炳添是中国男子短跑运动员,故排除B项。(3)王浩是中国皮划艇运动员,故排除C项。(4)在2022年俄勒冈世界田径锦标赛男子跳远决赛中,中国选手王嘉男在最后一跳爆发,跳出8.36米的成绩,为中国代表团夺得本届世锦赛首金。

9. D 【解析】本题考查学校体育工作的概述。体育教研组长是抓好学校体育工作计划的主要负责人。

10. A 【解析】本题考查消化腺的概述。消化腺由大、小消化腺组成。大消化腺包括口腔腺、肝和胰。肝脏是人体内大消化腺中最大的消化腺。

11. A 【解析】本题考查足球进攻战术原则的概述。(1)渗透是在拉开深度和宽度的基础上,利用同伴的纵向或横向接应,实现向前场的推进。(2)跑位是指队员通过机动、灵活的跑位,打乱对方的防线,导致防守出现漏洞,从而为突破和射门创造机会。(3)纵深主要指"深度",需要有前场队员有利的接应,为有球队员创造向前传球的机会,尽快将球向前推进。(4)应变是指进攻的结束阶段,在最关键的时刻,队员要能在复杂的条件下,快速应变,把握住机会完成射门。

12. C 【解析】本题考查原地单手肩上投篮。原地单手肩上投篮时,下肢蹬地发力,身体随之向前上方伸展,同时抬肘向投篮方向伸臂,手腕前屈,手指拨球,将球柔和地从食指、中指端投出。球离手时,手臂要随球自然跟送,脚跟提起。

13. B 【解析】本题考查篮球传球技术。篮球传球技术的动作结构包括:持球方法、传球用力方法、球的飞行路线和球的落点。

14. A 【解析】本题考查篮球的防守。篮球运动中,防守有球队员的技术可分为防投篮、防突破、防运球、防传球、抢球和打球。故排除B项、C项和D项。防守无球队员的技术可分为防摆脱、防切入(防纵切、防横切)、防接球和防断球。故选A。

15. A 【解析】本题考查田径场分道线。在径赛跑道上两条跑道之间的界线称为分道线,分道线宽5厘米。每条分道的宽度称为分道宽。画分道线时,应以跑道内突沿外沿为基准。

16. B 【解析】本题考查排球基本进攻战术。排球的"中一二"进攻战术:由前排一名队员在3号位担任二传,其他5名队员将来球垫传给二传队员,再由二传队员将球传给4号位、2号位或后排队员进行扣球的进攻战术。故选B。

17. C 【解析】本题考查慢肌纤维的概述。慢肌纤维直径细、毛细血管网较丰富、收缩的潜伏期长、收缩速度慢、线粒体含量多、无氧代谢能力低、有氧代谢能力高、最大乳酸产量低、兴奋阈值低、抗疲劳能力强。故选C。

18. B 【解析】本题考查武术的本质特征。武术动作所具有的攻防技击性是武术的本质特征。故选B。

19. C 【解析】本题考查跳高技术。跳高的过杆技术有跨越式、剪式、滚式、俯卧式和背越式等。其中,跨越式是最原始、最简单的跳高技术,背越式跳高是目前世界上公认的最流行、最先进的跳高技术。

20. B 【解析】本题考查髌骨的概述。髌骨是人体内最大的籽骨,包埋于股四头肌肌腱内,为三角形扁平骨。

21. D 【解析】本题考查走和跑的技术动作的区别。人体周期性水平位移的基本形式有两种,即走和跑。走是一种单脚支撑与双脚支撑相交替的周期性位移运动,跑则是一种单脚支撑与腾空相交替的周期性位移运动。运动员在跑的一个周期中经历两次单脚支撑状态和两次腾空状态。走与跑的主要区别在于身体是否存在腾空阶段。走时身体没有腾空,跑时身体有腾空。

22. C 【解析】本题考查体育游戏的分类。体育游戏按照游戏进行的形式可分为接力游戏、追逐游戏、角斗游戏、攻防争夺游戏、传递抛接游戏、集体竞快游戏等。

23. A 【解析】本题考查内分泌腺。(1)松果体的主要功能是合成和分泌褪黑激素等多种活性物质,故排除B项。(2)甲状腺有合成、储存和分泌甲状腺素的功能,故排除C项。(3)肾上腺主要分泌盐皮质激素、糖皮质激素、性激素、肾上腺素和去甲肾上腺素,故排除D项。(4)脑垂体一般指垂体,垂体可分为腺垂体和神经垂体两大部分。腺垂体分泌的激素种类很多,主要有生长激素、催乳素、促黑激素和促激素四类。神经垂体无分泌功能。故选A。

24. C 【解析】本题考查镜面示范。在广播体操教学中,教师多采用镜面示范授课。镜面示范的特点是学生和教师的动作两相对应,适用于简单动作的教学,便于教师领做,学生模仿。故选C。

25. C 【解析】本题考查结缔组织。结缔组织按其形态结构和功能的不同,可分为疏松结缔组织、致密结缔组织、网状组织、脂肪组织、软骨组织、骨组织、血液和淋巴。构成韧带的主要组织是规则致密结缔组织。故选C。

26. B 【解析】本题考查篮球投篮易犯错误的纠正

方法。学生投篮的手臂侧靠墙,徒手做投篮动作是为了纠正肘关节外展。

27. C 【解析】本题考查位移速度。速度素质分为反应速度、动作速度和位移速度。(1)反应速度是指人体对各种信号刺激(声、光、触等)的快速应答能力,如短跑运动员从听到发令起到起动的时间;(2)动作速度是指人体快速完成某一个动作的能力,如投掷运动员器械出手的速度;(3)位移速度是指在单位时间内人体快速移动的能力,如跑速、游速。故选 C。

28. A 【解析】本题考查运动兴趣。运动兴趣的形成和发展一般都要经历"有趣—乐趣—志趣"三个过程。

29. B 【解析】本题考查体育教学方法中的助力与阻力。助力与阻力是指借助外力的帮助和对抗的阻碍,使学生通过触觉和肌肉的本体感觉,直接体会动作要领的用力时机、大小、方向、时空等特征,从而正确掌握动作的一种直观方法。

30. A 【解析】本题考查体育教学评价的评价主体。体育教学评价改革的重要趋势之一是评价主体多元化,体育教师、学校校长、班主任、学生家长和学生同伴等都可以是评价主体。其中,体育教师在体育与健康学习评价中起主要作用。故选 A。

二、填空题

1. 身体好
2. 美国
3. 关节囊;关节腔
4. 三
5. 肌肉;肌腱
6. 人移动路线
7. 速度素质
8. 反馈
9. 7.32;2.44
10. 复习课;综合课;考核课

三、判断题

1. √ 【解析】本题考查体育游戏的分类。游戏是一种在一定规则约束下进行的娱乐活动。根据组织及参加游戏目的的不同,将游戏分成娱乐性、教育性和竞赛性游戏三大类。

2. √ 【解析】本题考查弯道跑的动作要领。弯道跑的动作要领:后蹬时,右脚前脚掌内侧用力,左脚前脚掌外侧用力,右臂摆动幅度大于左臂,身体技术动作右侧大于左侧。弯道跑时的蹬地与摆动方向应与身体向圆心方向倾斜的角度一致。身体向圆心方向倾斜是为了克服离心力。

3. √ 【解析】本题考查足球进攻战术。足球个人进攻战术是构成局部和整体进攻战术的环节。足球个人进攻战术包括传球、射门、运球突破和摆脱跑位等。

4. × 【解析】本题考查脾脏的概述。脾脏是人体最大的淋巴器官,它位于腹部的左上方,而不是成对分布。

5. × 【解析】本题考查有氧运动。有氧运动是指人体在氧气充分供应的情况下进行的体育锻炼。简单来说,有氧运动是指强度低且富韵律性的运动,其运动时间较长(约 30 分钟或以上),运动强度在中等或中上的程度。举重不属于有氧运动。

6. × 【解析】本题考查人体的标准解剖学姿势。人体的标准解剖学姿势是身体直立,两眼向前平视,两足并拢,足趾向前,上肢下垂于躯干两侧,掌心向前。

7. √ 【解析】本题考查腹直肌的工作方式。腹直肌在上固定时,两侧腹直肌同时收缩,可使骨盆后倾或保持水平位置即收缩,例如悬垂举腿。腹直肌在下固定收缩时,可使躯体(脊柱)前屈,骨盆前倾,例如仰卧起坐。

8. √ 【解析】本题考查乒乓球正手攻球技术。正手快攻的特点是站位近,动作小,速度快,常常借用对方来球的力量进行回击,击球时抓住来球的上升时期进行回击。

9. √ 【解析】本题考查队列和队形练习的概述。队列练习:指全体学生按一定的队形,在教师口令的统一指挥下,进行协调一致的动作,其内容包括整队、原地转法、行进间转法、各种走步、跑步、立定、集合队形练习指在队列练习基础上所做的各种队形、图形的变化。

10. × 【解析】本题考查太极拳的基本动作。太极拳揽雀尾动作包括掤、捋、挤、按四种手法。

11. × 【解析】本题考查排球的阵容配备。"五一"配备即由一名传球队员、五名进攻队员组成。

12. × 【解析】本题考查收缩压与舒张压。健康成年人安静状态下舒张压为 60 ~ 80 毫米汞柱,收缩压为 100 ~ 120 毫米汞柱。

13. × 【解析】本题考查脚背正面踢定位球的动作要领。脚背正面踢定位球时,踢球脚背绷直,脚趾扣紧,以脚背正面击球的后中部。

14. × 【解析】本题考查足球竞赛规则。足球竞赛规则规定,在掷出球的瞬间,掷球队员必须面向比赛场地,任何一只脚的一部分在边线上或在边线外的地面上,在球离开比赛场地的地点,用双手将球从后经头顶掷出。

15. × 【解析】本题考查田径竞赛规则。田赛竞赛规则规定,每名投掷运动员的成绩,取其所有试掷中最优的。

四、简答题

1. 简述篮球双手胸前传球的动作要领。

【参考答案】动作要领:两手五指自然张开,拇指相对成“八”字形,用指根以上部位持球,掌心空出。两肘自然弯曲于体侧,置球于胸腹部位,身体成基本站立姿势。传球时,目视传球方向,后腿蹬地发力,两臂前伸,手腕旋内的同时拇指用力下压,食指、中指用力弹拨,将球传出。出球后手心和拇指向下,其余四指向前。远距离传球,则需加大蹬地和腰腹的协调用力。

2. 简述运动负荷的概念及其构成要素。

【参考答案】(1)运动负荷是指从事身体练习时所承担的运动的量与强度的总称,是身体练习对机体刺激程度的反映,它包括负荷量和负荷强度。

(2)构成运动负荷大小的主要因素有:练习的数量、强度、密度、时间和动作质量。①练习数量包括完成练习的次数、重量和距离的练习总量。

②强度是指单位时间内完成的练习对生理负荷的影响,包括速度、高度、远度、重量等。

③密度是指单位时间内重复练习次数。

④时间是指总时间和练习的完成时间、间隔时间等。

⑤动作质量是指完成练习是否符合动作的规格和要求。

3. 简述坐位体前屈的测试方法。

【参考答案】坐位体前屈的测试方法:受试者两腿伸直,两脚平蹬测试纵板坐在平地上,两脚分开约10~15厘米,上体前屈,两臂伸直,用两手中指尖逐渐向前推动游标,直到不能前推为止。测试计的脚蹬纵板内沿平面为0点,向内为负值,向前为正值。记录以厘米为单位,保留一位小数。测试两次,取最好成绩。

4. 简述体育教学方法中的分解练习法及其优缺点。

【参考答案】(1)分解练习法是指将完整的动作分成几部分,逐段进行体育教学的方法。分解练习法主要适用于运动技术难度较高而又可分解的运动项目。

(2)分解练习法的优点是把动作技术的难度相对降低,便于学生掌握和突出教学重点和难点,同时还有利于提高学生的信心。

(3)分解练习法的缺点是不利于学生对完整动作的领会,有可能形成对局部或分解动作的单独掌握,甚至妨碍完整地掌握动作。

五、论述题

试述运动过程中人体机能变化的规律。

【参考答案】运动过程中人体生理机能将发生一系列规律性变化。按其发生的顺序可分为赛前状态、准备活动、进入工作状态、稳定工作状态、疲劳和恢复过程几个阶段。

(1)赛前状态

赛前状态的生理反应主要表现为中枢神经系统兴奋性提高、体温升高、内脏器官活动增强以及物质代谢加强等。赛前状态的反应程度与比赛性质、运动员的训练水平及心理状况等因素有关。

(2)准备活动

准备活动是指在运动或比赛之前,为克服内脏器官生理惰性,缩短进入工作状态时间和预防运动创伤而有目的进行的身体练习,为即将来临的剧烈运动或比赛做好准备。准备活动的生理作用有:①提高代谢水平和升高体温;②增加氧运输系统的功能;③调节神经和内分泌功能;④调整赛前状态。

(3)进入工作状态

在进行体育运动时,人的机能能力并不是一开始就达到最高水平,而是在活动开始后一段时间内逐渐提高的。这个机能水平逐渐提高的生理过程叫进入工作状态。进入工作状态所需时间长短取决于工作性质、个人特点、训练水平、工作强度及当时机体的机能状态。

进行长时间剧烈运动时,在运动开始的某一阶段,运动者常常产生一些难以忍受的生理反应,如呼吸困难、胸闷、头晕、心率剧增、肌肉酸痛无力、动作迟缓不协调,甚至产生停止运动的念头等,这种机能状态称为“极点”。“极点”出现后,经过一定时间的调整,躯体性和植物性动力定型的协调关系得到恢复,机体不良的反应逐渐减轻或消失,动作变得轻松有力,呼吸均匀自如,这种现象称为“第二次呼吸”。“第二次呼吸”的出现标志着进入工作状态的结束,开始进入稳定工作状态。

(4)稳定工作状态

在运动过程中,进入工作状态结束后,人体的机能水平和工作效率在一段时间内处于一种动态平衡或相对稳定状态。此时,人体的生理功能与运动功率输出保持动态平衡。生理机能保持相对平衡。这种机能状态称为稳定工作状态。稳定工作状态可分为真稳定工作状态和假稳定工作状态。

(5)疲劳

运动性疲劳是指在运动过程中,机体的机能能力或工作效率下降,不能维持在特定水平上的生理过程。关于运动性疲劳产生的机理最具代表性的理论有耗竭学说、堵塞学说、内环境稳定性失调学说、保护抑制性学说、突变学说和自由基损伤学说等。其中,耗竭学说认为,运动性疲劳是由于运动过程中体内能源物质的大量消耗且得不到及时的补充而产生的。

(6)恢复

恢复过程是指人体在运动过程中和运动结束后,各种生理机能和能源物质逐渐恢复到运动前水平的变化过程。恢复过程可分为三个阶段,即运动时恢复阶段、运动后恢复阶段和超量恢复阶段。

六、材料分析题

【参考答案】(1)注意事项:①控制好练习的强度;②练习身体要全面,注意上肢、下肢、腰腹和背部的发展协调;③不同程度的学生练习目标不同;④锻炼后及时放松、恢复,训练前做好准备活动。

(2)训练上肢力量的方法有多种,如:①利用自身体重训练,俯卧撑、倒立、平板支撑、引体向上、跳绳、推小车等方法;②利用器械训练,举哑铃、卧推、杠铃挺举、双杠臂屈伸及支撑摆动等方法。

(3)发展体能的途径:学生由于本身身份的特殊性,在校内除体育课外,还可通过体育大课间、阳光体育活动、体育社团、校内运动队、自发组织等途径参与运动;在校外,可通过体育培训、社会体育俱乐部、体校业余训练、社会自发组织的比赛、官方体育比赛(或活动)、家庭户外活动、个人自由运动等途径参与运动。

教师招聘考试中学体育预测试卷(九)

一、单项选择题

1. D 【解析】本题考查学校体育的形成与发展。近代以来,不断有政治家、教育家关注学校体育的发展。教育家蔡元培发表了《对于教育方针之意见》,其中提出了"完全人格,首在体育"的观点。故选 D。

2. B 【解析】本题考查人体基本切面的概述。(1)矢状面:沿前后方向,将人体纵切为左右两部分的切面。(2)额状面(冠状面):沿左右方向,将人体纵切为前后两部分的切面。(3)水平面:与地面平行,将人体横切为上下两部分的切面。

3. B 【解析】本题考查体育课健康分组的依据。体育课的健康分组依据主要有以下几个方面:(1)健康状况;(2)身体发育状况;(3)生理功能状况;(4)运动史和身体素质状况。B 项运动兴趣爱好不属于体育课健康分组的依据。

4. B 【解析】本题考查肺的组织结构。肺是呼吸系统的实质性器官,根据肺的功能,肺的组织结构可分为导气部和呼吸部。

5. D 【解析】本题考查《学校体育工作条例》中有关体育教师的规定。《学校体育工作条例》第十七条规定,体育教师应当热爱学校体育工作,具有良好的思想品德、文化素养,掌握体育教育的理论和教学方法。故 A 项正确。第十八条规定,学校应当在各级教育行政部门核定的教师总编制数内,按照教学计划中体育课授课时数所占的比例和开展课余体育活动的需要配备体育教师。除普通小学外,学校应当根据学校女生数量配备一定比例的女体育教师。承担培养优秀体育后备人才训练任务的学校,体育教师的配备应当相应增加。故 B 项正确。第十九条规定,各级教育行政部门和学校应当有计划地安排体育教师进修培训。对体育教师的职务聘任、工资待遇应当与其他任课教师同等对待。按照国家有关规定,有关部门应当妥善解决体育教师的工作服装和粮食定量。故 C 项正确。体育教师组织课间操(早操)、课外体育活动和课余训练、体育竞赛应当计算工作量。故 D 项错误。

6. D 【解析】本题考查动机激励原则的训练要点。动机激励原则的训练要点包括:(1)加强训练的目的性教育和正确价值观教育;(2)满足运动员的合理需要;(3)激发运动员参与训练和比赛的兴趣;(4)发挥运动员在训练工作中的主体作用;(5)注意教练员自身的榜样作用;(6)注意正确地运用运动动机。

7. C 【解析】本题考查体育的发展。1952 年 6 月 10 日,毛泽东为新中国体育工作题写了"发展体育运动,增强人民体质"12 个大字。这一题词是毛泽东为中华全国体育总会成立大会所作的。

8. A 【解析】本题考查肌肉的工作性质。肌肉收缩克服阻力,肌力大于阻力,使运动环节朝肌肉拉力方向运动的工作叫向心工作。负重缓慢下蹲的过程中,运动环节朝股四头肌拉力方向运动,股四头肌所做的工作为向心工作。

9. D 【解析】本题考查常见的重要止血点。常见的重要止血点中,头部前额与颞部出血需压迫颞浅动脉,故排除 A 项;面部出血需压迫颌外动脉,故排除 B 项;肩部和上臂出血需压迫锁骨下动脉,故选 D。

10. A 【解析】本题考查篮球防守和进攻战术基础

配合。篮球防守战术基础配合包括挤过配合、穿过配合、交换配合、关门配合、夹击配合、补防配合等。策应配合属于篮球进攻战术的基础配合。

11. B 【解析】本题考查重力性休克。疾跑后突然停止不动而引起的晕厥称为重力性休克。体能测试时,学生跑完 800 米或 1000 米后,突然停止不动,易引起重力性休克。

12. A 【解析】本题考查医务监督中的健康分组。凡身体发育及健康状况无异常者,或者是身体发育和健康有轻微异常(如龋齿、轻度扁平足等),而功能检查良好,且有一定锻炼基础者,可编入基本组。

13. D 【解析】本题考查背越式跳高的易犯错误及纠正方法。背越式跳高的完整技术可分为助跑、起跳、过杆和落地四个部分。“屈体(坐着)过杆”是因为过杆过程中展髋不够充分,所以在体育教学中,教师可采用垫上仰卧挺髋、倒体成桥、原地高台过杆和助跑过杆等练习进行纠正。故选 D。

14. B 【解析】本题考查动作速度。反应速度是指人体或人体某一部位对各种信号刺激(声、光、触等)快速应答的能力。动作速度是指人体或人体某一部分快速完成动作的能力。故选 B。

15. A 【解析】本题考查运动解剖学方位术语。(1)胫侧与腓侧特指小腿的位置关系。小腿内侧称胫侧;小腿外侧称腓侧。故排除 C 项和 D 项。(2)尺侧与桡侧特指前臂的位置关系。前臂内侧称尺侧,前臂外侧称桡侧。故选 A。

16. A 【解析】本题考查上皮组织。上皮组织也叫上皮,大部分覆盖于体表或衬贴体内管、腔及囊的内表面,如肠、胃、血管、淋巴管的内表面。故选 A。

17. A 【解析】本题考查力量素质。力量素质是指人的机体或机体的某一部分肌肉工作(收缩和舒张)时克服内外阻力的能力。故选 A。

18. B 【解析】本题考查背面示范。教师背向学生站立所进行的示范是背面示范。背面示范有利于展示教师背面动作或左右移动的动作,以及方向、路线变化较为复杂的动作,有利于教师的领做和学生的模仿,如武术的套路教学就常采用背面示范。

19. A 【解析】本题考查排球正面上手发球。排球正面上手发球的击球手法是:手指自然张开,全掌击球,手腕迅速推压,球呈上旋飞行。

20. D 【解析】本题考查篮球中枢脚的判定。中枢脚的判定:以落地时先落地的脚为中枢脚,若两脚同时落地,则任意一脚都可以作为中枢脚。

21. B 【解析】本题考查提高双杠前摆下技术质量的动作。支撑摆动能有效地加大摆动幅度,进而有效提高双杠前摆下技术动作的质量。

22. A 【解析】本题考查短距离跑。短距离跑的起跑过程包括“各就位”“预备”和“鸣枪”三个阶段。100 米属于短距离跑,故选 A。

23. C 【解析】本题考查运动技能形成的泛化阶段。分化抑制属于内抑制,是纠正错误动作、建立正确动作的重要神经过程。在运动技能形成的初期,此时神经过程处于泛化阶段,内抑制尚未形成,多余动作和错误动作较多。在此过程中,教师应该用明确的语言,强调正确动作,淡化错误动作,以促进分化抑制的发展,尽快形成精细的分化。故选 C。

24. A 【解析】本题考查队列队形练习。向左转走的口令为“向左转——走”,其动作方法:右脚向前半步,脚尖向左约 45 度,身体向左转 90 度时,右脚不转动,同时出左脚按原步法向新方向行进。

25. D 【解析】本题考查羽毛球单打战术。攻人战术、攻中路战术和后杀前封战术属于羽毛球双打战术,故排除 A 项、B 项和 C 项。D 项杀、吊上网战术属于羽毛球单打战术。

26. A 【解析】本题考查羽毛球反手发球。羽毛球反手发球技术是在身体的左前方用反拍面击球的一种发球方式。击球时,小臂带动手腕朝前横切推送。反手发球可分为发网前球、发平高球、发平射球。故选 A。

27. B 【解析】本题考查“极点”现象与运动项目的关系。一般来说,“极点”现象多出现在田径运动的中长跑项目中。

28. A 【解析】本题考查包扎法的应用。(1)环形包扎法:适用于头额部、手腕和小腿下部等粗细均匀的部位。(2)螺旋形包扎法:适用于包扎上臂、大腿下段和手指等肢体粗细相差不大的部位。(3)转折包扎法:适用于包扎前臂、大腿和小腿等粗细相差较大的部位。(4)“8”字形包扎法:多用于包扎肘、膝、踝等关节处。

29. A 【解析】本题考查运动处方。运动处方是根据参加健身活动者的体质和健康情况,以处方的形式确定运动的种类、时间、强度、频率与注意事项等,使锻炼者进行有计划的周期性运动的指导性方案。故 A 项表述不正确。

30. C 【解析】本题考查体育教学法。最早提出体育教学法的是瑞典体育教师 W·斯卡斯特罗姆,他编著的《体育教学法》一书于 1914 年在美国出版。

二、多项选择题

1. BC 【解析】本题考查影响运动技能学习的因素。(1)影响运动技能学习的外部因素:①技能的指导与示范;②练习;③反馈。(2)影响运动技能学习的内部因素:①经验与成熟度;②智力;③个性;④运动能力。

2. AC 【解析】本题考查《国家学生体质健康标准》。《国家学生体质健康标准》中规定,小学、初中、高中、大学各组别的测试指标均为必测指标。其中,身体形态类中的身高、体重,身体机能类中的肺活量,以及身体素质类中的50米跑、坐位体前屈为各年级学生共性指标。

3. BD 【解析】本题考查完整练习法的运用。完整练习法是从动作开始到结束,不分部分和段落,完整、连续地进行学和练习的方法。完整练习法适用于“会”和“不会”之间没有质的区别,或运动技术难度不高而没有必要进行或根本不可分解的运动项目。

4. AB 【解析】本题考查影响动作技能学习的内部因素。影响动作技能学习的内部因素包括经验与成熟度、个性、智力、运动能力。

5. BD 【解析】本题考查足球的基本战术。足球战术除了进攻战术外,还包括防守战术和定位球战术。交叉掩护配合和二过一配合均属于进攻战术。

6. ABD 【解析】本题考查田径运动项目的分类。以高度和远度计算成绩的跳跃、投掷项目称为田赛。田赛包括跳高、跳远、撑竿跳高、三级跳远、铅球、标枪、铁饼等。110米栏属于径赛项目。

7. AD 【解析】本题考查健美操中的低冲击力步伐。在健美操中,并步、漫步属于低冲击力步伐,弓步、箭步蹲属于无冲击力步伐。

8. ABCD 【解析】本题考查体育锻炼应遵循的基本原则。体育锻炼应遵循的原则有循序渐进的原则、全面锻炼的原则、经常性锻炼的原则、区别对待的原则、准备与整理活动的原则等。

9. ABC 【解析】本题考查奥运会游泳比赛项目知识。奥运会游泳比赛包括自由泳、蛙泳、仰泳、蝶泳和由这四种游泳组成的个人混合游泳,以及接力游泳。

10. ACD 【解析】本题考查肌肉的物理特性和生理特性。肌肉的物理特性:伸展性、弹性和黏滞性。B项收缩性属于肌肉的生理特性。

三、简答题

1. 简述排球侧面下手发球的易犯错误及纠正方法。

【参考答案】(1)易犯错误:抛球不稳。

纠正方法:采用对准固定目标或在网前做抛球练习。

(2)易犯错误:击球不准。

纠正方法:多击固定球的某点;对墙上的固定目标发球。

(3)易犯错误:引臂击球动作不协调。

纠正方法:徒手引臂和抛球与引臂练习。

2. 请简述足球技术中的正面铲球的动作要领。

【参考答案】正面铲球:两脚前后开立,两膝弯曲,身体重心下降并落在两脚之间,面向对手。在对手运球脚触球即将着地或刚着地时,一脚立即用力后蹬,另一脚沿地面向前滑铲,同时上体侧转后仰倒地,接着蹬地脚迅速沿地面成弧形扫踢球,屈肘用手扶地或接着侧滚。

3. 简述篮球比赛中小腿三头肌痉挛的处理和预防。

【参考答案】肌肉痉挛俗称抽筋,是肌肉发生不自主的强直收缩所显示出的一种现象。

(1)处理方法:不太严重的小腿三头肌痉挛,只要以相反方向牵引痉挛的肌肉,一般都可使其缓解。牵引时切忌用力过猛,用力要均匀、缓慢,以免造成肌肉拉伤。同时在痉挛肌肉部位按摩,手法以揉捏、重力按压为主。可针刺或点掐委中、承山、涌泉等穴位,处理时要注意保暖。热疗也有一定疗效。严重的肌肉痉挛有时需要采用麻醉才能缓解。

(2)痉挛的预防:做好充分的适宜的准备活动;加强腿部三头肌力量的锻炼,增强小腿的协调性和缓冲能力;注意和改善运动环境,保持身体体液平衡;加强运动时的互助和自我保护意识,根据自身运动能力进行合理训练和运动;在运动中要学会肌肉放松。

四、案例分析题

【参考答案】(1)①在两块场地上进行教学,教师无法全面顾及,存在安全隐患;②互抛练习并相距10米,距离较近且面对面进行练习,存在安全隐患。

(2)①加强安全教育。②认真做好准备活动和整理活动。③加强运动技术指导和安全保护工作。④加强教学组织。严格规定运动程序,避免体育活动中出现打闹的现象。⑤体育场地和器材等设施应符合体育活动安全和体育卫生标准要求,与学生年龄、特点相适应。体育教师和体育设备管理人员必须合理划分运动场地和设置警戒标志,并根据具体情况规定运动秩序和规则。场地、设备应注意经常检查,及时修理,消除隐患。⑥进行铅球、垒球等投掷运动时,特别要加强组织、严格纪律、认真保护。

⑦不得组织学生到非正式游泳场馆游泳。⑧学生进行远足、登山、野营等活动应加强监督和组织。⑨学生参加体育活动的衣着应符合安全要求,一般要求穿运动服和无跟软底鞋等。

五、论述题

体育教师在课前要对体育课密度进行精心设计,而且在体育课进行过程中也要随时进行合理调控,你认为一般情况下,体育课密度的安排与调控需要做到哪几点?

【参考答案】一般情况下,体育课密度的安排与调控需要做到以下几点:

(1)认真备课,周密安排体育课堂教学设计。课前教师应根据课的教学目标、教材内容、学生情况、教学条件等,认真备课,全面考虑体育课堂的教学设计,合理安排课中各项活动的具体内容与时间。

(2)改进和提高课的组织水平。教师要严密教学组织措施,加强对各项活动的调控,尽可能减少整队、调动队伍、布置场地器材、分组轮换练习等不必要的组织浪费的时间,使学生熟悉各项活动顺序与队伍轮换的要求,以适应教学的要求。

(3)改进教法,提高教学技巧。体育教师的讲解要力求简明、突出重点,做到精讲多练;要把握好动作示范、教具演示、指导、纠正错误等的时机;要合理控制学生的练习与休息。

(4)加强对学生的组织纪律性教育。教师要对学生进行组织纪律性教育,可以使学生端正学习态度,明确学习目标,使自己的学习与教师的指导有机地结合起来,把在体育课堂上的练习变成一种自学的行动。

六、教学设计题

请以足球脚背正面踢球(水平四,第一课时)为教学内容进行课时教学片段设计,设计内容包括:教学目标、教学重点、教学难点、教学步骤及其设计意图。

【参考设计】

足球脚背正面踢球(水平四,第一课时)

一、教学目标

1. 能够了解足球脚背正面踢球的动作方法和要领。

2. 85%的学生能够做出足球脚背正面踢球动作,同时在积极地练习中发展下肢力量、协调、灵敏、速度等身体素质。

3. 养成团结合作的意识,学会尊重同学、增进友谊。

二、教学重点和难点

教学重点:支撑点及脚触球部位;

教学难点:脚背正面踢球的力度与准确性。

三、教学步骤

1. 准备部分

(1)课堂常规

①体育委员整队,报告人数;

②师生问好;

③教师宣布本课的内容和任务;

④教师检查服装,安排见习生;

⑤队列练习;

⑥教师强调安全。

【设计意图】本环节的设计意图是培养学生良好的习惯,规范学生课前常规。在队列练习中,提高学生的组织性、纪律性。

(2)热身活动

①足球操练习;

②球性练习。

【设计意图】让学生体会不一样的热身操练习。热身的同时,既要使学生的注意力集中到课堂上来,又要引导学生积极探索,发展学生思维。

2. 基本部分

(1)教师出示挂图,讲解并示范足球脚背正面踢球技术;

(2)教师组织学生分组练习,原地模仿体验足球脚背正面踢球技术动作;

(3)学生自主完成足球脚背正面踢球技术动作的学习和探索;

(4)教师组织学生进行上一步踢球练习,引导同组互评,强调重难点;

(5)教师巡回指导并纠错;

(6)提高性练习:两人一组,进行传球练习;

(7)优生展示;

(8)学生互评,教师总结点评;

(9)游戏——男生女生冲冲冲(障碍闯关游戏)。

【设计意图】通过循序渐进的学习,使学生能够基本掌握技术动作;通过游戏环节,使学生能够在欢愉的课堂气氛中巩固所学到的技术动作。

3. 结束部分

(1)集体做放松操;

(2)教师总结评价;

(3)值日生收还器材;

(4)师生再见。

【设计意图】对本课的练习要领加以梳理,给学生留下简明深刻的印象;总结课堂情况,对遵守纪律和练习认真的小组及个人进行表扬。

四、运动负荷

本课练习密度:30% ~40%;

本课平均心率:120 次/分 ~130 次/分。

教师招聘考试中学体育预测试卷(十)

一、单项选择题

1.B 【解析】本题考查冬季奥运会的知识。杨扬是我国首位夺得冬季奥林匹克运动会金牌的运动员,其夺冠项目是短道速滑。

2.B 【解析】本题考查二十四式太极拳。二十四式太极拳第一组:(1)起势;(2)左右野马分鬃;(3)白鹤亮翅;第二组:(4)左右搂膝拗步;(5)手挥琵琶;(6)左右倒卷肱;第三组:(7)左揽雀尾;(8)右揽雀尾;第四组:(9)单鞭;(10)云手;(11)单鞭;第五组:(12)高探马;(13)右蹬脚;(14)双峰贯耳;(15)转身左蹬脚;第六组:(16)左下势独立;(17)右下势独立;第七组:(18)左右穿梭;(19)海底针;(20)闪通背;第八组:(21)转身搬拦捶;(22)如封似闭;(23)十字手;(24)收势。故选 B。

3.D 【解析】本题考查体育动作对骨骼肌的促进。A 项俯卧上举腿和 B 项俯卧腿弯举主要是发展大腿肌群的力量,C 项悬垂举腿主要是发展腹直肌下部力量,D 项负重半蹲起主要是发展股四头肌力量。

4.A 【解析】本题考查运动中腹痛的处理方法。运动中腹痛的处理方法:(1)运动中出现腹痛后,可适当减慢运动速度,并做深呼吸,调整呼吸和动作的节奏;(2)必要时用手按压疼痛部位,弯腰慢跑一段距离,一般疼痛即可消失。出现腹痛立即停止运动然后喝水会导致症状的加重。

5.D 【解析】本题考查《奏定学堂章程》的概述。鸦片战争以后,清政府不得不废科举、兴学堂,并于1904 年颁布了《奏定学堂章程》,规定我国各级学堂开设体操科。该新学制的执行,结束了我国两千多年来学校教育中基本没有体育的历史。

6.B 【解析】本题考查运动性疲劳的分类。(1)急性疲劳:运动中,一次性极限身体负荷时所发生的特征,如体态虚弱、脸色苍白、心动过速等。(2)过度紧张:在身体机能状态下降的基础上(生病、中毒、炎症)一次性的极限训练或比赛负荷后出现的急性症状。此时身体虚弱无力、头晕,有时会出现昏厥状态,动作失调、心悸、肝区疼痛、心血管系统对负荷反应不正常等。(3)过度训练:这是当运动员训练和休息结构不合理时造成运动员身体的一种状态。(4)过度疲劳:这是常以神经机能性疾病为表现形式的身体病理状态。其表现为情绪低落、冷淡,厌烦运动,心区疼痛,消化、排泄机能出现障碍。

7.D 【解析】本题考查健美操的基本步伐。迈步吸腿、侧交叉步、迈步屈腿均是健美操的基本步伐。

8.C 【解析】本题考查排球正面双手传球的方法。排球正面双手传球的动作方法:一般采用稍蹲准备姿势,抬头看球,双手自然抬起,放松置于脸前。当来球接近额时,开始蹬地、伸膝、伸臂、两手微张经脸前向前上方迎球。击球点在额前上方约一球距离处。当手触球时,两手自然张开成半球形,手腕稍后仰,两拇指相对成“一”字或“八”字形,两手间有一定距离,用拇指、食指全部、中指的二、三指节触球的中下部,无名指和小指在球两侧辅助控制传球方向。两肘适当分开,两前臂之间约成90°角,传球时手指、手腕要适度紧张,运用弹力及蹬地伸臂等协调力量将球传出。

9.B 【解析】本题考查排球比赛击球规则。排球比赛中,队伍在一次进攻时,连续触球四次及以上次数(拦网一次除外)时为击球犯规。故选 B。

10.C 【解析】本题考查背越式跳高的动作要领。背越式跳高的助跑采用前段直线、后段弧线的助跑方式。

二、判断题

11.× 【解析】本题考查发展学生的支撑能力。低单杠教学中,可以通过单杠斜身引体、单杠跳上支撑移行发展学生的支撑能力,而不是悬垂能力。

12.× 【解析】本题考查篮球比赛场地和器材的规格。标准篮球场长 28 米、宽 15 米,篮圈下沿距地面 3.05 米。

13.× 【解析】本题考查排球比赛规则。排球运动员在球场上采用顺时针方向轮转。

14.× 【解析】本题考查篮球竞赛规则。篮球竞赛规则规定,掷界外球时,脚踩在端线上不算违例。

15.√ 【解析】本题考查田径竞赛规则。径赛的距离应从起点线的后沿量至终点线的后沿。

16.× 【解析】本题考查篮球移动技术的概述。移动技术是完成篮球各项技术的基础,也是比赛中运用最多的一项基本技术。

17.× 【解析】本题考查肌肉力量的影响因素。肌肉的生理横断面是影响肌肉力量的最主要因素。

18.√ 【解析】本题考查骨龄的概述。骨龄是指骺及小骨骨化中心出现的年龄和骺与骨干愈合的年龄,是一种生物年龄。骨龄不仅能够说明骨骼的发育成熟水平,而且还能反映全身从出生到完全成熟过程中各年龄段的发育成熟水平。经常利用骨龄预测青少儿的身高和进行运动员选材。

19. √ 【解析】本题考查背面示范。背面示范有利于展示教师背面动作或左右移动的动作,以及方向、路线变化较为复杂的动作,有利于教师的领做和学生的模仿,如武术的套路教学就常采用背面示范。

20. √ 【解析】本题考查体育运动对呼吸系统和心血管系统的影响。中长跑对呼吸器官的构造和机能都会产生良好的影响,主要表现为骨性胸廓发达,呼吸肌发达且力量增强,胸围增大,肺活量增大。中长跑对心血管系统的改善也有极大的好处。

三、填空题

21. 持球
22. 逆进分解训练法
23. 文献法
24. 运动性心脏肥大
25. 体育与健康课
26. 热痉挛
27. 口令和指示
28. 广泛性
29. 平滑肌
30. 肌肉的生理横断面积

四、名词解释

31. 队列队形

【参考答案】队列队形即队列行为准则中所规定各级部(分)队的行列组织结构与动作表现形式。

32. 运动性疲劳

【参考答案】运动性疲劳是指在运动过程中,机体的机能能力或工作效率下降,不能维持在特定水平上的生理过程。

33. 运动兴趣

【参考答案】运动兴趣是指人们积极地认识、探究或参与体育运动的一种心理倾向,是获得体育与健康知识和技能,促进身心健康的重要动力。

34. 七步上栏

【参考答案】七步上栏是跨栏体育项目中流行的上栏步伐,是指从起跑开始到跨越第一个栏架之间采取七步跑的动作过程。

五、简答题

35. 写出篮球行进间单手低手投篮的教学方法(不少于6种)及易犯错误与纠正方法(不少于2种)。

【参考答案】(1)教学方法

①问答法:提问学生知道哪些篮球比赛投篮得分方法。

②讲解法:讲解行进间单手低手投篮的动作方法。

③示范法:向学生示范行进间单手低手投篮的动作。

④分解练习法:将行进间单手低手投篮的基本动作分为持球脚步动作、运球跨步停球和手臂动作,进行讲解练习。

⑤完整练习法:让学生练习完整动作。

⑥游戏法:采用游戏化的形式,分组进行半场三步上篮接力赛。

(2)易犯错误与纠正方法

①易犯错误:投篮时单手托球点低,造成奔跑中投篮动作过大,命中率低。

纠正方法:原地持球做单手托球向前上方伸展练习,并讲清问题症结,随着奔跑速度加快逐渐提高出手高度。

②易犯错误:低头运球。

纠正方法:练习时让学生看信号做出反应,反复做。

36. 简述跟腱末端病的诊断与处理方法。

【参考答案】(1)诊断:大多为慢性损伤,早期仅在用力踏跳或后蹬时局部疼痛。轻者在准备活动后疼痛消失,如得不到及时处理,则症状逐渐加重,出现走路痛或上下楼梯痛。在小腿三头肌止点位置有压痛感,损伤较重者可在局部出现肿胀。大多患者会出现小腿三头肌张力过高,肌腹位置出现条索和压痛敏感。

(2)处理:采取早发现早处理原则。一旦发病应暂停跑跳活动,并用支持带保护,并对小腿三头肌进行放松。一般在1~2周疼痛即可消失。

六、论述题

37. 良好的体能是学生掌握运动技术和增进健康的基础,请结合实际举例说明提高身体素质的方法。

【参考答案】身体素质是指人体在运动中所表现出来的力量、速度、耐力、灵敏和柔韧等能力。

(1)发展力量素质的练习方法:推小车、靠墙倒立、俯卧撑、持哑铃练习、单足跳、蛙跳、跳起转身等。

(2)发展速度素质的练习方法:追逐跑、接力跑、顺风跑、下坡跑、缩短动作幅度的小步跑、听枪跑等。

(3)发展耐力素质的练习方法:中长跑、越野跑、爬山、400米或800米变速跑、15米折返跑等。

(4)发展灵敏素质的练习方法:折返跑、各种急停急起和转身、视觉反应跑、绳梯练习等。

(5)发展柔韧素质的练习方法:踢腿、拉肩、肋木屈体压腿、扶杆控腿等。

38. 试述体育教学方法选择的意义与依据。

【参考答案】(1)正确选择体育教学方法的意义:在体育教学实践中,教学方法没有一个是万能的,它们都有各自的独特功能、适用范围和使用条件限制,有各自的优点和缺点。同时,体育教学方法又受教学过程中各种因素的影响,难以用一种模式来概括。教师能否正确地选择教学方法,就成为影响体育教学质量的关键问题之一。因此,每个教师都必须学会依据不同的教学任务、学生特点、教材性质和不同的情境条件来科学、恰当地选择教学方法。

(2)体育教学方法选择的依据:①要根据体育课的目的与任务来选择教学方法;②要根据教材内容的特点来选择教学方法;③要根据学生的实际情况来选择教学方法;④要根据教师本身的条件和特点来选择教学方法;⑤根据各种体育教学方法的功能、适用范围和使用条件等来选用教学方法;⑥根据教学时间和效率的要求选用教学方法。

七、教学设计题

39. 请设计一份初中(水平四)"快速跑"的体育课教案。

【参考设计】

快速跑

一、教学目标

(1)发展跑的能力,提高下肢力量和心肺功能,发展身体的协调性。

(2)通过模仿、分组、交流等方法探索学习;在学练中,学会互助合作和自主探究的学习方法。

(3)养成良好的竞争意识和积极进取的精神;在学练中,养成良好的交往与合作能力,提高对安全教育的意识。

二、教学重难点

(1)教学重点:全脚掌着地,上体保持正直稍前倾。

(2)教学难点:上下肢协调用力,蹬摆配合连贯。

三、教学过程

1. 准备部分

(1)课堂常规

①体育委员整队,报告人数;

②师生问好;

③教师宣布本节课的内容及目标;

④教师检查服装;

⑤教师安排见习生;

⑥教师强调课堂纪律与安全。

(2)热身活动

①热身操;

②徒手拉伸运动。

2. 基本部分

(1)学生展示并讨论,教师点评

教师邀请3~5位学生一起进行快速跑,其余学生观察。要求学生注意观察教师和其余几位跑的学生的身体姿势。教师引导学生对跑步的正确姿势进行讨论,并做点评。

(2)教师示范并讲解动作要领

教师示范正确的快速跑动作,并出示挂图,讲解动作要领和易犯错误。

(3)60米迎面接力赛

将学生分成人数相等的四组,各组分成两个小队,站在对应位置,进行迎面接力跑的比赛。学生体会快速跑的感觉,并思考跑得快的原因。

(3)发展快速跑的辅助练习

行进间高抬腿跑:距离10米,3组。

行进间跨步跑:距离15米,3组。

原地高抬腿接全力跑:距离5~10米,3组。

在学生进行练习时,教师观察并做错误动作的纠正和指导。

(4)间歇快速跑练习

学生进行60米快速跑——50米慢走——60米快速跑的练习,教师掌握好练习节奏,学生根据能力控制快速奔跑的速度。

3. 结束部分

(1)教师组织学生做放松操和腿部按摩。

(2)课堂小结,并对个别同学提出表扬。

(3)教师安排学生收还器材。

(4)宣布下课,师生再见。

四、场地器材

田径场、口哨、接力棒。

五、预计效果

1. 平均心率:120~140次/分钟。

2. 练习密度:50%~60%。